本课题是教育部哲学社会科学研究重大课题攻关项目

习近平总书记的绿色发展理念研究

（项目号：20JZD002）

的阶段性成果

2021 中国低碳发展指数报告

区域比较

韩 晶◎著

经济日报出版社

图书在版编目（CIP）数据

2021 中国低碳发展指数报告：区域比较 / 韩晶著. -- 北京：经济日报出版社，2022.1

ISBN 978-7-5196-0805-7

Ⅰ.①2… Ⅱ.①韩… Ⅲ.①城市经济-绿色经济-经济发展-研究报告-中国-2021 Ⅳ.①F299.21

中国版本图书馆 CIP 数据核字（2021）第 166116 号

2021 中国低碳发展指数报告：区域比较

作　者	韩　晶
责任编辑	宋潇旸
责任校对	丁叶欣
出版发行	经济日报出版社
地　址	北京市西城区白纸坊东街 2 号 A 座综合楼 710（邮政编码：100054）
电　话	010-63567684（总编室） 010-63584556（财经编辑部） 010-63567687（企业与企业家史编辑部） 010-63567683（经济与管理学术编辑部） 010-63538621　63567692（发行部）
网　址	www.edpbook.com.cn
E-mail	edpbook@126.com
经　销	全国新华书店
印　刷	北京九州迅驰传媒文化有限公司
开　本	710 毫米×1000 毫米　1/16
印　张	15.75
字　数	292 千字
版　次	2022 年 1 月第 1 版
印　次	2022 年 1 月第 1 次印刷
书　号	ISBN 978-7-5196-0805-7
定　价	58.00 元

课题组组长：韩　晶（北京师范大学）

课题组副组长：孙雅雯（中国社会科学院）

课题组成员：陈　曦　姜如玥　冯　娅　吕　宁
周一鸣（北京师范大学）
田易凡（中共中山市委党校）
裴　文（经济日报社）
高　铭（中国国际工程咨询有限公司）

前 言

习近平总书记指出，应对气候变化是中国可持续发展的内在需要，也是负责任大国的应有担当。中国提出“力争2030年前实现碳达峰，2060年前实现碳中和”的目标，彰显了中国的道义责任担当。在短短40年内分别实现碳达峰和碳中和无疑是一种自我加压的主动行为，需要进行广泛而深刻的经济社会系统性变革，推动形成低碳生产方式和生活方式，全面开启中国低碳发展的新征程。

近十年来，我们研究团队在绿色低碳发展研究中秉承“理论顶天、实践落地”的原则，做了大量艰辛探索。我们的研究团队自2009年起就参与了李晓西教授开展的绿色发展指数研究，至今已经完成了连续10个年度的《中国绿色发展指数报告》；2018年开始，我们研究团队又开始了《中国城市绿色竞争力报告》的研究，进一步拓展了绿色发展指数的研究空间。我们团队积极推动绿色发展理念在地方治理的落地落实，参与编制了青海、贵州、内蒙古等地区的绿色发展相关规划，与生态与环境保护部、财政部、国家统计局等部门建立了密切的合作关系，成为联结国内外政、产、学、研绿色低碳发展相关组织的重要枢纽，具有较高的社会认可度。2020年我们研究团队成功获批教育部哲学社会科学重大攻关项目“习近平总书记的绿色发展理念研究”（20JZD002）。这既是对我们前期研究工作的肯定，也是对我们未来研究的激励和鞭策。

应对气候变化是可持续发展的应有之义，“双碳”目标下，低碳发展成为最明确的未来。但是，当前对于低碳发展的综合测度研究尚不多见。综合衡量中国的低碳发展水平、分析中国低碳发展特征及其制约因素、提出促进低碳发展能力提升的政策建议，对于推动中国可持续发展，满足人民群众对美好生活的期待具有重要意义。因此，出版《中国低碳发展指数报告——区域比较》既是对已有研究的深化和拓展，更是探索绿色低碳发展规律的客观要求。

《2021 中国低碳发展指数报告——区域比较》在遵循逻辑性、代表性、可比性和导向性原则的前提下，构建中国省际低碳发展指标体系。该指标体系由“经济基础与低碳驱动”“自然资产与环境压力”“资源利用与低碳效率”“低碳响应与社会福利”4 个一级指标、8 个二级指标以及 63 个三级指标构成，对 2020 中国省际低碳发展指数进行测算及分析。未来我们将继续进行这项研究，也希望能成为国家有关部门发布的生态文明建设年度评价结果的有益补充，为实现“双碳”目标作出积极贡献！

目 录

CONTENTS

表 目

图 目

省际低碳发展“体检”表目录

总　论

气候变化是全人类的共同挑战。应对气候变化，事关中华民族永续发展，关乎人类前途命运。中国高度重视应对气候变化。2020 年 9 月 22 日中国国家主席习近平在第七十五届联合国大会一般性辩论上宣布："中国将提高国家自主贡献力度，采取更加有力的政策和措施，二氧化碳排放力争于 2030 年前达到峰值，努力争取 2060 年前实现碳中和。"习近平主席的讲话彰显了中国积极应对气候变化的坚定决心，也展现出中国勇于承担国际责任的大国形象。作为世界上最大的发展中国家，中国克服自身经济、社会等方面困难，实施一系列应对气候变化战略、措施和行动，参与全球气候治理，应对气候变化取得了积极成效。从发布《关于完整准确全面贯彻新发展理念做好碳达峰碳中和工作的意见》和《2030 年前碳达峰行动方案》，到印发《关于深入打好污染防治攻坚战的意见》；从加大温室气体排放控制力度，到推动城乡建设和建筑领域绿色低碳发展……有时间表，有路线图，有施工图。无论制度安排还是扎实行动，中国都是《巴黎协定》的积极践行者，为达成既定目标作出了重大努力。截至 2019 年底，中国碳强度较 2005 年降低约 48.1%，非化石能源占一次能源消费比重达 15.3%，提前完成中国对外承诺的 2020 年目标。

当前，中国已经全面建成小康社会，正开启全面建设社会主义现代化国家、实现中华民族伟大复兴的新征程。应对气候变化是可持续发展的应有之义，既关乎中国人民对美好生活的期待，也关系到各国人民的福祉。应该看到，中国碳排放总量占全球碳排放总量的 1/3，排放量是美国的 2 倍、欧盟的 3 倍。从碳达峰到碳中和的时间，中国仅 30 年左右，而美国是 43 年，欧盟是 71 年。中国面临着比发达国家时间更紧、任务更重的减排压力。综合衡量中国的低碳发展水平、分析中国目前低碳发展特征及其制约因素、提出促进低碳发展能力提升的政策建议，对于推动中国可持续发展，满足人民群众对美好生活的期待，共建人类命运共同体都有着一定的借鉴意义。

一、中国省际低碳发展指数指标体系的理论框架

我们认为，"低碳发展"是以技术创新和制度创新为根本动力，以低能耗、低排放、低污染、高质量、高效率、高效益为经济增长特征，以稳定大气中的温室气体浓度并保持经济社会可持续增长、实现人与自然和谐相处与社会福祉改善为主要目标的一种发展模式。在低碳发展的内涵基础上，本报告构建了中国省际低碳发展指标体系

的理论框架，具体由经济基础与低碳驱动、自然资产与环境压力、资源利用与低碳效率、低碳响应与社会福利四大子系统及其内部要素构成。该框架描绘了经济、社会和环境三大维度各要素之间的互动关系，从而为本报告进一步解析中国省际低碳发展水平提供了理论依据。具体如图 0-1 所示。

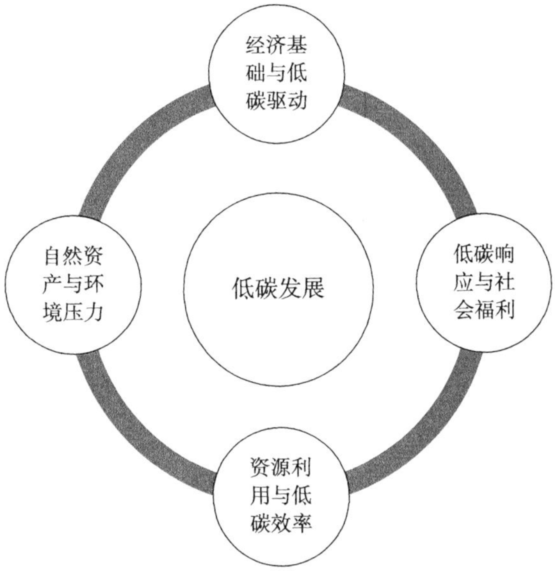

图 0-1　低碳发展的理论框架

经济基础与低碳驱动夯实了低碳发展的坚实基础，提供了低碳发展的基本动力。

经济基础是创造价值和增进社会福利的基本能力。低碳发展是以低能耗、低排放、低污染、高质量、高效率、高效益（三低三高）为特征的发展，这就要求在经济增长过程中通过能源结构的绿色低碳转型降低经济增长对化石燃料的依赖，通过清洁生产技术改造、废弃物再利用、污染无害化处理降低二氧化碳等温室气体排放以及各类污染排放，通过产业转型升级提升经济增长的质量、效率和效益，将能源结构重心从煤炭、石油、天然气等化石能源转移到风能、光能、生物质能、氢能等可再生能源上来，将产业结构重心转移到绿色低碳、技术含量高、附加值高的产业部门上来，对生产组装环节进行清洁、可循环的技术改造，对污染排放与废物处理环节进行资源再利用和污染无害化处理，从而实现经济发展和资源环境保护"双赢"。

低碳驱动是实现低碳发展的核心驱动力，只有依靠前沿技术创新和关键核心技术攻关，才能改变经济社会发展高度依赖化石能源系统的技术锁定和路径依赖，实现技术创新驱动的低碳发展。在这一过程中，企业可通过脱碳减碳、清洁生产等一系列低碳技术创新降低成本、提升产量、提高能效，同时大幅减少二氧化碳等温室气体和污染排放。并且，企业还可运用数字技术实现智能化和数字化转型，通过“柔性生产”有效整合闲置资源，最大限度避免浪费，实现集约化发展。进一步地，由于低碳创新具有较强的渗透性、使能性和替代性，因而可发挥外溢效应辐射带动其他企业、产业、区域技术水平提升，使资源要素加速流动并得以重新优化配置，从而实现企业生产率水平提升、产业结构改善、区域低碳协同发展。

自然资产和环境压力反映了自然环境及资源禀赋情况及经济社会发展对环境系统造成的消极影响，是低碳发展所依赖的基本条件。

自然资产不仅为经济社会系统发展提供物质能量和投入要素，更是全体人民和子孙后代共同拥有的宝贵财富。一方面，森林、草原、湿地等自然资产蕴含着丰富碳汇，可以吸收、储存并利用大气中的二氧化碳，缓冲大气中二氧化碳浓度快速上升。另一方面，自然资产还能与当地气候进行交互影响，通过碳、水和辐射的交换，调节区域气候、改善区域水文条件、调节热量平衡、防治水土流失、涵养水源、防风固沙等，增强应对与适应气候变化的能力。因此提升自然资产储备对于减缓气候变化影响、实现低碳发展有着重要作用。这就要求必须以可持续的方式使用自然资源，不断创造和累积生态财富，更多地投资生态系统，确保关键生态资本不减少甚至持续增加，更好地发挥自然资产在适应及减缓气候变化影响方面的积极有利作用，进而为经济社会的永续发展、人与自然的和谐相处提供助力。

环境压力直接反映了经济社会发展对环境系统造成的消极影响。人类的生产和生活所产生的各类污染物及废弃物排放至自然生态系统中，自然生态系统拥有一定的自我修复能力，适宜的温度、降水、光照等条件不仅有利于各类物种生长，还能通过植物种群、微生物种群和动物种群之间相互作用、和谐共处，促使生态系统的物质循环和转化再生。但是，如果人类生产生活对自然生态环境的负面影响超过了生态系统的吸收、降解和修复能力，就会引发一系列环境危机，进而使得自然环境进一步恶化，减少其所提供的服务和功能，最终对人类生产生活产生环境压力。因此必须要从根本上扭转发展思路，将保护生态环境、解决突出生态环境问题、缓解自然环境压力作为民生优先领域，不断满足人民日益增长的优美生态环境需要，为人民群众创造良好生态环境、提供更多优质生态产品。

资源利用与低碳效率衡量了经济社会发展对资源环境的消耗程度，体现了低碳发展的效率水平。

资源利用为经济社会发展提供投入要素。传统工业社会遵循着“资源—产品—污染物”的单线生产模式，但是随着经济社会发展，资源要素约束趋紧，继续遵从上述单向流动的生产方式难以实现经济由数量增长向高质量发展的转变。因此在源头上应最大限度地节约并合理利用资源、转变资源利用方式，实现自然资源的可持续开发和有序利用。习近平总书记指出“生态环境问题，归根到底是资源过度开发、粗放利用、奢侈消费造成的。资源开发利用既要支撑当代人过上幸福生活，也要为子孙后代留下生存根基”。这从最基本最深刻的层面揭示了资源过度开发和过度消费问题是如今人类面临的生态环境问题的根源。碳中和的逻辑下，要实现经济发展与污染排放的完全脱钩，要求打造生产—流通—消费—再生产的闭环产业链。“产品交叉循环、产业共生耦合、链条不断延展、资源综合利用、效益全面提升”是产业链闭环发展的特征。所有的原料和能源要能在这个不断进行的经济循环中得到最合理的利用，从而使经济活动对自然环境的影响控制在尽可能低的程度，减少生态足迹。

低碳效率强调了经济社会低碳转型的效率水平。低碳发展本质上要求以清洁生产替代末端治理，在生产过程中，通过采用清洁生产技术、减少高碳原料使用、中间品及废弃物循环利用等手段减少二氧化碳等温室气体和污染物产生，同时通过污染物清洁处理、碳捕集储存及利用、植树造林等手段抵消掉直接或间接产生的二氧化碳等温室气体排放，从而实现“零碳排”。随着工业化发展，低碳效率将遵循“由降转增后稳步增长、并在碳中和时期维持在较高水平”的客观发展规律，相应的，二氧化碳排放量也将经历“初期迅猛增长、达到历史峰值并进入平台期、进而持续下降至碳中和”的发展过程。由此可见，提升低碳效率能够在维持经济社会平稳发展的同时，促进二氧化碳等温室气体排放更快达到由增转降的临界点，加速实现“碳中和”目标。

低碳响应与社会福利不仅是实现低碳发展的重要保障，更能为人民福祉改善赋能加力。

低碳响应是提升低碳发展水平、实现低碳发展目标的政策保障。低碳发展不仅需要遵循市场经济的原则和机制，还需要发挥政府“看得见的手”的宏观调控作用，有效调节市场失灵。一方面，政府可通过政策响应对低碳发展提供科学合理的制度保障。通过设立低碳发展的顶层设计和战略规划，建立健全相关的体制机制并完善法律法规，为各类市场主体规范、健康发展提供公平、透明、可预期的良好条件和宽松环境。另一方面，政府可通过政策引导和公共服务激发市场主体的低碳发展活力，通过政策示范效应使各类主体充分认识绿色低碳转型的重要意义，引导私人资金、人力资本、知识技术等资源要素更多投向绿色低碳领域，纠正市场偏差、实现资源配置的帕累托最优。由此可见，低碳制度创新、低碳规划引领、低碳经济治理等一系列低碳响应的政策工具，可促进政府行为与市场行为的有效衔接，进而激发地方低碳发展潜能、形成低碳竞争优势，助力实现碳达峰和碳中和目标。

社会福利强调了低碳发展的包容性。包容的低碳发展注重社会福利提升、使发展成果惠及全体人民，可以说，社会福利是低碳发展的重要目标及内涵所在。一方面，由经济增长带来的物质资本存量提升是人民生活质量改善、增加就业、减少贫困、降低财富分配不均等的基础。另一方面，只有改善生态环境质量和减缓气候变化影响、提升优质环境产品和服务供给，才能满足“双碳”目标愿景下人民群众对美好生活的向往。不仅如此，子孙后代的生态权力和利益也是实现永续的低碳发展的重点所在。因此必须科学合理地利用资源、不断减缓气候变化对人类的消极影响，缩小代际发展差距、促进社会福利提升，真正实现“既满足当代人的需求，而又不危及后代人满足其需求”的可持续的低碳发展，使联合国提出的“人人有在尊严和幸福的优良环境里享受自由、平等和适当生活条件的基本权利”变成现实。

二、中国省际低碳发展指数指标体系设计原则

经过专家研讨及课题组论证，本报告确定了中国省际低碳发展指数指标体系的设计原则。

1. 逻辑性原则

中国省际低碳发展指数指标体系并非只是经济运行和社会发展指标的简单堆砌，而是在已有扎实理论研究的基础之上，从低碳发展的各个方面，整体全面、逻辑严谨地总结省际低碳发展的一般规律。同时，同一层级的各个指标可以独立反映上一层级指标的不同方面，各个指标相互支撑共同反映上一层级的指标特征。

2. 代表性原则

低碳发展是相关要素系统运行的集成结果，因此构成省际低碳发展指数的指标体系必须采用重要且有代表性的指标。既要避免指标体系过于庞杂，又要避免指标过于单一对于测评结果和测评价值的削弱。同时，指标的代表性也意味着相应数据的可得性，这些对于研究目的的实现有着重要的意义。

3. 可比性原则

课题组在设计省际低碳发展指数评价指标体系时，力求所选指标具有明显的可度量性，尽可能采用国际通用指标，以求在较长时期内和更广区域内更好地分析省际低碳发展特点，为今后开展省际低碳发展的动态监测和对比提供扎实的系统支撑。

4. 导向性原则

课题组在进行指标选取时，同时注重指标蕴含的现实指导意义和低碳发展潜力，指标体系设计紧密结合省际低碳发展实际，选取的指标具有导向性。这既有助于发现省际低碳发展存在的短板，通过评价引导省际低碳发展，又可以通过具备前瞻性导向的评价指标体系激励省际低碳发展水平的提升，为实现“双碳”目标愿景指明方向。

三、中国省际低碳发展指数指标体系构建

1. 中国省际低碳发展指数指标体系

中国省际低碳发展指数指标体系由“经济基础与低碳驱动”“自然资产与环境压力”“资源利用与低碳效率”“低碳响应与社会福利”4 个一级指标、8 个二级指标以及 63 个三级指标构成。

具体而言，“经济基础与低碳驱动”反映了经济实力以及低碳增长的动力源泉，是低碳发展“经济”层面的内容。其中，“经济基础”反映了创造价值和增进社会福利的基本能力，“低碳驱动”体现了低碳发展的核心驱动力。“自然资产与环境压力”和“资源利用与低碳效率”主要反映资源与环境的禀赋状况，体现了低碳发展“资源环境”层面的内容。其中，“自然资产”反映了低碳发展的基本气候和生态禀赋条件，“环境压力”反映了经济社会发展对环境系统造成的消极影响，“资源利用”反映了经济社会发展对资源环境的消耗程度，“低碳效率”强调了经济社会低碳转型的静态与动态效率水平。“低碳响应与社会福利”反映政府和社会对低碳发展的投资管理以及人民生活质量状况，体现低碳发展“社会”层面的内容。其中，“低碳响应”反映了促进低碳发展的政策保障，“社会福利”指标强调了低碳发展对人民福祉改善的重要关切。

需要说明的是，“资源环境”层面的内容既包括省际资源环境状况，同时也包含经济运行过程中资源环境的使用状况，并且由于低碳发展更加注重减缓气候变化的消极环境影响、注重资源利用与环境保护，因此如果单纯只设计 1 个一级指标并不能全面衡量资源环境所涵盖的全部内容。在经过专家研讨及课题组反复论证之后，将“资源环境”层面分解为 2 个一级指标，即“自然资产与环境压力”和“资源利用与低碳效率”。前者体现省际自然资本和环境负荷，后者则重点反映经济社会发展过程中的低碳效率。具体的指标体系如表 0–1 所示

表 0–1　中国省际低碳发展指数指标体系表

一级指标	二级指标	三级指标	
经济基础与低碳驱动	经济基础	1、人均地区生产总值 2、第一产业劳动生产率 3、第二产业劳动生产率	4、第三产业劳动生产率 5、六大高耗能行业营业收入占比 6、城镇化率
	低碳驱动	7、数字经济占地区增加值比重 8、技术市场成交额占地区生产总值比重 9、高新技术产业营业收入占地区生产总值比重 10、风电、水电、太阳能等可再生能源发电装机总量占比	11、节能环保支出占财政支出比重 12、对外贸易额占比 13、每十万人口高等院校平均在校生数
自然资产与环境压力	自然资产	14、省会城市大气自净能力 15、省会城市日照时长 16、省会城市月均气温处于 15~25 摄氏度之间的月份数占比 17、省会城市月总降雨量处于 30~300mm 之间的月份数占比	18、人均水资源量 19、人均森林面积 20、人均湿地面积 21、人均国家级自然保护区面积 22、建成区绿化覆盖率
	环境压力	23、森林火灾次数 24、突发环境事件次数 25、煤炭消费总量 26、火电装机容量占比 27、单位建成区面积二氧化硫排放量	28、单位建成区面积化学需氧量排放量 29、单位建成区面积氮氧化物排放量 30、单位建成区面积氨氮排放量 31、单位耕地面积化肥施用量 32、人均公路交通氮氧化物排放量
资源利用与低碳效率	资源利用	33、工业固体废物综合利用率 34、工业用水重复利用率 35、工业增加值能耗 36、单位工业增加值水耗 37、能源消费弹性系数	38、单位地区生产总值能耗 39、单位地区生产总值电力消费量 40、人均居民生活用水量 41、人均居民生活用电量
	低碳效率	42、单位地区生产总值二氧化硫排放量 43、单位地区生产总值化学需氧量排放量 44、单位地区生产总值氮氧化物排放量 45、单位地区生产总值氨氮排放量 46、碳生产率	47、工业二氧化硫排放量减少率 48、工业废水化学需氧量排放量减少率 49、工业氮氧化物排放量减少率 50、工业废水氨氮排放量减少率
低碳响应与社会福利	低碳响应	51、当年造林面积 52、工业污染治理完成投资额增加 53、可再生能源发电占比增加	54、峰值目标先进性 55、低碳制度创新
	社会福利	56、省会城市空气质量达到及好于二级天数比例 57、省会城市 PM2.5 年均浓度 58、人均可支配收入 59、万人公共汽电车拥有量	60、人均拥有公共图书馆藏量 61、预期寿命 62、居民恩格尔系数 63、城镇登记失业率

注：本表内容由课题组在 2021 年研讨会上讨论确定。

2. 中国省际低碳发展指数指标权重

在考虑到低碳发展的新形势、新进展的前提下，课题组最终确定一级指标权重设计的思路为：在低碳发展的三个层面中，给予第二大层面“资源环境”相较于“经济”和“社会”另两大层面更高的权重，而第二大层面设置了2个一级指标，故将“自然资产与环境压力”“资源利用与低碳效率”的指标权重分别定为20%、20%，并且分别给予“经济基础与低碳驱动”及“低碳响应与社会福利”各30%的权重。与此同时，由于三级指标数量较多且能从不同侧面反映低碳发展的情况，对三级指标作过分细致的权重处理意义并不大，因此，对于三级指标而言，其在一级指标下作平均权重处理更加客观合适。因此确定三级指标在一级指标下平均权重，然后“倒推加总”计算出相应的二级指标权重，最后形成的指标体系的权重系数表如表0–2所示。

表 0–2　中国省际低碳发展指数指标体系权重系数表

一级指标及其权重	二级指标及其权重	各三级指标权重
经济基础与低碳驱动 30%	经济基础 13.8%	2.3%
	低碳驱动 16.2%	
自然资产与环境压力 20%	自然资产 9.5%	1.1%
	环境压力 10.5%	
资源利用与低碳效率 20%	资源利用 10%	1.1%
	低碳效率 10%	
低碳响应与社会福利 30%	低碳响应 11.5%	2.3%
	社会福利 18.5%	

注：本表内容由课题组在2021年研讨会上讨论确定。

3. 中国省际低碳发展指数测算方法

中国省际低碳发展指数的测算采用“极差标准化法”（本报告统一简称为“极差法”）。需要注意的是，这一标准化过程需要区分指标与低碳发展之间相关性的正负特征。正向指标与逆向指标的标准化过程存在一定区别。具体处理过程如下：

若是正向指标，即指标值越大，越有利于地区低碳发展，则该指标标准化的计算公式为：

$$X_i = \frac{x_i - x_{min}}{x_{max} - x_{min}}$$

若是逆向指标，即指标值越大，越不利于地区低碳发展，则该指标的标准化计算公式为：

$$X_i = \frac{x_{max} - x_i}{x_{max} - x_{min}}$$

其中，X_i 为标准化处理之后的值；x_i 为指标原始值；x_{min} 为样本最小值；x_{max} 为样本最大值。

采用极差法进行数据标准化的好处是，以指标数据的极值为参照系，对原始数据进行线性变换，所得测算结果将会落到 0 至 1 的区间内，这样将使得数值之间差异较小、分布紧凑，且无负值产生。在经过标准化处理之后，按照确定的指标权重将各指标进行加权合成，即可得到上一级指标的综合得分。将四个一级指标加权综合后便可最终得出相应省（区、市）的低碳发展指数。

在此基础上，本报告通过数据挖掘和科学测度方法，对中国 30 个省[①]（区、市）的低碳发展水平进行测算和评估，找出中国各地区低碳发展的主要短板，提出低碳发展的路径选择。希冀《2021 中国低碳发展指数报告——区域比较》能在“双碳”目标背景下，为评估中国省际低碳发展水平提供一套可执行的有效方法，为引导各地区深入贯彻落实国家“双碳”目标，在新理念指引下提升低碳发展水平、稳步有序开展“减碳”工作提供决策参考。

四、中国省际低碳发展指数测算结果及分析

在中国省际低碳发展指标体系的基础上，本报告测算了 2020 年 30 个省（区、市）的“低碳发展指数”，并进行了相应的分析。

1. 中国省际低碳发展指数测算结果

中国 30 个省（区、市）2020 年低碳发展指数及排名如表 0–3 所示：

① 受数据可得性所限，中国西藏、香港、澳门、台湾未参与测算。以后篇章与此相同。

表 0-3　2020 年中国 30 个省（区、市）低碳发展指数及排名

地区	低碳发展指数		一级指标							
			经济基础与低碳驱动		自然资产与环境压力		资源利用与低碳效率		低碳响应与社会福利	
	指数值	排名	指数值	排名	指数值	排名	指数值	排名	指数值	排名
北京	0.665	1	0.218	1	0.111	5	0.127	14	0.209	1
上海	0.628	2	0.185	2	0.106	7	0.148	2	0.188	3
浙江	0.584	3	0.138	7	0.106	8	0.144	4	0.197	2
江苏	0.550	4	0.151	5	0.094	19	0.136	8	0.168	6
广东	0.544	5	0.154	4	0.085	27	0.143	6	0.162	7
天津	0.544	6	0.157	3	0.099	13	0.146	3	0.140	17
福建	0.512	7	0.143	6	0.098	14	0.119	21	0.152	10
重庆	0.504	8	0.131	8	0.102	9	0.139	7	0.132	22
湖南	0.498	9	0.093	13	0.095	18	0.131	11	0.179	4
湖北	0.492	10	0.114	9	0.096	17	0.124	18	0.159	9
吉林	0.481	11	0.104	11	0.116	3	0.120	19	0.141	16
海南	0.478	12	0.076	21	0.110	6	0.131	9	0.161	8
青海	0.462	13	0.065	24	0.133	1	0.094	29	0.170	5
四川	0.461	14	0.096	12	0.096	16	0.127	15	0.142	15
山东	0.456	15	0.093	14	0.093	21	0.143	5	0.127	25
陕西	0.455	16	0.109	10	0.084	28	0.130	13	0.132	23
江西	0.447	17	0.092	15	0.100	12	0.120	20	0.134	21
云南	0.445	18	0.061	28	0.119	2	0.125	16	0.140	18
安徽	0.443	19	0.077	20	0.090	25	0.131	10	0.145	14
河南	0.442	20	0.073	22	0.093	20	0.158	1	0.119	29
黑龙江	0.441	21	0.089	16	0.111	4	0.102	25	0.139	19
河北	0.434	22	0.082	17	0.092	23	0.130	12	0.128	24
辽宁	0.433	23	0.082	18	0.102	11	0.114	24	0.135	20
内蒙古	0.419	24	0.082	19	0.097	15	0.088	30	0.151	11
贵州	0.409	25	0.064	26	0.079	30	0.117	23	0.149	12
广西	0.402	26	0.063	27	0.091	24	0.101	26	0.148	13
山西	0.390	27	0.072	23	0.083	29	0.119	22	0.116	30
甘肃	0.388	28	0.036	30	0.102	10	0.124	17	0.126	27
宁夏	0.371	29	0.064	25	0.086	26	0.095	28	0.127	26
新疆	0.366	30	0.055	29	0.093	22	0.098	27	0.119	28

注：1. 本表根据“中国省际低碳发展指数指标体系”，依各指标 2020 年数据测算而得。2. 本表各省（区、市）按

照低碳发展指数的指数值从大到小排序。3. 本表中低碳发展指数值等于经济基础与低碳驱动指数、自然资产与环境压力指数、资源利用与低碳效率指数、低碳响应与社会福利指数四个一级指标指数值之和。4. 以上数据及排名根据《中国统计年鉴 2021》《中国工业经济统计年鉴 2021》《中国科技统计年鉴 2020》《中国电力统计年鉴 2021》《中国能源统计年鉴 2020》《中国环境统计年鉴 2020》《2021 中国数字经济发展白皮书》《2020 年中国气候公报》，以及各省（区、市）统计年鉴、国民经济和社会发展统计公报、CEADS 数据库等测算。5. 为了便于后文进行比较分析，基于算数平均方法，课题组测算得到所有参评省（区、市）低碳发展的平均水平为 0.471，所有参评省（区、市）经济基础与低碳驱动的平均水平为 0.101，自然资产与环境压力的平均水平为 0.099，资源利用与低碳效率的平均水平为 0.124，低碳响应与社会福利的平均水平为 0.148。6. 若出现指标值相同但排名不同的现象，是四舍五入保留三位小数所致。

2. 中国省际低碳发展指数的区域分布与比较

2020 中国省际低碳发展指数排名如图 0–2 所示。排在前 10 位的省（市）依次是：北京、上海、浙江、江苏、广东、天津、福建、重庆、湖南和湖北。位于第 11—20 位的 10 个省分别是吉林、海南、青海、四川、山东、陕西、江西、云南、安徽和河南。位于第 21—30 位的 10 个省（区）分别是黑龙江、河北、辽宁、内蒙古、贵州、广西、山西、甘肃、宁夏和新疆。在参与测算的 30 个省（区、市）中，有 12 个省（市）低碳发展水平高于全国平均水平，按指数值高低排序依次是：北京、上海、浙江、江苏、广东、天津、福建、重庆、湖南、湖北、吉林和海南；其他 18 个省（区、市）的低碳发展水平低于全国平均水平。

从区域分布方面来看，中国省际低碳发展指数东西方向[①]区域分布情况如图 0–3 所示。中国省际低碳发展指数在东西方向上总体呈现东部遥遥领先、中部和东北次之、西部稍弱的特征。东部地区低碳发展水平的优势显著，其低碳发展指数较高，达到 0.539，远高于全国平均水平的 0.471，特别是北京、上海、浙江、江苏、广东、天津、福建分别占据了全国前七位。中部的低碳发展水平整体处于中游、东北地区紧随其后，两地区的平均低碳发展指数分别为 0.452 和 0.451，两者相差不大，除湖南、湖北和吉林分别位居全国的第 9 位、第 10 位和第 11 位之外，其他的中部、东北地区省（区、市）均位居全国中、下游水平。西部地区的低碳发展指数相对较弱，平均低碳发展指数仅为 0.426，较东部、中部和东北地区差距较大，且仅重庆的低碳发展水平位列全国第八、跻身全国前十，其他如内蒙古、贵州、广西、山西、甘肃、宁夏、新疆等西部地区省（区）均位于全国后 10 位。

---

① 本报告根据“十一五”规划区域发展战略提出的四大区划对中国 30 个省（区、市）（未包括中国西藏、香港、澳门和台湾）进行了东西方向划分。其中，东部地区包括北京、天津、河北、上海、江苏、浙江、福建、山东、广东和海南 10 省（区、市）；中部地区包括山西、安徽、江西、河南、湖北和湖南 6 省份；西部地区包括内蒙古、广西、重庆、四川、贵州、云南、陕西、甘肃、青海、宁夏和新疆 11 省（区、市）；东北地区包括辽宁、吉林和黑龙江 3 省份。以后篇章与此相同。

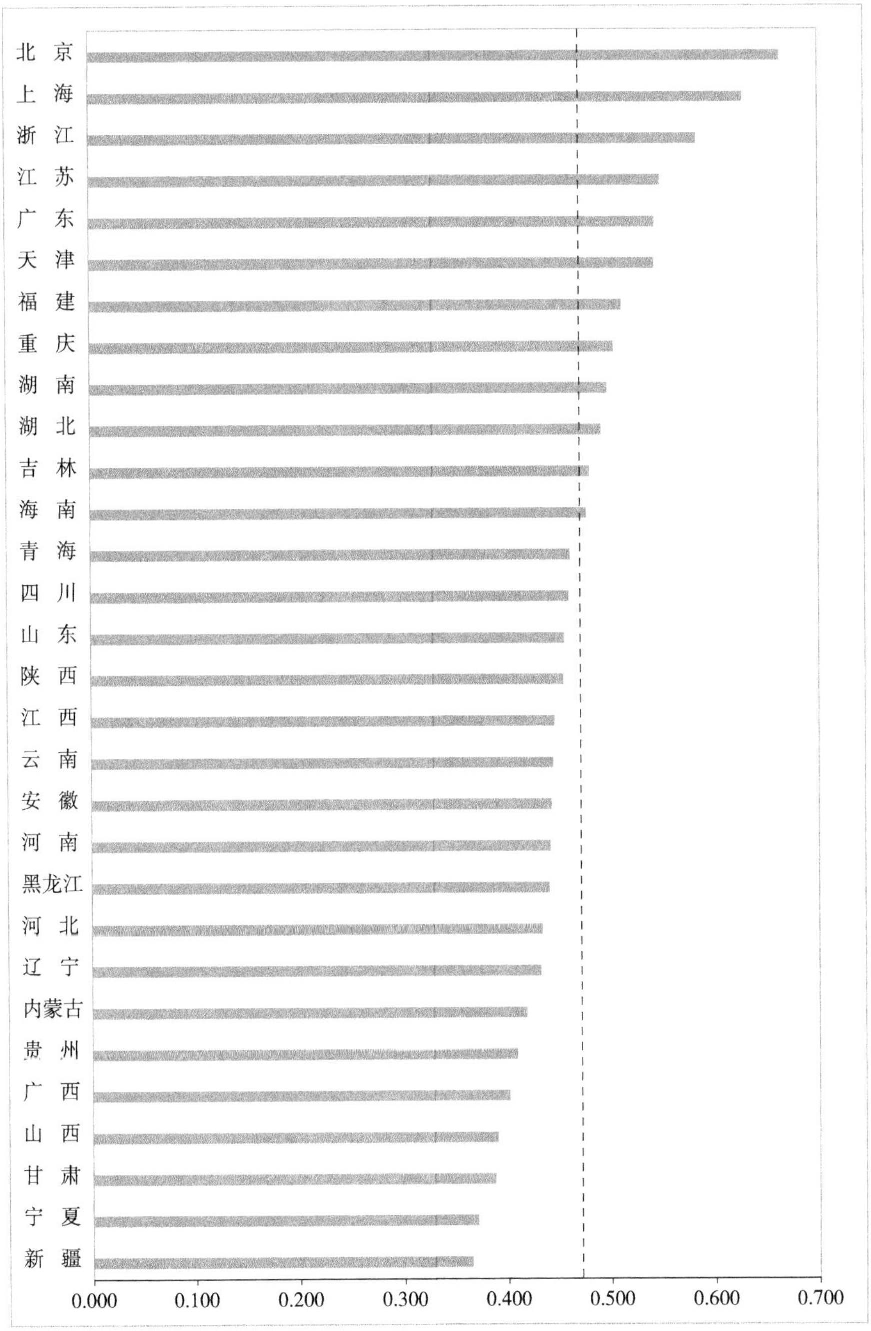

图 0–2 2020 年中国省际低碳发展指数排名比较

注：本图根据表 0–3 制作。指数值由高到低排列，虚线表示所有参评省（区、市）低碳发展指数的平均值 0.471。

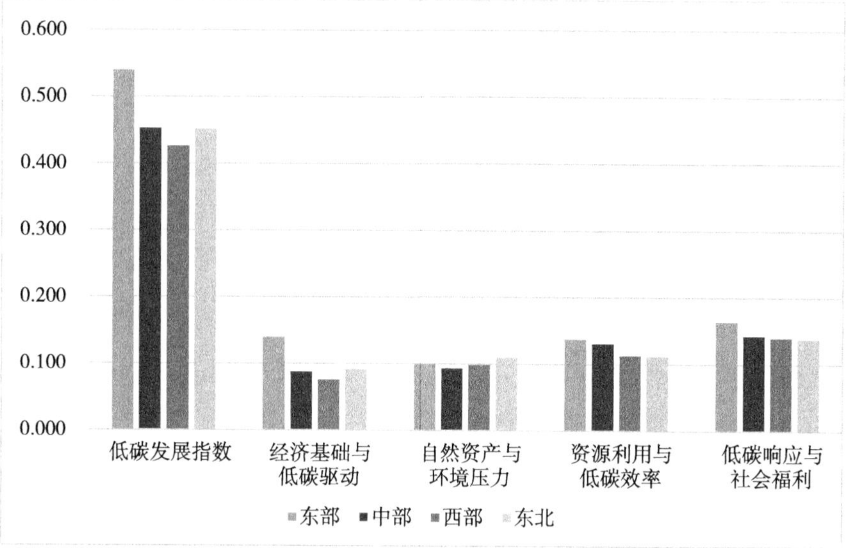

图 0–3　2020 年中国省际低碳发展指数东西方向区域比较

注：本图中数据为四大区域中各省（区、市）低碳发展指数的算术平均值。

中国省际低碳发展指数南北方向[①]区域分布情况如图 0–4 所示。中国省际低碳发展指数在南北方向上总体呈现南高北低且南北差距明显的特征。南方地区的低碳发展水平更高，15 个南方省份的低碳发展指数平均值达到 0.493，不仅高于全国平均水平，也与北方地区的 0.450 拉开一定差距。全国低碳发展指数排名前 10 位的省（区、市）中，有 8 个省（区、市）分布在南方地区，仅北京、天津位于北方地区。全国低碳发展指数排名后 10 位的省（区、市）中，仅广西和贵州这两个省（区）分布在南方地区，其余省（区、市）均位于北方地区。

中国省际低碳发展指数经济圈[②]区域分布情况如图 0–5 所示。从经济圈层面来看，三大经济圈[③]低碳发展均强于全国平均水平，且长三角和京津冀优势格外明显、成渝双城经济圈稍弱。长三角经济圈的低碳发展水平更高，其平均低碳发展指数达到 0.551，不仅远高于全国平均水平，也领先于其他两个主要经济圈的低碳发展水平。其中的上海、浙江、江苏的低碳发展水平分列全国的第二、三、四位，仅安徽的低碳发展水平较弱，仅位列全国的第 19 位。京津冀经济圈的低碳发展水平紧随其后，其平均低碳发

① 本报告根据地理学界以秦岭—淮河线划分南北地区的方法，对中国 30 个省（区、市）（未包括中国西藏、香港、澳门和台湾）进行了南北方向划分。北方地区包括北京、天津、河北、山东、辽宁、黑龙江、吉林、山西、内蒙古、河南、陕西、甘肃、青海、宁夏、新疆等 15 个省（区、市）。南方地区包括上海、江苏、浙江、福建、广东、广西、海南、安徽、湖北、湖南、江西、重庆、四川、云南、贵州等 15 个省（区、市）。以后篇章与此相同。

② 本报告还从经济圈层面考察了中国三个主要经济圈的低碳发展情况。其中，京津冀经济圈包括北京、天津和河北，长三角经济圈包括上海、江苏、浙江、安徽，成渝双城经济圈包括四川和重庆。以后篇章与此相同。

③ 由于数据所限，粤港澳大湾区没有加入对比。

展指数达到 0.547，仍旧高于全国平均水平。其中北京和天津的低碳发展水平分列全国的第 1 位和第 6 位，而河北的低碳发展指数较低，位列全国的第 22 位。成渝双城经济圈的平均低碳发展水平达到 0.483，低于京津冀和长三角经济圈，四川和重庆的低碳发展指数分别位列全国的第 8 位和第 14 位。

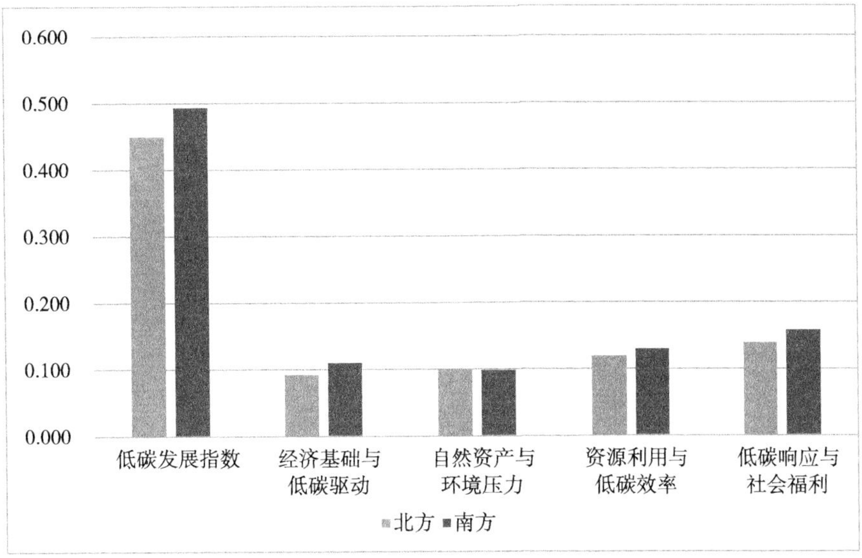

图 0–4　2020 年中国省际低碳发展指数南北方向区域比较

注：本图中数据为南方、北方地区中各省（区、市）低碳发展指数的算术平均值。

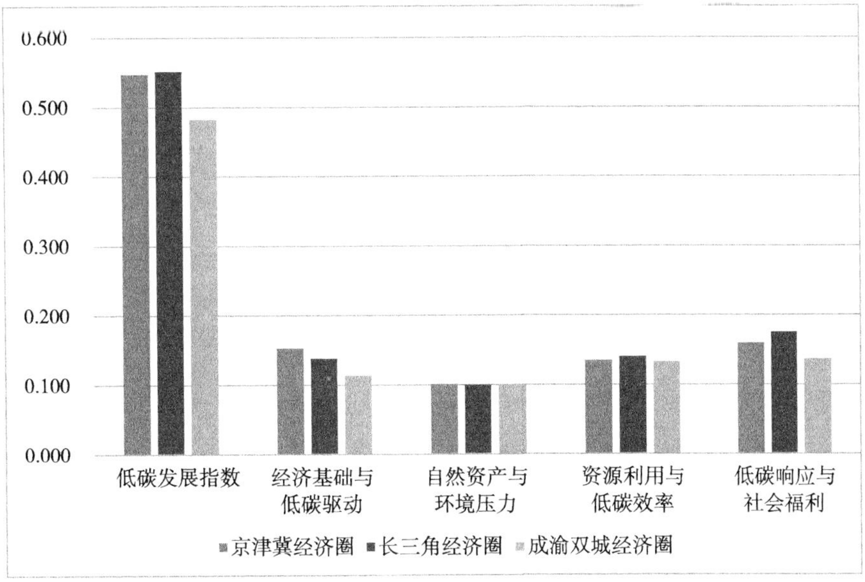

图 0–5　2020 年中国省际低碳发展指经济圈区域比较

注：本图中数据为三大经济圈中各省（区、市）低碳发展指数的算术平均值。

接下来分别对 2020 中国省际低碳发展的经济基础与低碳驱动、自然资产与环境压力、资源利用与低碳效率、低碳响应与社会福利四个分指标逐一进行分区域对比分析。

就经济基础与低碳驱动指数而言，区域间差异呈现东高西低、南高北低的特征，且三大经济圈均优于全国平均水平，京津冀和长三角领先优势显著。从东西方向上看，东部地区指标值为 0.140，东北、中部、西部地区依次减弱且均低于全国平均水平，指数值分别为 0.092、0.087、0.075。全国经济基础与低碳驱动排名前 10 位的省（区、市）中有 7 个来自东部地区，1 个来自中部地区，2 个来自西部地区。从南北方向上来看，南、北方地区指标值分别为 0.109 和 0.092，全国排名前 10 位的省（区、市）中有 7 个来自南方地区，3 个来自北方地区。从经济圈层面上看，京津冀、长三角和成渝双城经济圈的指标值分别为 0.152、0.138、0.114，均高于全国平均水平且彼此间差距明显。全国排名前 10 位的省（区、市）中有 2 个来自京津冀经济圈，3 个来自长三角经济圈，1 个来自成渝双城经济圈。

就自然资产与环境压力指数而言，区域间差异呈现东北最佳、中部略差、北方强于南方但差异不大，三大经济圈水平相近且均优于全国平均水平的特征。从东西方向上看，东北、东部、西部、中部地区的指标值分别是 0.110、0.099、0.098、0.093，全国自然资产与环境压力排名前 10 位的省（区、市）中有 4 个来自东部地区，4 个来自西部地区，2 个来自东北地区。从南北方向上看，北方和南方地区的指数值分别为 0.100 和 0.098，全国排名前 10 位的省（区、市）中有 5 个来自南方地区，5 个来自北方地区。从经济圈区域比较层面上看，三个经济圈的自然资产与环境压力指数相差不大，京津冀、长三角和成渝双城经济圈分别为 0.101、0.099、0.099，均强于全国平均水平。全国排名前 10 位的省（区、市）中有 2 个来自长三角经济圈，1 个来自京津冀经济圈，1 个来自成渝双城经济圈。

就资源利用与低碳效率指数而言，区域间差异呈现东高西低、南高北低，且三大经济圈均强于全国平均水平的情况。从东西方向上来看，东部、中部、西部、东北地区指数值分别为 0.137、0.130、0.113 和 0.112。东部和中部地区明显优于全国水平，西部和东北地区低于全国平均水平。全国资源利用与低碳效率排名前 10 位的省（区、市）中有 7 个来自东部地区，2 个来自中部地区，1 个来自西部地区。从南北方向上看，南、北方地区指数值分别为 0.129 和 0.119，全国排名前 10 位的省（区、市）中有 7 个来自南方地区，3 个来自北方地区。从经济圈层面上看，长三角、京津冀、成渝双城经济圈指标值分别 0.140、0.135 和 0.133，均高于全国平均水平，全国排名前 10 位的省（区、市）中有 4 个来自长三角经济圈，1 个来自京津冀经济圈，1 个来自成渝双城经济圈。

就低碳响应与社会福利指数而言，区域间差异呈现东高西低、南高北低、东部和南方地区领先优势明显的情况，三大经济圈中，长三角经济圈的优势显著。从东西方向上来看，东部、中部、西部、东北地区指数值分别为 0.163、0.142、0.140 和 0.138，仅东部地区超过全国平均水平。全国低碳响应与社会福利指数排名前 10 位的省（区、市）中有 7 个来自东部地区，2 个来自中部地区，1 个来自西部地区。从南北方向上来看，南、北方地区指数值分别为 0.157 和 0.139。全国低碳响应与社会福利指数排名前 10 位的省（区、市）中有 8 个来自南方地区，2 个来自北方地区。从经济圈层面上看，长三角、京津冀、成渝双城经济圈的指数值分别 0.175、0.159 和 0.137，前两者均超过全国平均水平。全国低碳响应与社会福利指数排名前 10 位的省（区、市）中有 3 个来自长三角经济圈，1 个来自京津冀经济圈。

五、核心发现与政策建议

在测算并分析 2020 中国省际低碳发展指数的基础上，本报告得出以下核心结论并提出提升我国低碳发展水平的政策建议。

1. 核心发现

第一，中国低碳发展的区域差异明显。中国的低碳发展水平整体呈现东高西低、南高北低且东部和南方地区领先优势显著的特征。得益于雄厚的经济基础、强大的低碳驱动力、集约化的资源利用水平、较高的低碳增长效率和社会福利水平，东部和南方地区是全国低碳发展的优等生。例如，东西方向上，东部地区的低碳发展指数得分为 0.539，经济基础与低碳驱动指标得分为 0.140，西部地区的指标得分仅分别为 0.426 和 0.075；南方地区的低碳发展指数为 0.493，低碳响应与社会福利指标得分为 0.157，北方地区上述两指标得分仅为 0.450 和 0.139。

第二，低碳发展的同群效应显著。中国低碳发展指数较高的地区往往会在地理位置上形成一定的集聚，体现出高于其他区域的低碳发展优势。中国低碳发展指数综合排名前 10 的省（区、市）中，有 7 个位于四大经济圈内。其中，2 个位于京津冀经济圈，3 个位于长三角经济带，1 个位于成渝双城经济圈，1 个位于粤港澳大湾区。经济圈内，地区之间通过构建有效的协调发展机制，在地区功能定位和分工的基础上，相互促进、共同高效地完成了经济圈内生产要素的自由流动和优化配置，合力为整个经济圈内的低碳发展添砖加瓦。

第三，低碳发展水平与经济发展高度相关。经济基础与低碳驱动夯实了低碳发展的地基，是低碳发展的定盘石。2020 年，经济基础与低碳驱动指数区域间差异呈现东高西低、南高北低的特征，且三大经济圈均优于全国平均水平，京津冀和长三角领先优势显著。一般来说，经济越发达地区，其经济基础与低碳驱动相对较高，它对低碳发展指数水平的贡献也相对较大；反之，经济相对落后地区，其经济基础与低碳驱动相对较低，它对低碳发展指数水平的贡献也相对较小，经济发展水平同低碳发展水平呈现出高度的正向相关关系。再一次说明低碳发展是既要低碳又要增长，是一种高质量发展。

第四，自然资产对低碳发展水平贡献较低。自然资产反映了自然环境及资源禀赋情况，是低碳发展所依赖的基本条件。2020 年自然资产指数区域间差异呈现东北最佳、北方优于南方但差异不大，三大经济圈水平相近但均低于全国平均水平的特征。从省际来看，有不少自然资产较高的地区（如黑龙江），其低碳发展水平往往低于自然资产较低的地区（如广东），原因在于这些自然资产较高的地区尚未将资源环境禀赋优势转换为经济社会发展动力，尚未将“绿水青山”真正变成“金山银山”，最终阻碍了低碳发展水平的提升。

第五，低碳发展稍欠地区的追赶潜力巨大。低碳响应指数的区域分布呈现西高东低的总体特征，与中国整体的低碳发展水平分布格局互补，体现出未来强大的追赶潜力。近年来中西部及东北地区在可再生能源发展、生态环境修复、低碳发展工作规划等方面不断加大政策保障力度。例如省际低碳响应指标前 10 位省（区、市）中，共有 4 个西部地区省份、2 个中部地区省份、1 个东北地区省份，内蒙古、贵州、广西等省（区）的低碳响应能力明显拉高了自身的低碳发展水平。未来，这些地区应该进一步提升低碳响应能力，发挥制度优势，提高政策支持力度，平稳有序推动“减碳”。

第六，技术创新及能源转型是驱动低碳发展的重要密匙。在参与测评的 30 个省（区、市）中，19 个省份的技术创新与能源转型显著拉动其低碳发展水平提升。能源燃烧是中国主要的二氧化碳排放源，占全部二氧化碳排放的 88% 左右，能源系统转型对实现“双碳”目标至关重要。而创新能够打破“边界”，融通各个领域，提升资源利用效率，是“减碳”的重要驱动力。要顺利实现脱钩，必须要坚持创新驱动，加快建成现代化的绿色低碳科技创新体系，推进产业绿色低碳转型。因此，技术创新及能源转型是驱动低碳发展的重要密匙。从这个角度看，部分低碳发展指数排名和技术创新、能源结构转型指标均处于全国中下游水平的地区，未来不仅可能面临着在低碳创新浪潮中落后的风险，还可能滑入全国低碳发展洼地。

2. 政策建议

（1）强化顶层设计，构建多元气候治理体系

首先，要强化顶层设计，发挥制度优势，推进高质量达峰行动方案，开展目标评价考核、加强过程评估和考核问责，健全环境治理领导责任体系。同时，借鉴欧盟的公平转型机制，由国家设立低碳转型或“碳中和”相关基金，通过专项资金，支持企业及其员工适应新经济结构，避免出现低碳转型导致贫困化等社会问题，推动公平转型。其次，要充分发挥市场配置资源的决定性作用，要加快完善全国统一用能权市场，完善能源消费双控制度。鼓励对低碳技术企业实行所得税减免，对其低碳贡献予以合理补偿和激励。同时，实施低碳金融支持低碳发展专项政策，设立碳减排支持工具，引导商业银行按照市场化原则加大对碳减排投融资活动的支持，使市场释放明确的信号，引导资本投向低碳产业领域。第三，积极培育公民的环境意识、提高公众环境认知能力，提升公众参与环境保护的效果，应用区块链技术，积极探索碳普惠制度，激发全社会的自主低碳行为，营造绿色低碳生活新时尚。第四，加强应对气候变化的国际合作，积极推动绿色“一带一路”建设，引领国际绿色、低碳、循环发展潮流，推进新的国际规则和新的标准制定，推动疫情后世界经济绿色复苏，不断朝着人类命运共同体目标迈进。

（2）坚持创新驱动，大力推进产业低碳转型

首先，应加大研发投入，推动低碳技术实现重大突破，抓紧开展碳捕捉和碳封存技术研究，在先进脱碳技术竞争中抢占先机，打造核心竞争力，为构建新发展格局和高质量发展奠定基础。其次，大力淘汰落后产能、化解过剩产能、优化存量产能，严格控制高耗能行业新增产能，以低碳技术改造提升钢铁、石化、水泥、化工等传统高耗能行业，推动传统产业低碳化发展，为传统产业赋予低碳发展的新动能。第三，以低碳技术培育孵化新兴产业，发展壮大新一代信息技术、新能源、新材料、低碳环保等战略性新兴产业，运用物联网、云计算、大数据、人工智能、区块链等新技术，有效地采集能耗、物耗、排放数据，识别低碳发展风险，推动低碳产业链、低碳价值链、重大工程项目的全生命周期低碳管理，降低工业产业的能源消费和碳排放，逐步实现经济增长和碳排放的脱钩。第四，加快构建一批具有世界水平的区域性低碳产业链集群，形成高度集聚、上下游紧密协同、供应链集约高效的新产业生态，通过区域的垂直整合，加快形成具有全球竞争力的区域性完整产业链中心，实现中国产业链区域空间布局的系统整合优化。

（3）积极推动能源革命，构建清洁低碳、安全高效的能源体系

一方面，需要推进能源体系清洁低碳转型，稳步推进水电、核电、风电、太阳能、

生物质能、氢能以及储能技术发展，加快构建适应高比例可再生能源发展的新型电力系统，完善清洁能源消纳长效机制，推动低碳能源替代高碳能源、可再生能源替代化石能源。另一方面，要以物联网、大数据、云计算、人工智能技术等先进技术手段作为能源供需两侧协调互动、互补互济的桥梁，促进产品、技术和服务的快速优化迭代，推动智能电网、微网、虚拟电厂等新业态的进一步发展，打通能源产供储销体系堵点，加快提升能源产业链智能化水平，进一步提升可再生能源发电效率和成本竞争力。同时，以创新来推动传统化石能源企业转型，努力将国有化石能源企业打造成能源技术服务的供给商，而不是单纯的能源资源供给方，实现能源产品服务的低碳化，适应与引领“碳中和”目标的实现。

（4）立足双循环，筑牢低碳发展的经济基础

一方面，低碳发展应立足国内大循环。要充分发挥超大规模市场优势，形成需求牵引供给、供给创造需求，供需双轮驱动，确定低碳发展的着力方向，提高低碳发展的竞争力。在中国，衣、食、住、行（及通信）、用（生活用品及服务）占居民消费的76%，一个单位的低碳产品消费对经济拉动和资源环境绩效改进作用明显。因此，立足国内大循环的低碳发展应将推动形成低碳饮食、低碳建筑、低碳出行、低碳家用、低碳穿衣、低碳旅游等作为“十四五”及未来一个时期推动低碳消费的重点领域。优先提高相关领域低碳产品和服务的有效供给，同时，做好减量、再利用和循环。另一方面，新发展格局绝不是封闭的国内循环，而是开放的国内国际双循环，需要通过发挥内需潜力，使国内市场和国际市场更好联通，实现高水平对外开放。本土企业可以主动借助全球市场的竞争效应，积极依靠“竞争促进创新”和“竞争中学习效应”等机制渠道，实现全球市场竞争驱动型的中国产业链水平升级模式，提升我国在国际经济循环体系中的竞争力和地位，实现国内国际双循环相互促进。

（5）因地制宜，精准推进各区域低碳发展

首先，长三角、珠三角、京津冀、成渝双城经济圈等具有条件和具有潜力的地区应加速推进城市规模体系优化与空间结构调整，通过建设国际一流营商环境集聚全球优质要素，形成创新型低碳区域产业体系和区域创新共同体，加大区域低碳协同发展机制体制创新，成为中国参与国际分工和国际竞争的主要区域载体。其次，以东西互济的对外开放新格局促进中西部及东北地区的绿色发展。充分利用加大西部地区开放力度、东北振兴的政策优势，以地区产业分工与转移融合、要素流动与市场一体化、国内产业链重塑为支撑，有针对性地支持东部地区低碳基础技术研发和中西部、东北地区的低碳应用技术研发，重点关注生态修复、资源循环利用、污染防控等技术领域。第三，对于拥有丰富资源禀赋的西部地区和东北地区，要加大力度培育非资源型

产业重点项目，合理规划非资源型产业布局，通过产业链条延伸、产业战略重组、发展新优势产业等方式逐渐降低对资源的依赖程度，因地制宜发展低碳特色产业，实现包容式低碳转型。最后是根据各地区产业结构、能源结构因地制宜制定碳达峰路线图和时间表，东部沿海比较发达的地区应研究和规划率先达峰，这样才能为全国范围的达峰产生示范和引领效应。对低碳发展条件比较好的地区应当通过调整能源结构、改良技术、完成产业升级等多种手段，降低碳排放增速。对于低碳发展相对落后地区，应将碳排放空间盈余部分转让到碳市场中参与交易。

（6）大力推进自然碳汇和碳捕集，精准实现碳中和

碳中和不等同于碳的零排放，即使是清洁能源系统自身也不能实现真正的碳的零排放，只能做到非常低的排放。这样的二氧化碳排放就要通过自然碳汇和碳捕集来实现碳中和。中国碳汇每年预计仅有 7 亿 ~8 亿吨。按照最强减排路径分析，到 2055 年左右，中国能源生产、消费以及工业非能利用领域还有约 14 亿吨碳排放。因此，要实现碳中和除了增加自然碳汇还需要加快研发二氧化碳捕集与封存技术。一方面，要提升生态碳汇能力，强化国土空间规划和用途管控，全面加强森林、草原、湿地、荒漠生态系统保护，夯实绿色本底，筑牢生态屏障，有效发挥森林、草原、湿地、海洋、土壤、冻土的固碳作用，提升生态系统碳汇增量，充分发挥自然资产的价值。另一方面，积极研发和推广化石燃料碳捕集利用与封存、生物质碳捕集与封存、直接空气捕集等技术，提高碳捕集能力。自然碳汇和碳捕集能够解决碳中和“最后一公里”问题，精准实现全社会碳中和目标，推动经济高质量发展更上一层楼。

六、本报告的框架结构及分析重点

《2021 中国低碳发展指数报告》对 2020 年中国大陆（除西藏外）30 个省（区、市）的低碳发展进行了测度、分析和专题研究，本报告框架如下：

总论重点介绍了 2020 中国省际低碳发展指数指标体系及测度方法，展示了 30 个省（区、市）的测算结果及排序，并针对中国省际低碳发展指数测度结果进行分析，提出了“双碳”目标愿景下中国低碳发展的政策建议，此外还给出了报告的整体框架。报告的主体内容为五章，第一章为 2020 年中国省际经济基础与低碳驱动测算及分析，第二章为 2020 年中国省际自然资产与环境压力测算及分析，第三章为 2020 年中国省际资源利用与低碳效率测算及分析，第四章为 2020 年中国省际低碳响应与社会福利测算及分析，第五章为新时代中国低碳发展战略研究。

第一章

省际经济基础与低碳驱动测算及分析

经济基础与低碳驱动是低碳发展指数的四大一级指标之一，对其进行科学的测算与分析，旨在客观反映一个地区经济发展过程中低碳驱动经济发展的能力。本章以经济基础与低碳驱动的测算结果为基础，利用2020年的年度数据，基于区域比较的视角，分别从经济基础和低碳驱动两个方面分析我国30个省（区、市）的经济基础与低碳驱动，探讨经济基础与低碳驱动同地区低碳发展的关系。

一、省际经济基础与低碳驱动的测算结果

根据“中国省际低碳发展指数指标体系”中经济基础与低碳驱动的测度体系和权重标准，中国30个省（区、市）经济基础与低碳驱动指数及两项分指数的测算结果及排名如下（如表1-1）。

表 1-1　2020 年中国省际经济基础与低碳驱动指数及排名

指标 地区	经济基础与低碳驱动指数		二级指标			
			经济基础指标		低碳驱动指标	
	指数值	排名	指数值	排名	指数值	排名
北京	0.218	1	0.112	1	0.106	1
上海	0.185	2	0.107	2	0.079	3
天津	0.158	3	0.084	5	0.073	4
广东	0.154	4	0.072	7	0.082	2
江苏	0.151	5	0.088	4	0.063	5
福建	0.143	6	0.088	3	0.055	12
浙江	0.138	7	0.081	6	0.056	10
重庆	0.131	8	0.068	8	0.063	6
湖北	0.114	9	0.056	10	0.058	7
陕西	0.109	10	0.052	11	0.057	9
吉林	0.104	11	0.050	12	0.053	14
四川	0.096	12	0.039	18	0.057	8
湖南	0.093	13	0.049	13	0.044	17
山东	0.093	14	0.043	15	0.050	15
江西	0.092	15	0.038	19	0.054	13

续表

地区＼指标	经济基础与低碳驱动指数		二级指标			
			经济基础指标		低碳驱动指标	
	指数值	排名	指数值	排名	指数值	排名
黑龙江	0.089	16	0.043	14	0.046	16
河北	0.082	17	0.027	26	0.056	11
辽宁	0.082	18	0.041	17	0.042	19
内蒙古	0.082	19	0.059	9	0.023	29
安徽	0.077	20	0.041	16	0.036	26
海南	0.076	21	0.035	22	0.040	20
河南	0.073	22	0.037	20	0.036	25
山西	0.072	23	0.031	24	0.042	18
青海	0.065	24	0.025	27	0.040	21
宁夏	0.064	25	0.031	23	0.033	28
贵州	0.064	26	0.027	25	0.037	24
广西	0.063	27	0.024	28	0.039	23
云南	0.061	28	0.022	29	0.039	22
新疆	0.055	29	0.036	21	0.020	30
甘肃	0.036	30	0.003	30	0.033	27

注：1. 本表根据“中国省际低碳发展指数指标体系”中经济基础与低碳驱动的指标体系，依各指标 2020 年数据测算而得。2. 本表各省（区、市）按照经济基础与低碳驱动的指数值从大到小排序。3. 本表一级指标经济基础与低碳驱动指数值等于经济基础指标和低碳驱动指标两个二级指标指数值之和。4. 以上数据及排名根据《中国统计年鉴 2021》《中国工业经济统计年鉴 2020》《中国电力统计年鉴 2021》《中国科技统计年鉴 2020》《2021 中国数字经济发展白皮书》等测算。5. 为了便于后文进行比较分析，基于算术平均方法，课题组测算得到 30 个参评省（区、市）的经济基础与低碳驱动指数的平均水平为 0.101，经济基础指标的平均水平为 0.050，低碳驱动指标的平均水平为 0.050。6. 若出现指标值相同但排名不同的现象，是四舍五入保留三位小数所致。

从表 1–1 中可以看到，指数值最高的北京为 0.218，最低的甘肃仅为 0.036，极差为 0.181①；有 11 个省（市）指数值高于经济基础和低碳驱动的平均值。

经济基础与低碳驱动指数排名前 10 位的省（市）依次是：北京、上海、天津、广东、江苏、福建、浙江、重庆、湖北和陕西（排序见图 1–1）。其中，经济基础指标排名前 10 位的省（区、市）依次是：北京、上海、福建、江苏、天津、浙江、广东、重庆、内蒙古和湖北；低碳驱动指标排名前 10 位的省（市）依次是：北京、广东、上海、天津、江苏、重庆、湖北、四川、陕西和浙江。

根据表 1–1 中各地区的经济基础与低碳驱动指标值可以绘制出图 1–1。其中，横

① 此处按照原始数据计算，极差为 0.181，与表中数据存在差异。

轴为经济基础与低碳驱动的指数值，纵轴为省（区、市）名称。经济基础与低碳驱动指数值用绿色条框表示，绿色条框越长，指数值越大；所有参评省（区、市）经济基础与低碳驱动的平均值用垂直于横轴的虚线表示。由图 1–1 看出，北京、上海等 11 个省（市）指数值高于该平均值，四川、湖南等19个省（区、市）指数值低于该平均值。

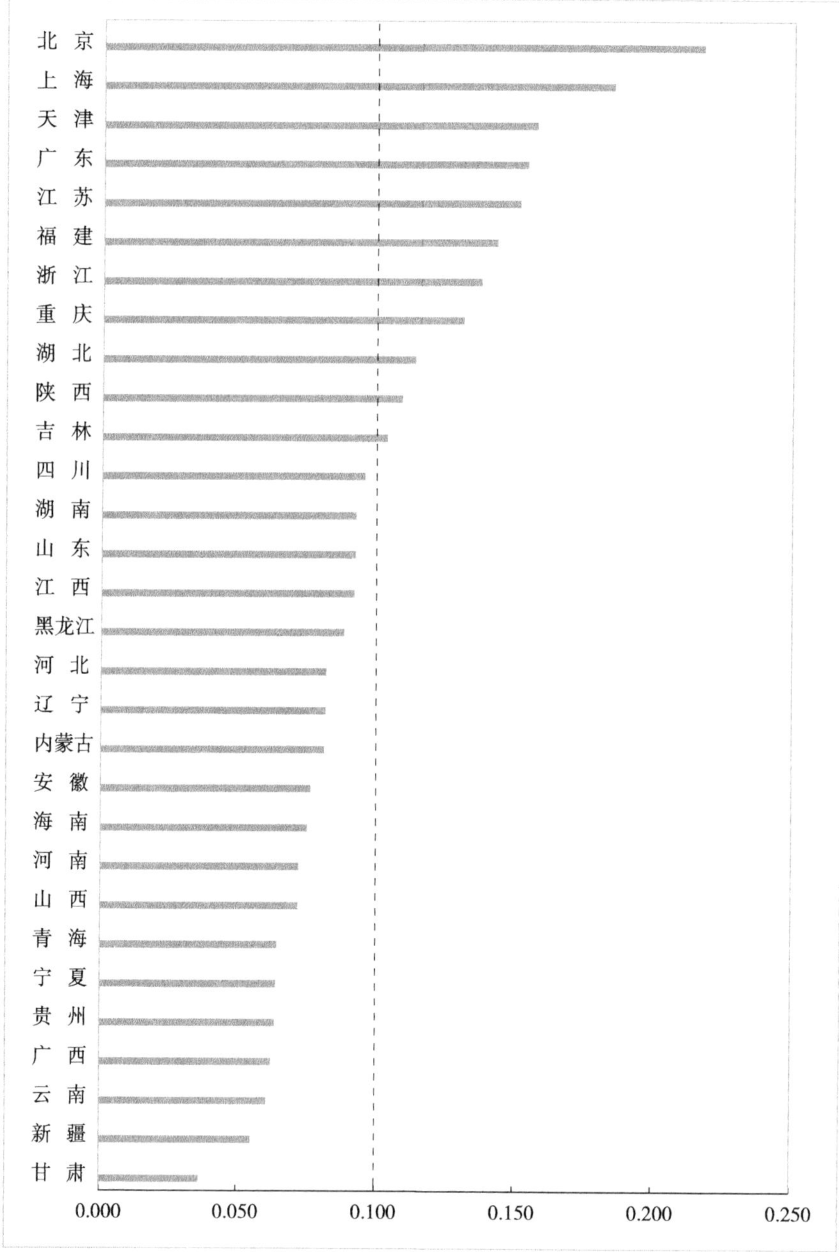

图 1–1　2020 年中国省际经济基础与低碳驱动指数排名比较

注：本图根据表 1–1 制作。指数值由高到低排列，虚线表示所有参评省（区、市）经济基础与低碳驱动指数的平均值。

1. 经济基础与低碳驱动的区域间差异分析

（1）东西方向区域差异分析

从经济基础与低碳驱动的东西方向区域分布来看，经济基础与低碳驱动总体呈现东部较好、东北居中、中部次之和西部偏低的局面。从图 1–2 中可以看出，东部地区经济基础与低碳驱动指数平均值最高，为 0.140；东北部地区和中部地区次之，均低于所有参评省（区、市）经济基础与低碳驱动的平均值，分别为 0.092 和 0.087；西部地区最低，为 0.075。

在东部地区的10个省（市）中，排在前10位的有7个，分别为北京、天津、上海、广东、江苏、福建、浙江，山东、河北、海南分别排在第 14、17、21 位。其中，北京以 0.218 的高分居全国第 1 位。从各项指标来看，北京在经济基础指标、低碳驱动指标上的指数值均排在全国首位，整体较好。中部六省中，仅湖北排在前 10 位，湖南、江西、安徽、河南分列第 13、15、20、22 位，山西排名最为靠后，列第 23 位；东北三省吉林、黑龙江、辽宁的排名分别为第 11、16 和 18 位，位次居中；西部地区的 11 个参评省（区、市）中，除重庆、陕西排在第8位、第10位，四川、内蒙古排在第12位、第 19 位以外，其他 7 个省（区）排在第 20—30 位，依次为青海、宁夏、贵州、广西、云南、新疆、甘肃，整体排名靠后。

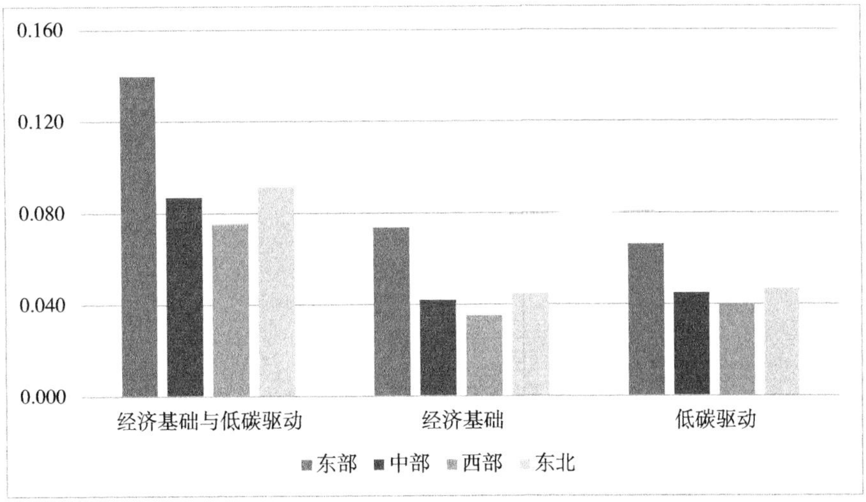

图 1–2　2020 年中国东西方向区域间经济基础与低碳驱动对比图

注：本图中数据为四大区域中各省（区、市）经济基础与低碳驱动指数的算术平均值。

就经济基础与低碳驱动的两个分指标而言，东西方向区域间的差异也非常显著。其中，经济基础指数的区域间差异较大，东部地区平均值为 0.074，明显高于全国平均水平及其他三个地区；其次是东北、中部、西部地区，经济基础指数平均值依次为

0.045、0.042 和 0.035，均低于全国平均水平。低碳驱动指数的区域间差异相对较小，东部地区水平相对最高，低碳驱动指数平均值为 0.066，高于全国平均水平，东北、中部、西部地区水平相差较少，平均值依次为 0.047、0.045 和 0.040，均低于全国平均水平及其他三个地区。总体来看，就两项分指标而言，东部地区优势最为明显，东北地区和中部地区紧随其后，而西部地区两项指标均最为逊色。

（2）南北方向区域差异分析

从经济基础与低碳驱动的南北方向区域分布来看，经济基础与低碳驱动总体呈现南方较好、北方稍弱的局面。从下图 1–3 中可以看出，南方地区经济基础与低碳驱动平均值较高，为 0.109，高于所有参评省（区、市）经济基础与低碳驱动的平均值；北方地区经济基础与低碳驱动指数平均值偏低，为 0.092，低于所有参评省（区、市）经济基础与低碳驱动的平均值。从排名看，经济基础与低碳驱动指数全国排名前 10 位的省（市）中有 7 个来自南方地区，3 个来自北方地区；进入排名前 15 位的省（市）中，共 10 个来自南方地区，5 个来自北方地区。

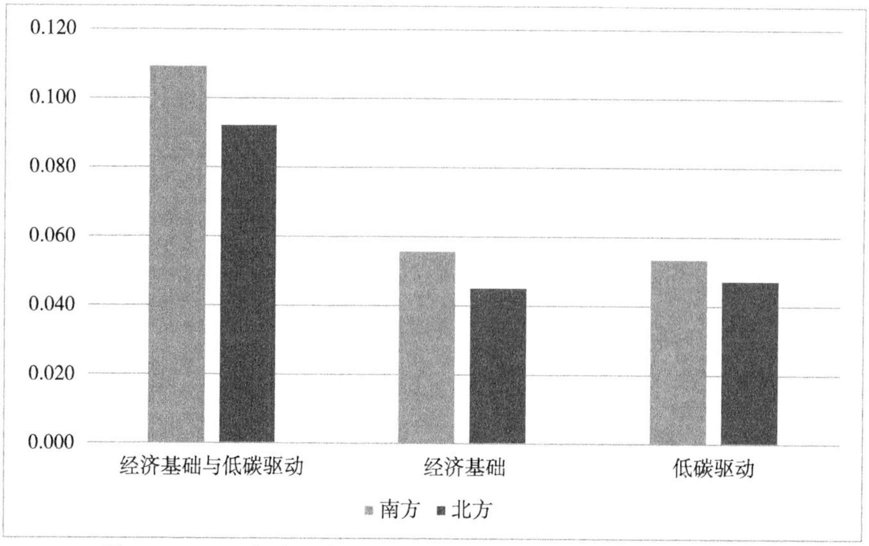

图 1–3　2020 年中国南北方向区域间经济基础与低碳驱动对比图

注：本图中数据为南方、北方地区中各省（区、市）经济基础与低碳驱动指数的算术平均值。

具体来看，南方地区的 15 个省（区、市）中，排在前 10 位的有 7 个，分别是上海、广东、江苏、福建、浙江、重庆、湖北，上海以 0.185 的指标值高居全国第 2 位，四川、湖南、江西、安徽 4 个省分别排在第 12、13、15、20 位，海南、贵州、广西、云南 4 个省（区）分别排在第 21、26、27、28 位。从各项指标来看，上海在经济基础指标、低碳驱动指标上的指数值分别排在全国第 2、3 位。经济基础指标排名前 10 位的省（市）有 7 个，分别是上海、福建、江苏、浙江、广东、重庆、湖北，低碳驱动指标排名前10位的省（市）有7个，分别是广东、上海、江苏、重庆、湖北、四川、浙江。

北方15省（区、市）中，仅北京、天津、陕西在经济基础与低碳驱动指标值排名的前10位，6个省（区）位于第11位至第20位，分别是吉林、山东、黑龙江、河北、辽宁、内蒙古，6个省（区、市）位于第21位及以后位次，分别是河南、山西、青海、宁夏、新疆、甘肃，甘肃排名最为靠后，列第30位。从分指标来看，北京在经济基础指标、低碳驱动指标上的指数值均排在全国第1位，经济基础指标排名前10位的市（区）有3个，分别是北京、天津、内蒙古，低碳驱动指标排名前10位的省（市）有3个，分别是北京、天津、陕西。

就经济基础与低碳驱动的两个分指标而言，南北方向区域间的差异也较为显著。其中，经济基础指数的区域间差异较大，南方地区平均值为0.056，明显高于北方地区平均水平0.045，且高于全国平均水平。低碳驱动指数的区域间差异相对较小，南方地区平均值为0.053，高于北方地区平均水平0.047，稍高于全国平均水平。总体来看，南方地区的经济基础指标与低碳驱动指标具有较明显的优势，而北方地区则相对逊色。

（3）经济圈区域差异分析

从经济基础与低碳驱动的经济圈区域分布情况来看，经济基础与低碳驱动总体呈现京津冀经济圈较好、长三角经济圈居中、成渝双城经济圈偏低的局面。从图1–4中可以看出，京津冀经济圈经济基础与低碳驱动平均值最高，为0.152；长三角经济圈经济基础与低碳驱动指数平均值较高，为0.138；成渝双城经济圈最低，为0.114；三大经济圈的经济基础与低碳驱动指标值均高于所有参评省（区、市）平均值。从排名看，经济基础与低碳驱动指数值全国排名前10位的省（区、市）中有3个来自长三角经济圈，2个来自京津冀经济圈，1个来自成渝双城经济圈；进入排名前15位的省（区、市）中，有3个来自长三角经济圈，2个来自京津冀经济圈，2个来自成渝双城经济圈。

具体来看，京津冀经济圈总体水平明显高于其他两大经济圈。在京津冀经济圈的3个省（市）中，北京、天津、河北分别排在第1、3、17位。其中，北京以0.218的高分居全国第1位，从各项指标来看，京津冀经济圈中河北稍弱；长三角经济圈的4个省（市）中，上海、江苏、浙江、安徽分列第2、5、7、20位，从各项指标来看，长三角经济圈中安徽稍弱；成渝双城经济圈的2个省（市）中，重庆、四川排在第8位、第12位，2个省（市）相差不大。

就经济基础与低碳驱动的两个分指标而言，经济圈间的差异也非常显著。其中，经济基础的区域间差异大，长三角经济圈平均值为0.079，明显高于全国平均水平；其次是京津冀经济圈，其经济基础指数平均值为0.074，也明显高于全国平均水平；成渝双城经济圈平均值为 0.054，远低于其他两大经济圈，但稍高于全国平均水平。低碳驱动指数的区域间差异大，京津冀经济圈最高，平均值为 0.078，远高于全国平均水平；成渝双城经济圈次之，平均值为 0.060，稍高于全国平均水平；长三角经济圈最低，低碳驱动指数平均值为 0.058，稍高于全国平均水平。总体来看，就经济基础指标而言，长三角经济圈优势突出、京津冀经济圈次之、成渝双城经济圈较弱；就低碳驱动指标而言，京津冀经济圈较强，成渝双城经济圈次之，长三角经济圈紧随其后。

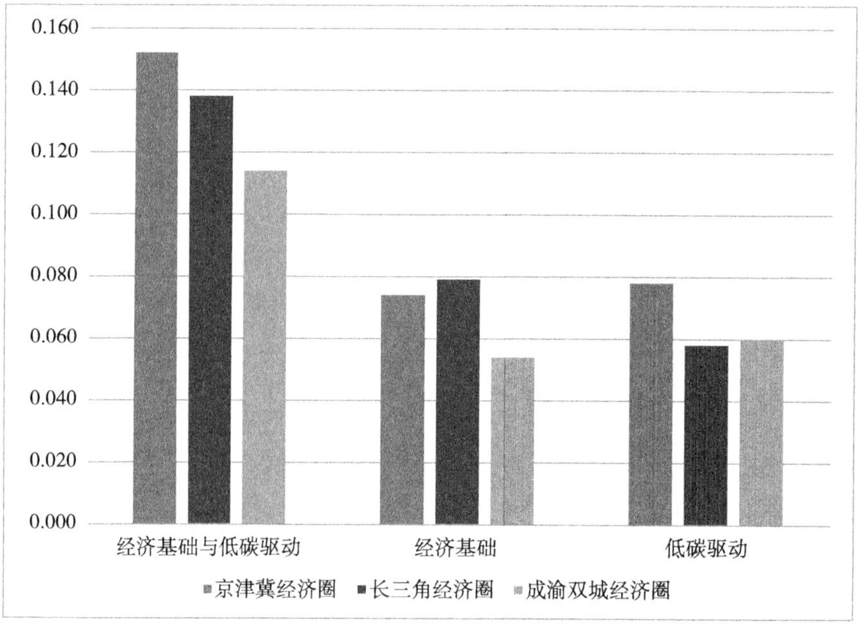

图 1–4　2020 年中国经济圈区域间经济基础与低碳驱动对比图

注：本图中数据为三大经济圈中各省（市）经济基础与低碳驱动指数的算术平均值。

2. 经济基础与低碳驱动的区域内省际差异分析

（1）东西方向区域差异分析

从东西方向区域内各省（区、市）的情况看（如表 1–2），区域内经济基础与低碳驱动情况较为相似。

东部 10 个省（市）除山东、河北和海南外，其余省（市）的经济基础与低碳驱动均高于全国平均水平，分列全国第 1—7 位；山东省指数值为 0.093，列第 14 位，较北京低 0.125；河北省指数值为 0.082，列第 17 位，比北京低 0.135[①]；海南省指数值为 0.076，列第 21 位，比北京低 0.142。

① 此处按照原始数据计算，极差为 0.135，与表中数据存在差异。

中部六省（市）的经济基础与低碳驱动指数，除湖北外均低于全国平均水平，指数值最高的为湖北 0.114，最低的为山西省 0.072，极差达到 0.041[①]。

西部 11 个省（区、市）的经济基础与低碳驱动指数，除重庆和陕西外，均低于全国平均水平，其中重庆指数值最高为 0.131，甘肃最低为 0.036，极差达到 0.095。

东北三省中经济基础与低碳驱动指数，除吉林外均低于全国平均水平，吉林、黑龙江、辽宁指数值分别为 0.104、0.089 和 0.082。具体情况如表 1–2 所示。

表 1–2　2020 年中国经济基础与低碳驱动东西方向区域内部差异分析

区域	地区	指数值	排名	区域	地区	指数值	排名
东部	北京	0.218	1	西部	重庆	0.131	8
	上海	0.185	2		陕西	0.109	10
	天津	0.157	3		四川	0.096	12
	广东	0.154	4		内蒙古	0.082	19
	江苏	0.151	5		青海	0.065	24
	福建	0.143	6		宁夏	0.064	25
	浙江	0.138	7		贵州	0.064	26
	山东	0.093	14		广西	0.063	27
	河北	0.082	17		云南	0.061	28
	海南	0.076	21		新疆	0.055	29
中部	湖北	0.114	9		甘肃	0.036	30
	湖南	0.093	13	东北	吉林	0.104	11
	江西	0.092	15		黑龙江	0.089	16
	安徽	0.077	20		辽宁	0.082	18
	河南	0.073	22				
	山西	0.072	23				

注：本表根据表 1–1 整理。若出现指标值相同但排名不同的现象，是四舍五入保留三位小数所致。

（2）南北方向区域差异分析

从南北方向区域内各省（区、市）的情况看（如表 1–3），区域内部经济基础与低碳驱动情况差异明显。

南方 15 个省（区、市）的经济基础与低碳驱动指数，有 7 个省（市）高于全国平均水平，分别是上海、广东、江苏、福建、浙江、重庆、湖北，其余省（区）低于全国平均水平。上海指数值最高为 0.185，列第 2 位，云南省指数值最低为 0.061，列第 28 位，排名最高和最低省（市）的极差为 0.124。

① 此处按照原始数据计算，极差为 0.041，与表中数据存在差异。

北方 15 个省（区、市）的经济基础与低碳驱动指数，有 4 个省（市）高于全国平均水平，分别是北京、天津、陕西、吉林，其余省（区）均低于全国平均水平。北京指数值最高为 0.218，列第 1 位，甘肃省指数值最低为 0.036，列第 30 位，排名最高最低省（市）的极差为 0.181①，区域内部差异明显。具体情况如表 1–3 所示。

表 1–3　2020 年中国经济基础与低碳驱动南北方向区域内部差异分析

区域	地区	指数值	排名	区域	地区	指数值	排名
南方	上海	0.185	2	北方	北京	0.218	1
	广东	0.154	4		天津	0.157	3
	江苏	0.151	5		陕西	0.109	10
	福建	0.143	6		吉林	0.104	11
	浙江	0.138	7		山东	0.093	14
	重庆	0.131	8		黑龙江	0.089	16
	湖北	0.114	9		河北	0.082	17
	四川	0.096	12		辽宁	0.082	18
	湖南	0.093	13		内蒙古	0.082	19
	江西	0.092	15		河南	0.073	22
	安徽	0.077	20		山西	0.072	23
	海南	0.076	21		青海	0.065	24
	贵州	0.064	26		宁夏	0.064	25
	广西	0.063	27		新疆	0.055	29
	云南	0.061	28		甘肃	0.036	30

注：本表根据表 1–1 整理。若出现指标值相同但排名不同的现象，是四舍五入保留三位小数所致。

（3）经济圈区域差异分析

从三大经济圈内各省（市）的情况看（如表 1–4 所示），京津冀和长三角经济圈内部经济基础与低碳驱动情况差异明显，成渝经济圈内部经济基础与低碳驱动情况差异不大。

京津冀经济圈 3 个省（市）的经济基础与低碳驱动指数，北京指数值最高为 0.218，位列第 1 位，天津指数值次之为 0.157，位列第 3 位，河北指数值最低为 0.082，位列第 17 位，排名最高和最低省（市）位次差异为 16 位，区域差异明显。

长三角经济圈 4 个省（市）的经济基础与低碳驱动指数，上海指数值最高为 0.185，位列第 2 位，江苏、浙江的指数值次之为 0.151 和 0.138，分别位列第 3 位和第 7 位，

① 此处按照原始数据计算，极差为 0.181，与表中数据存在差异。

安徽指数值最低为 0.077，位列第 20 位，排名最高和最低省（市）位次差异为 18 位，区域差异明显。

成渝经济圈 2 个省（市）的经济基础与低碳驱动指数，重庆指数值最高为 0.131，位列第 8 位，四川省指数值最低为 0.096，位列第 12 位，排名最高和最低省（市）的位次差为 4 位，区域内部差异不大。

表 1–4 2020 年中国经济基础与低碳驱动经济圈区域内部差异分析

区域	地区	指数值	排名	区域	地区	指数值	排名
京津冀经济圈	北京	0.218	1	长三角经济圈	上海	0.185	2
	天津	0.157	3		江苏	0.151	5
	河北	0.082	17		浙江	0.138	7
成渝经济圈	重庆	0.131	8		安徽	0.077	20
	四川	0.096	12				

注：本表根据表 1–1 整理。若出现指标值相同但排名不同的现象，是四舍五入保留三位小数所致。

3. 经济基础与低碳驱动对区域低碳发展的影响分析

经济基础与低碳驱动是低碳发展指数的四大一级指标之一，在区域低碳发展指数中所占权重为 30%。经济基础水平与低碳驱动程度的差异，直接影响着低碳发展水平的排序。表 1–5 中，差距列的值等于低碳发展指数排名减去对应的经济基础与低碳驱动指标值排名，数值为正表示该省（区、市）经济基础与低碳驱动指数对低碳发展指数的贡献为正，数值为负表示该省（区、市）经济基础与低碳驱动指数对低碳发展指数的贡献为负。

对比各地区经济基础与低碳驱动指数排序与低碳发展指数排序后发现（表 1–5 所示），多数地区经济基础与低碳驱动指数排序与低碳发展指数排序存在差异，30 个参评省（区、市）名次变动在 5 名以内的省（区、市）达 18 个，占总参评省（区、市）的 60%，名次差异在 5 位（含 5 位）以上的省（区、市）有 8 个，占比为 26.67%；排名差异 10 个位次及以上的省有 2 个，分别是青海和云南。陕西、黑龙江、河北、辽宁、内蒙古因经济基础与低碳驱动指数较高而明显拉升了低碳发展指数，体现出了明显的低碳发展追赶潜力。海南、青海、云南 3 个省经济基础与低碳驱动指数值则相反，较为明显地拉低了低碳发展指数水平，低碳发展驱动力有待进一步提升。此外，低碳发展指数排名前 10 位的省（市）中，除北京、上海、广东、天津、福建、重庆、湖北外，其余 3 个省份都表现出经济基础与低碳驱动指数相对较弱的特征，从而阻碍了低碳发展指数的进一步提升；低碳发展指数排名后 10 位的省（区）中，有 6 个省（区）的经济基础与低碳驱动指数的排名在后 10 位。

表 1–5　2020 年中国省际低碳发展指数和经济基础与低碳驱动指数排名差异比较

地区	低碳发展指数排名	经济基础与低碳驱动排名	位次变化	地区	低碳发展指数排名	经济基础与低碳驱动排名	位次变化
北京	1	1	0	陕西	16	10	6
上海	2	2	0	江西	17	15	2
浙江	3	7	–4	云南	18	28	–10
江苏	4	5	–1	安徽	19	20	–1
广东	5	4	1	河南	20	22	–2
天津	6	3	3	黑龙江	21	16	5
福建	7	6	1	河北	22	17	5
重庆	8	8	0	辽宁	23	18	5
湖南	9	13	–4	内蒙古	24	19	5
湖北	10	9	1	贵州	25	26	–1
吉林	11	11	0	广西	26	27	–1
海南	12	21	–9	山西	27	23	4
青海	13	24	–11	甘肃	28	30	–2
四川	14	12	2	宁夏	29	25	4
山东	15	14	1	新疆	30	29	1

注：本表根据表 0–3 与表 1–1 整理。若出现指标值相同但排名不同的现象，是四舍五入保留三位小数所致。

从东西方向区域分布来看，西部 11 个省（区、市）中，除重庆的经济基础与低碳驱动排名与其低碳发展指数排名相比没有变化外，新疆、四川、宁夏、内蒙古和陕西的经济基础与低碳驱动排名领先于其低碳发展指数排名，领先位次分别为 1、2、4、5、6。其余省（区、市）经济基础与低碳驱动排名均落后于其低碳发展指数排名，贵州、广西、甘肃、云南、青海落后位次分别为 1、1、2、10、11，平均而言，西部地区经济基础与低碳驱动排名落后于其低碳发展指数排名约 0.6 位。东部 10 个省（市）中，北京、上海的经济基础与低碳驱动排名与其低碳发展指数排名相比没有变化；江苏、浙江和海南的经济基础与低碳驱动排名均落后于其低碳发展指数排名，落后位次分别为 1、4、9；其余省经济基础与低碳驱动排名均领先于其低碳发展指数排名。平均而言，东部地区经济基础与低碳驱动排名落后于其低碳发展指数排名约 0.3 位。中部 6 省中，安徽、河南、湖南的经济基础与低碳驱动落后于其低碳发展指数，落后位次分别为 1、2、4 位，其余省的经济基础与低碳驱动排名领先于其低碳发展指数排名，平均而言，中部地区经济基础与低碳驱动排名与其低碳发展指数排名相比变化为0位。东北三省中，除了吉林的经济基础与低碳驱动排名与其低碳发展指数排名相比没有变化外，其余两省的经济基础与低碳驱动排名都领先于其低碳发展指数排名，平均领先3.3位。

从南北方向区域分布来看，南方15个省（区、市）中，上海、重庆的经济基础与低碳驱动排名与其低碳发展指数排名相比没有变化；江苏、安徽、贵州、广西、浙江、湖南、海南、云南这8个省（区、市）的经济基础与低碳驱动排名均落后于其低碳发展指数排名，落后位次分别为1、1、1、1、4、4、9、10；其余省（区、市）经济基础与低碳驱动排名均领先于其低碳发展指数排名。平均而言，南方地区经济基础与低碳驱动排名落后于其低碳发展指数排名约1.6位。北方15个省（区、市）中，北京、吉林的经济基础与低碳驱动排名与其低碳发展指数排名相比没有变化，河南、甘肃、青海这3个省的经济基础与低碳驱动排名均落后于其低碳发展指数排名，落后位次分别为2、2、11；其余省（区、市）经济基础与低碳驱动排名均领先于其低碳发展指数排名。平均而言，南方地区经济基础与低碳驱动排名领先于其低碳发展指数排名约1.6位。

从经济圈层面来看，京津冀经济圈3个省（市）中，北京的经济基础与低碳驱动排名与其低碳发展指数排名相比没有变化；河北和天津2个省（市）的经济基础与低碳驱动排名均领先于其低碳发展指数排名，领先位次分别为3、5，平均而言，京津冀经济圈经济基础与低碳驱动排名领先于其低碳发展指数排名约2.7位。长三角经济圈4个省（市）中，上海的经济基础与低碳驱动排名与其低碳发展指数排名相比没有变化，江苏、安徽、浙江这3个省的经济基础与低碳驱动排名均落后于其低碳发展指数排名，落后位次分别为1、1、4，平均而言，京津冀经济基础与低碳驱动排名领先于其低碳发展指数排名约1.5位。成渝双城经济圈2个省（市）中，重庆的经济基础与低碳驱动排名与其低碳发展指数排名相比没有变化，四川的经济基础与低碳驱动排名领先于其低碳发展指数排名，领先位次为2，平均而言，成渝双城经济圈经济基础与低碳驱动排名领先于其低碳发展指数排名约1位。

这在一定程度上显示了一个地区的经济基础和低碳驱动力将会对该地区整体的低碳发展水平产生较大的影响。经济基础与低碳驱动指数相对较高的地区，它对低碳发展指数水平的贡献也相对较大；反之，经济基础与低碳驱动指数相对较低的地区，它对低碳发展指数水平的贡献也相对较小，甚至拖了低碳发展指数的后腿。总而言之，提升经济基础与低碳驱动将有助于区域的低碳发展。

二、省际经济基础与低碳驱动比较分析

省际经济基础与低碳驱动指数在省际低碳发展指数指标体系中的权重为 30%，由经济基础、低碳驱动 2 个二级指标构成，共 13 个三级指标。经济基础指标下设 6 个三级指标，低碳驱动指标下设 7 个三级指标。其中有 1 个逆向指标、12 个正向指标。下面对经济基础指标和低碳驱动指标进行区域比较分析。

1. 省际经济基础指标测算结果及分析

经济基础指标由“人均地区生产总值”“第一产业劳动生产率”“第二产业劳动生产率”“第三产业劳动生产率”“六大高耗能行业营业收入占比”“城镇化率”6 个三级指标构成，占经济基础与低碳驱动指数的权重为 46%，占低碳发展指数的 13.8%，各项指标的权重采用均权法确定，各占 2.3%（如表 1–6）。

表 1–6　2020 年中国省际经济基础三级指标、权重及指标属性

指标序号	指标	权重	指标属性
1	人均地区生产总值	2.31%	正
2	第一产业劳动生产率	2.31%	正
3	第二产业劳动生产率	2.31%	正
4	第三产业劳动生产率	2.31%	正
5	六大高耗能行业营业收入占比	2.31%	逆
6	城镇化率	2.31%	正

注：本表内容由本报告课题组在 2021 年研讨会上讨论确定。

测算结果表明（如表 1–7），经济基础指数值最高的北京为 0.112，指数值最低的甘肃为 0.003，极差为 0.108[①]。共有 12 个省（区、市）指数值高于参评省（区、市）的平均值。

按指数值高低，经济基础指标的前 10 名分别是北京、上海、福建、江苏、天津、浙江、广东、重庆、内蒙古和湖北，其中除了重庆、内蒙古、湖北外，前 7 个均为东部省（市），除了北京、天津、内蒙古外，其余 7 个均为南方省（市）。

经济基础指标第 11—20 位的省依次是陕西、吉林、湖南、黑龙江、山东、安徽、辽宁、四川、江西、河南，其中中部地区 4 个，东北地区 3 个，西部地区 2 个，东部地区 1 个，从南北方向分类来看，北方省（区、市）6 个，南方省（区、市）4 个。

① 此处按照原始数据计算，极差为 0.108，与表中数据存在差异。

经济基础指标第21—30位的省（区、市）依次是新疆、海南、宁夏、山西、贵州、河北、青海、广西、云南和甘肃。经济基础指标的后10位省（区）中，西部地区7个，东部地区2个，中部地区1个，同时6个省（区）都来自北方地区，4个省（区）都来自南方地区。

表 1–7　2020 年中国省际经济基础指标指数及排名

地区	指数值	排名	地区	指数值	排名
北京	0.112	1	安徽	0.041	16
上海	0.107	2	辽宁	0.041	17
福建	0.088	3	四川	0.039	18
江苏	0.088	4	江西	0.038	19
天津	0.084	5	河南	0.037	20
浙江	0.081	6	新疆	0.036	21
广东	0.072	7	海南	0.035	22
重庆	0.068	8	宁夏	0.031	23
内蒙古	0.059	9	山西	0.031	24
湖北	0.056	10	贵州	0.027	25
陕西	0.052	11	河北	0.027	26
吉林	0.050	12	青海	0.025	27
湖南	0.049	13	广西	0.024	28
黑龙江	0.043	14	云南	0.022	29
山东	0.043	15	甘肃	0.003	30

注：1. 以上数据及排名根据《中国统计年鉴 2021》《中国工业统计年鉴 2020》测算。2. 为了便于后文进行比较分析，基于算术平均方法，课题组测算得到 30 个参评省（区、市）的经济基础指标的平均水平为 0.050。3. 若出现指标值相同但排名不同的现象，是四舍五入保留三位小数所致。

（1）东西方向区域差异分析

从经济基础的东西方向区域分布来看（如图 1–5），东部地区经济基础水平最高，但区域内各省（市）指数值存在较为明显的差异。指数值最高的北京居于全国第 1 位，值为 0.112，指数值最低的海南位于全国第 22 位，指数值为 0.035，极差为 0.076①，除山东、河北、海南外其余省（市）均高于全国平均水平。中部地区经济基础水平区域内省际差异相对较小，均值为 0.042，略低于全国平均水平，指数值最高的湖北居于全国第 10 位，值为 0.056，指数值最低的山西位于全国第 24 位，指数值为 0.031，极差为 0.025。西部地区经济基础水平区域内各省（区、市）差异明显。西部地区指数值最

① 此处按照原始数据计算，极差为 0.076，与表中数据存在差异。

高的重庆居于全国第 8 位，值为 0.068，指数值最低的甘肃位于全国第 30 位，指数值为 0.003，极差为 0.065。东北地区经济基础指数值差异较小，仅吉林高于全国平均水平，吉林居于全国第 12 位，值为 0.050，高于东北地区其余两省，黑龙江、辽宁依次位列第 14 位和第 17 位，值分别为 0.043、0.041，极差为 0.010[①]。

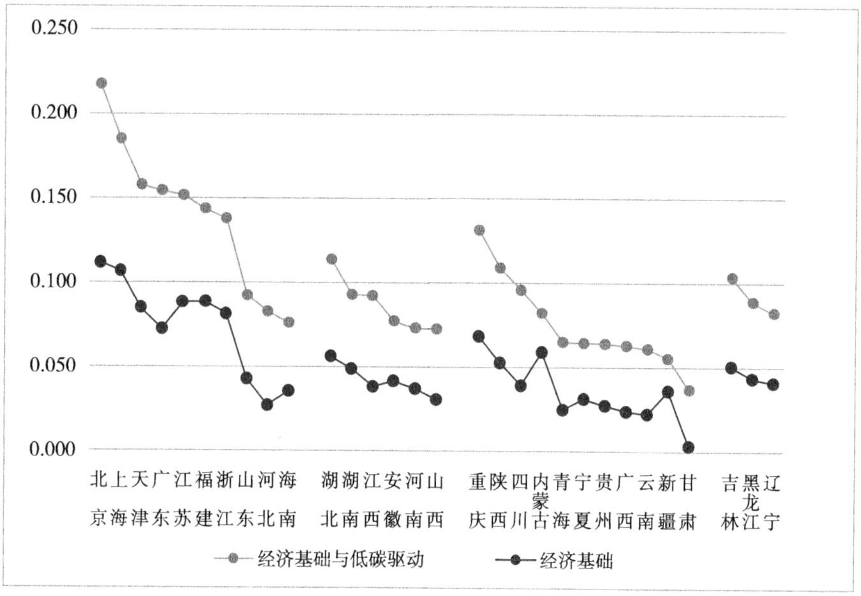

图 1–5　2020 年中国经济基础指标和经济基础与低碳驱动指数东西方向区域对比

注：本图从东部、中部、西部和东北地区划分的角度，根据经济基础与低碳驱动指数大小自左到右排列。

（2）南北方向区域差异分析

从经济基础的南北方向区域分布来看（如图 1–6 所示），南方地区经济基础水平较高，但区域内省际差异相对不大，均值为 0.056，上海经济基础指标最大为 0.107，云南经济基础指标最小为 0.022，极差为 0.085。南方 15 个省（区、市）中，位于全国排名前 10 位的有 7 个，依次为上海、广东、江苏、福建、浙江、重庆、湖北；排在第 11—20 位的有 4 个，依次为湖南、安徽、四川、江西；排在第 21—30 位的有 4 个，依次为海南、贵州、广西、云南。经济基础指标指数值高于所有参评省（市）平均值的省（区、市）有 7 个，依次为上海、广东、江苏、福建、浙江、重庆、湖北。北方地区经济基础水平区域内省际差异相对较大，均值为 0.045，略低于南方平均水平，北京经济基础指标最大为 0.112，甘肃经济基础指标最小为 0.003，极差为 0.108[②]。北方 15 个省（区、市）中，位于全国排名前 10 位的有 3 个，依次为北京、天津、内蒙古；排在第

① 此处按照原始数据计算，极差为 0.010，与表中数据存在差异。

② 此处按照原始数据计算，极差为 0.108，与表中数据存在差异。

11—20 位的有 6 个，依次为陕西、吉林、黑龙江、山东、辽宁、河南；排在第 21—30 位的有 6 个，依次为新疆、宁夏、山西、河北、青海、甘肃。经济基础指标指数值高于所有参评省（区、市）平均值的省（区、市）有 5 个，依次为北京、天津、内蒙古、陕西、吉林。

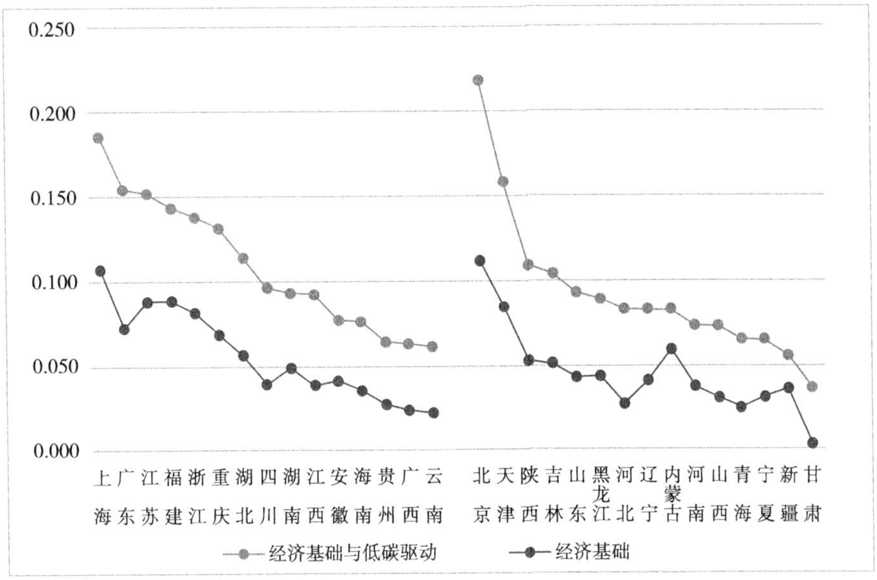

图 1-6　2020 年中国经济基础指标和经济基础与低碳驱动指数南北方向区域对比

注：本图从南方、北方地区划分的角度，根据经济基础与低碳驱动指数大小自左到右排列。

（3）经济圈区域差异分析

从经济基础的经济圈区域分布来看（如图 1-7 所示），京津冀经济圈的经济基础水平，内部差距较大且均值为 0.074，北京以 0.112 的绝对优势遥遥领先于其他省（市），区域内各省（市）指数值存在明显差异。京津冀经济圈内北京、天津、河北 3 省（市）的经济基础水平依次排在第 1、5、26 位，且除河北外，北京、天津的经济基础指数值均高于所有参评省（市）的平均值；排名最靠前的北京和排名最靠后的河北极差为 0.085。长三角经济圈的经济基础水平相对较高，均值为 0.079，稍高于京津冀经济圈，上海以 0.107 的绝对优势遥遥领先于其他省，区域内经济基础指数值省际差异相对较大。长三角经济圈内 4 省（区、市）中，除安徽（第 16 位）的经济基础水平位于全国前 10 名以外，上海（第 2 位）、江苏（第 4 位）和浙江（第 6 位）均位于全国前 10 名，排名最靠前的上海和排名最靠后的安徽相差 0.065[①]。成渝双城经济圈的内部差异不大且均值为 0.054，低于京津冀经济圈和长三角经济圈的平均值，重庆、四川经济基础指标

① 此处按照原始数据计算，极差为 0.065，与表中数据存在差异。

指数值的排名均位于全国上游水平，依次位列第 8 和 18 位，极差值为 0.029。

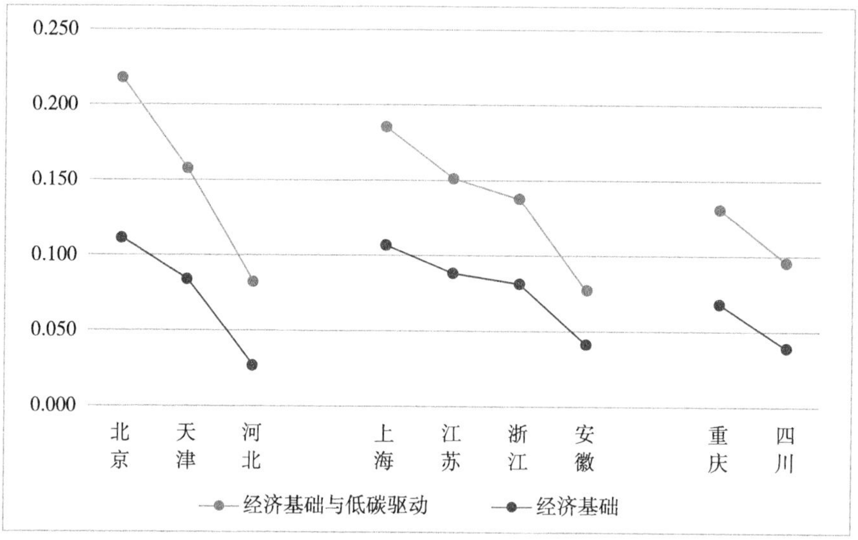

图 1–7　2020 年中国经济基础指标和经济基础与低碳驱动指数经济圈区域对比

注：本图从京津冀经济圈、长三角经济圈、成渝双城经济圈划分的角度，根据经济基础与低碳驱动指数大小自左到右排列。

2. 省际低碳驱动指标测算结果及分析

低碳驱动指标由“数字经济占地区增加值比重”“技术市场成交额占地区生产总值比重”“高新技术产业营业收入占地区生产总值比重”“风电、水电、太阳能等可再生能源发电装机总量占比”“节能环保支出占财政支出比重”“对外贸易额占比”“每十万人口高等院校平均在校生数”7 个三级指标构成，占经济基础与低碳驱动指数的权重为 54%，占低碳发展指数的 16.2%，各项指标的权重采用均权法确定，各占 2.3%（如表 1–8）。

表 1–8　2020 年中国省际低碳驱动三级指标、权重及指标属性

指标序号	指标	权重	指标属性
7	数字经济占地区增加值比重	2.31%	正
8	技术市场成交额占地区生产总值比重	2.31%	正
9	高新技术产业营业收入占地区生产总值比重	2.31%	正
10	风电、水电、太阳能等可再生能源发电装机总量占比	2.31%	正
11	节能环保支出占财政支出比重	2.31%	正
12	对外贸易额占比	2.31%	正
13	每十万人口高等院校平均在校生数	2.31%	正

注：本表内容由本报告课题组在 2021 年研讨会上讨论确定。

测算结果表明（如表 1–9），低碳驱动指数值最高的北京为 0.106，指数值最低的新疆为 0.019，极差为 0.087。共有 15 个省（市）指数值高于参评省（区、市）的平均值。

按指数值高低，低碳驱动指标的前 10 位省（市）分别是北京、广东、上海、天津、江苏、重庆、湖北、四川、陕西、浙江，在前 10 名的省（市）中，除重庆、四川、陕西为西部省（市）、湖北为中部省外，其他 6 个均为东部省（市）。

低碳驱动指标第 11—20 位的省依次是河北、福建、江西、吉林、山东、黑龙江、湖南、山西、辽宁、海南，包括 4 个东部省份、3 个东北部省份、3 个中部地区省份。

低碳驱动指标排名后 10 位的省（区、市）依次为青海、云南、广西、贵州、河南、安徽、甘肃、宁夏、内蒙古、新疆。

表 1–9　2020 年中国省际低碳驱动指标指数及排名

地区	指数值	排名	地区	指数值	排名
北京	0.106	1	黑龙江	0.046	16
广东	0.082	2	湖南	0.044	17
上海	0.079	3	山西	0.042	18
天津	0.073	4	辽宁	0.042	19
江苏	0.063	5	海南	0.040	20
重庆	0.063	6	青海	0.040	21
湖北	0.058	7	云南	0.039	22
四川	0.057	8	广西	0.039	23
陕西	0.056	9	贵州	0.037	24
浙江	0.056	10	河南	0.036	25
河北	0.056	11	安徽	0.036	26
福建	0.055	12	甘肃	0.033	27
江西	0.054	13	宁夏	0.033	28
吉林	0.053	14	内蒙古	0.023	29
山东	0.050	15	新疆	0.019	30

注：1. 以上数据及排名根据《中国统计年鉴 2021》《中国科技统计年鉴 2020》《中国电力统计年鉴 2021》《2021 中国数字经济发展白皮书》等测算。2. 为了便于后文进行比较分析，基于算术平均方法，课题组测算得到 30 个参评省（区、市）的低碳驱动指标的平均水平为 0.050。3. 若出现指标值相同但排名不同的现象，是四舍五入保留三位小数所致。

（1）东西方向区域差异分析

从低碳驱动的东西方向区域分布来看（如图 1–8），东部地区整体较好，各省（市）均高于全国平均水平，内部差距大且均值为 0.066，远高于东北、中部、西部地区平均值，北京指数值 0.106 位列第一，海南指数值最小为 0.040，位列全国第 20 位，极差为 0.066。东部 10 个省（市）中，位于全国排名前 10 位的有 7 个，依次为北京、上海、天津、广东、江苏、福建、浙江；排在第 11—20 位的有 3 个，依次为河北、山东、海南；没有排在第 21–30 位的省（市）。中部地区低碳驱动水平区域内省际差异相对较小，均值为 0.044，仅高于西部地区平均值，排在东部地区和东北地区之后，湖北低碳驱动指数值最大为 0.058，位列全国第 7 位，安徽指数值最低为 0.036，位列全国第 26 位，极差为 0.022。中部 6 个省中，位于全国排名前 10 位的有 1 个，为湖北；排在第 11—20 位的有 3 个，依次为江西、湖南、山西；排在第 21—30 位的有 2 个，依次为安徽、河南。西部地区低碳驱动水平区域内各省（区、市）差异明显，均值为 0.040，重庆低碳驱动指数值最大为 0.063，位列全国第 6 位，新疆指数值最小为 0.019，位列全国第 30 位，极差为 0.043[①]。西部 11 个省（区、市）中，位于全国排名前 10 位的有 3 个，为重庆、四川、陕西；排在第 11—20 位的为 0 个；排在第 21—30 位的有 8 个，依次为青海、云南、广西、贵州、甘肃、宁夏、内蒙古、新疆。东北地区低碳驱动指数值差异较小，均值为 0.047，吉林低碳驱动指数值最大为 0.053，位列全国第 14 位，辽宁指数值最小为 0.042，位列全国第 19 位，极差为 0.012[②]。东北 3 个省中，全部排在全国第 11—20 位，依次为吉林、黑龙江、辽宁。

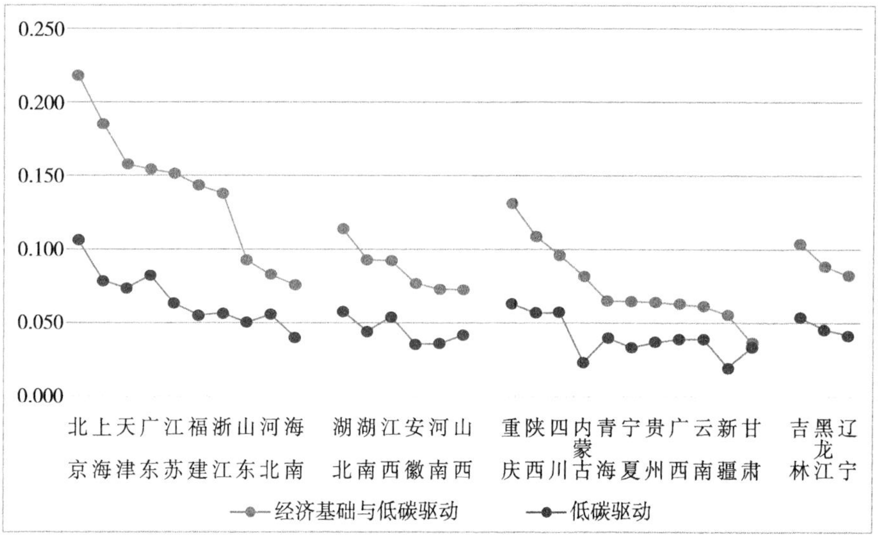

图 1–8　2020 年中国低碳驱动指标和经济基础与低碳驱动指数东西方向区域对比

注：本图从东部、中部、西部和东北地区划分的角度，根据经济基础与低碳驱动指数大小自左到右排列。

（2）南北方向区域差异分析

从低碳驱动的南北方向区域分布来看（如图 1–9），南方地区低碳驱动水平较高，区域内省际差异相对不大，均值为 0.053，上海低碳驱动指标最大为 0.079，安徽低碳驱动指标最小为 0.036，极差为 0.043。南方 15 个省（区、市）中，位于全国排名前 10

① 此处按照原始数据计算，极差为 0.043，与表中数据存在差异。

② 此处按照原始数据计算，极差为 0.012，与表中数据存在差异。

位的有 7 个，依次为广东、上海、江苏、重庆、湖北、四川、浙江；排在第 11—20 位的有 4 个，依次为福建、江西、湖南、海南；排在第 21—30 位的有 4 个，依次为云南、广西、贵州、安徽。低碳驱动指标指数值高于所有参评省（市）平均值的省（区、市）有 9 个，依次为广东、上海、江苏、重庆、湖北、四川、浙江、福建、江西。北方地区低碳驱动水平区域内省际差异相对较大，均值为 0.047，略低于南方平均水平，北京低碳驱动指标最大为 0.106，新疆低碳驱动指标最小为 0.019，差值为 0.087。北方 15 个省（区、市）中，位于全国排名前 10 位的有 3 个，依次为北京、天津、陕西；排在第 11—20 位的有 6 个，依次为河北、吉林、山东、黑龙江、山西、辽宁；排在第 21—30 位的有 6 个，依次为青海、河南、甘肃、宁夏、内蒙古、新疆。低碳驱动指标指数值高于所有参评省（区、市）平均值的省（市）有 6 个，依次为北京、天津、陕西、河北、吉林、山东。

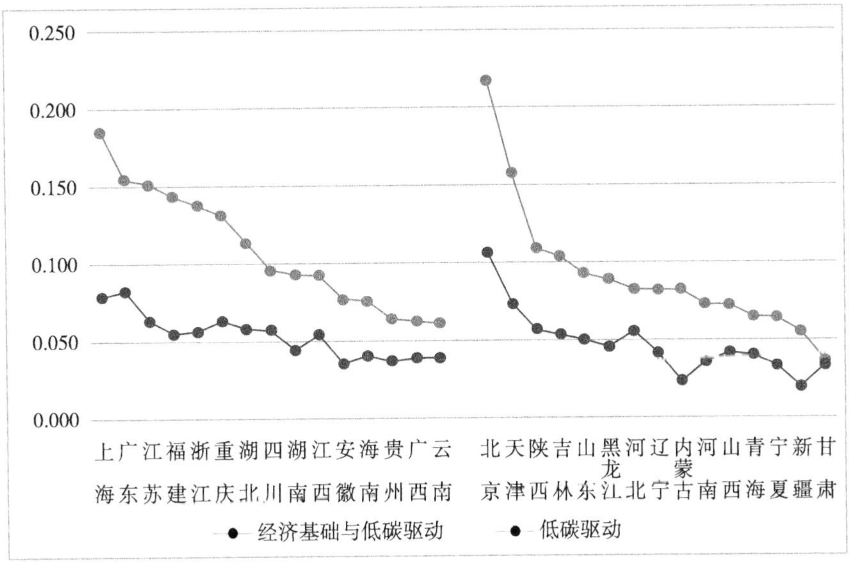

图 1–9　2020 年中国低碳驱动指标和经济基础与低碳驱动指数南北方向区域对比

注：本图从南方、北方地区划分的角度，根据经济基础与低碳驱动指数大小自左到右排列。

（3）经济圈区域差异分析

从低碳驱动的经济圈区域分布来看（如图 1–10 所示），京津冀经济圈的低碳驱动水平，内部差距较大且均值为 0.078，北京以 0.106 的绝对优势遥遥领先于其他省（市），区域内各省（市）指数值存在明显差异。京津冀经济圈内北京、天津、河北 3 省（市）的低碳驱动水平依次排在第 1、4、11 位，北京、天津、河北的低碳驱动指数值均高于所有参评省（市）的平均值，排名最靠前的北京和排名最靠后的河北极差为 0.050。长三角经济圈的低碳驱动内部差异大且均值为 0.058，低于京津冀经济圈，上海以 0.079 的绝对优势遥遥领先于其他省，区域内低碳驱动指数值省际差异相对较大。长三角经济圈内 4 省（市）中，除安徽（第 26 位）的低碳驱动水平位于全国前 10 名以外，上海（第 3 位）、江苏（第 5 位）和浙江（第 10 位）均位于全国前 10 名，排名最靠前的上海和排名最靠后的安徽相差 0.043。成渝双城经济圈内部差异不大且均值为 0.060，稍低于京津冀经济圈的平均值，但高于长三角经济圈的平均值。重庆、四川低碳驱动指标指数值的排名均位于全国上游水平，依次位列第 6 和 8 位，极差为 0.006。

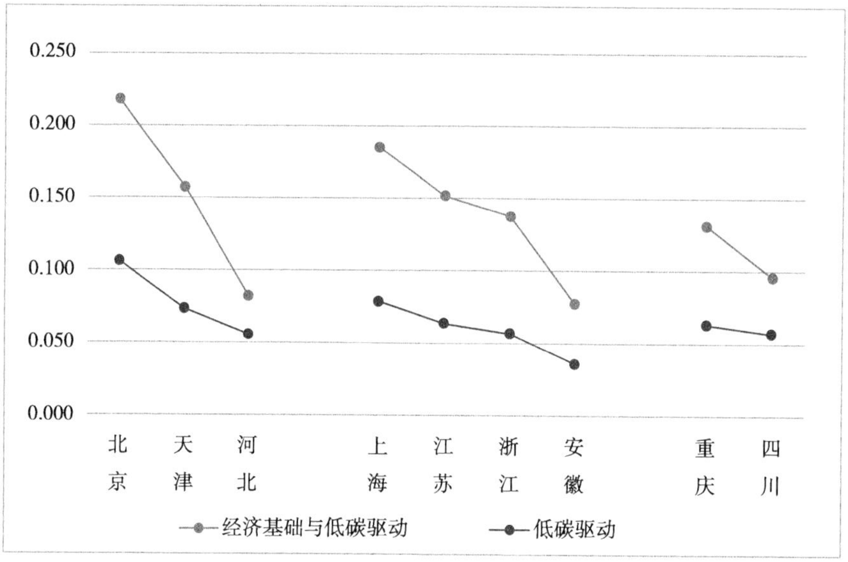

图 1-10　2020 年中国低碳驱动指标和经济基础与低碳驱动指数经济圈区域对比

注：本图从京津冀经济圈、长三角经济圈、成渝双城经济圈划分的角度，根据经济基础与低碳驱动指数大小自左到右排列。

第二章

省际自然资产与环境压力的测算及分析

作为低碳发展评价的重要方面之一，自然资产与环境压力指标着眼于地区自然资源禀赋、生态气候状况、环境自我调节与修复能力、环境污染压力四大方面，综合反映地区自然生态和环境状况。对该指标的测算分析将试图回答自然与环境层面的多类因素如何影响人类生活和经济发展状况，以及如何推动地区绿色低碳发展进程等问题，以期更好地实践“绿水青山就是金山银山”的生态文明理念。基于区域比较视角，本章依照“中国省际低碳发展指数指标体系”和各指标 2020 年数据，对 2020 年中国 30 个省（区、市）的自然资产与环境压力指数进行测算，详细分析各地区自然资产与环境压力的特征并进行区域内、区域间的差异比较。

一、省际自然资产与环境压力的测算结果

根据“中国省际低碳发展指数指标体系”中自然资产与环境压力的评价体系和权重标准，本章对中国 30 个省（区、市）的自然资产与环境压力指数进行测算，结果如表 2-1 所示：

表 2-1　2020 年中国省际自然资产与环境压力指数及排名

指标 / 地区	自然资产与环境压力		二级指标			
			自然资产		环境压力	
	指数值	排名	指数值	排名	指数值	排名
青海	0.134	1	0.052	1	0.081	5
云南	0.119	2	0.042	3	0.077	10
吉林	0.116	3	0.033	5	0.083	3
黑龙江	0.111	4	0.039	4	0.072	14
北京	0.111	5	0.028	13	0.083	4
海南	0.110	6	0.031	7	0.078	8
上海	0.107	7	0.021	25	0.085	1
浙江	0.106	8	0.028	12	0.078	9
重庆	0.102	9	0.021	28	0.081	6
甘肃	0.102	10	0.021	27	0.081	7
辽宁	0.102	11	0.029	10	0.073	13
江西	0.100	12	0.030	8	0.071	15
天津	0.099	13	0.014	30	0.085	2
福建	0.098	14	0.029	9	0.068	19
内蒙古	0.098	15	0.043	2	0.054	30

续表

指标 / 地区	自然资产与环境压力		二级指标			
			自然资产		环境压力	
	指数值	排名	指数值	排名	指数值	排名
四川	0.096	16	0.023	22	0.073	12
湖北	0.096	17	0.022	23	0.074	11
湖南	0.095	18	0.027	14	0.068	20
江苏	0.094	19	0.024	20	0.070	16
河南	0.093	20	0.024	19	0.069	17
山东	0.093	21	0.025	18	0.068	21
新疆	0.093	22	0.026	17	0.067	22
河北	0.093	23	0.026	16	0.066	23
广西	0.091	24	0.032	6	0.058	27
安徽	0.090	25	0.021	24	0.069	18
宁夏	0.086	26	0.021	26	0.064	24
广东	0.085	27	0.026	15	0.059	26
陕西	0.084	28	0.020	29	0.064	25
山西	0.083	29	0.029	11	0.055	29
贵州	0.079	30	0.023	21	0.056	28

注：1. 本表根据“中国省际低碳发展指数指标体系”中自然资产与环境压力的指标体系，依各指标 2020 年数据测算而得。2. 本表各省（区、市）按照自然资产与环境压力的指数值从大到小排序。3. 本表一级指标自然资产与环境压力指数值等于自然资产指标和环境压力指标两个二级指标指数值之和。4. 以上指数值及排名的测算数据来源于《中国统计年鉴 2021》《中国电力统计年鉴 2021》《中国能源统计年鉴 2020》《中国环境统计年鉴 2020》《2020 年中国气候公报》等。5. 为了便于后文进行比较分析，基于算术平均方法，课题组测算得到 30 个参评省（区、市）的自然资产与环境压力指数的平均水平为 0.099，自然资产指标的平均水平为 0.028，环境压力指标的平均水平为 0.071。6. 若出现指标值相同但排名不同的现象，是四舍五入保留三位小数所致。

从表 2–1 中看到，指数值最高的青海为 0.134，远高于全部参评省（区、市）自然资产与环境压力指数的平均值 0.099，指数值最低的贵州为 0.079，指数极差为 0.054①，在全部参评省（区、市）中共有 13 个省（市）指数值高于自然资产与环境压力的平均值。排在自然资产与环境压力指数值前 10 位的省（市）依次是：青海、云南、吉林、黑龙江、北京、海南、上海、浙江、重庆和甘肃。其中，自然资产指标指数值排名前 10 位的省（区）依次是：青海、内蒙古、云南、黑龙江、吉林、广西、海南、江西、福建和辽宁。环境压力指标指数值排名前 10 位的省（市）依次是：上海、天津、吉林、北京、青海、重庆、甘肃、海南、浙江和云南。

根据表 2–1 中各地区自然资产与环境压力指数值可绘制出图 2–1。其中，横轴为自然资产与环境压力指数值，纵轴为全部参评省（区、市）名称。自然资产与环境压力

① 此处按照原始数据计算，极差为 0.054，与表中数据存在差异。

指数值用绿色条框表示，绿色条框越长，指数值越大；所有参评省（区、市）自然资产与环境压力的平均值用垂直于横轴的虚线表示。由图 2–1 看出，青海、云南等 13 个省（市）指数值高于该平均值，福建、内蒙古等17个省（区、市）指数值低于平均值。

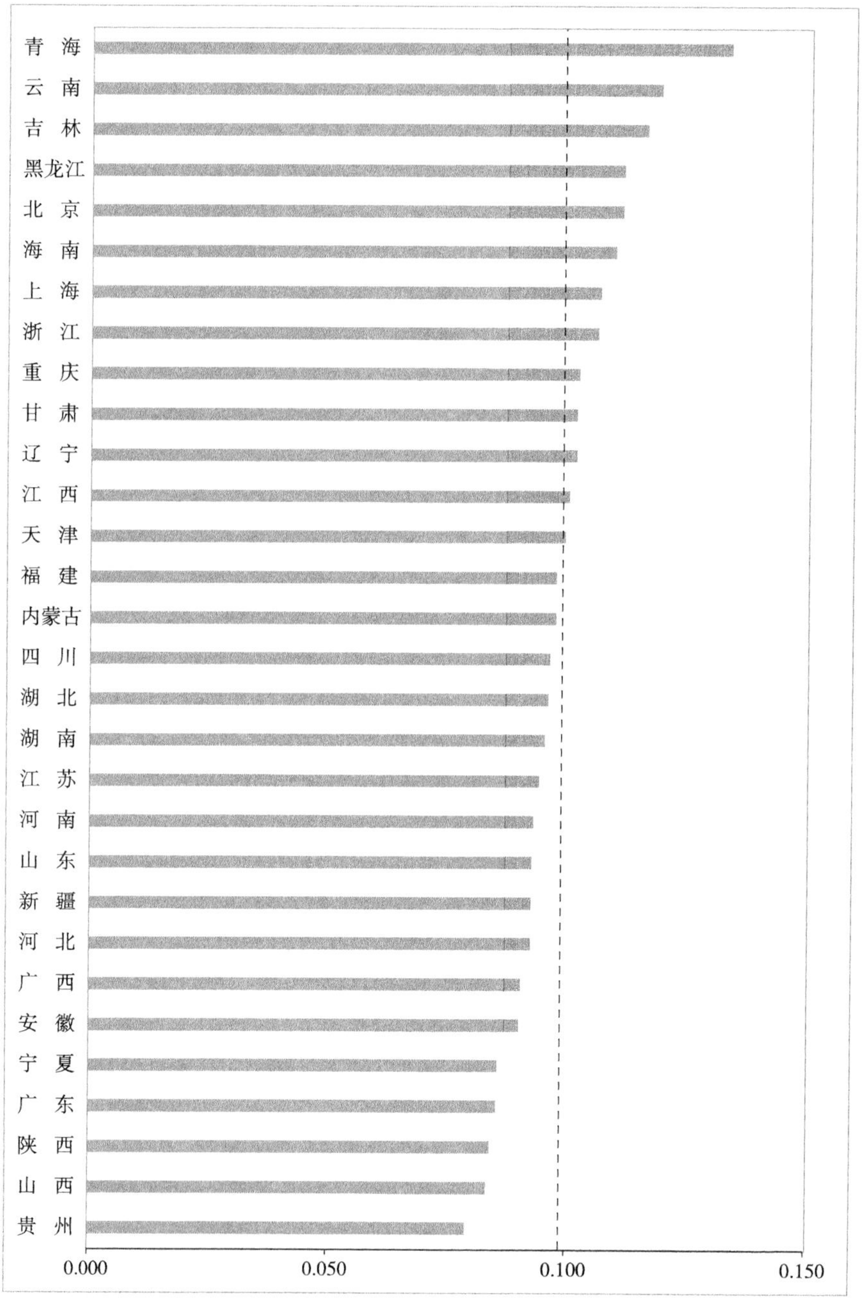

图 2–1　2020 年中国省际自然资产与环境压力指数排名比较

注：本图依据表2–1制作。指数值由高到低排列，虚线表示所有参评省（区、市）自然资产与环境压力指数的平均值。

1. 自然资产与环境压力的区域间差异分析

（1）东西方向区域差异分析

从自然资产与环境压力的东西方向区域分布来看，自然资产与环境压力总体呈现东北优势领先、东部和西部地区次之、中部稍显落后的特征。从图 2-2 可以看出，东北地区自然资产与环境压力指数平均值最高，为0.110；东部和西部次之，分别为0.099和0.098；中部地区平均值最低，且低于自然资产与环境压力指数的平均值，为0.093。从排名看（见表 2-1），自然资产与环境压力指数值全国排名前 10 位的省（市）中有 2 个来自东北地区，4 个来自东部地区，4 个来自西部地区；进入排名前 15 位的省（区、市）中，有 6 个来自东部地区，1 个来自中部地区，5 个来自西部地区，3 个来自东北地区。

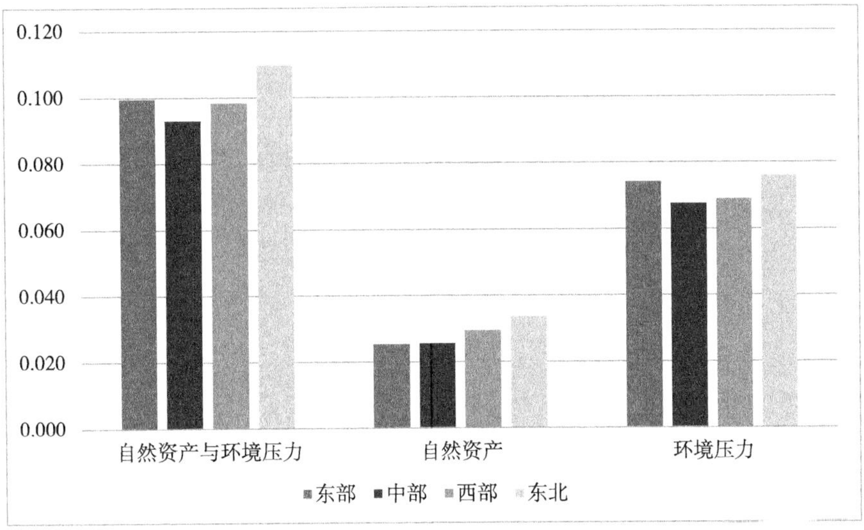

图 2-2　2020 年中国东西方向区域间自然资产与环境压力对比图

注：本图中数据为四大区域中各省（区、市）自然资产与环境压力指数的算术平均值。

具体地，东北地区的自然资产与环境压力总体水平明显高于其他三大地区。东北地区 3 省中，吉林和黑龙江排在全国前 10 位，辽宁则排在第 11 位。东部总体水平较高。东部 10 个省（市）中，有 4 个排在全国前 10 位，分别是北京、海南、上海和浙江；其他 6 个省（市）天津、福建、江苏、山东、河北和广东依次排在第 13—27 位。西部地区 11 个省（区、市）中，青海、云南、重庆和甘肃位居全国前十，分别排在第 1、2、9 和 10 位；内蒙古和四川分别排第 15 和 16 位；新疆、广西、宁夏、陕西和贵州排在第 22—30 位。中部地区总体水平相对最低。中部 6 省中，江西排名最为靠前，排在第 12 位；湖北、湖南和河南依次排在第 17、18 和 20 位；安徽和山西分列第 25

和 29 位。

就自然资产与环境压力两个分指标而言，东西方向区域间差异同样显著。其中，自然资产指标区域间差异显著，东北地区的指标平均值为 0.034，远远高于其他地区；其次是西部、中部和东部地区，自然资产指标平均值分别为 0.029、0.025 和 0.025，中部和东部地区的指标指数值低于所有参评省（区、市）平均值 0.028。环境压力指标的区域间差异同样显著，东北地区的指标平均值为 0.076，明显高于其他地区；其次是东部、西部和中部地区，环境压力指标平均值分别为 0.074、0.069 和 0.068，西部和中部地区的指标指数值低于所有参评省（区、市）平均值 0.071。总体来看，东北地区的自然资产与环境压力具有明显优势，而中部地区在该项指标上最为逊色；自然资源丰富的东北和西部地区，在自然资产指标上享有优势；相较于其他地区，东北和东部地区近年来积极谋求产业转型升级、打造绿色产业链、加大环境污染治理强度，使得两地区具备较强的应对和化解环境压力的能力，在环境压力指标上享有优势。

（2）南北方向区域差异分析

从自然资产与环境压力的南北方向区域分布来看，自然资产与环境压力整体呈现北方地区稍强于南方地区的局面。从图 2-3 中可以看出，北方地区自然资产与环境压力指数平均值较高，为 0.100，高于所有参评省（区、市）自然资产与环境压力的平均值；南方地区自然资产与环境压力指数平均值较低，为 0.098，低于所有参评省（区、市）自然资产与环境压力的平均值。从排名来看，自然资产与环境压力指数值全国排名前 10 位的省（市）中有 5 个来自南方地区，5 个来自北方地区；进入全国排名前 15 位的省（区、市）中有 7 个来自南方地区，8 个来自北方地区。

具体地，北方地区总体水平稍高于南方地区。北方地区 15 个省（区、市）中，有 5 个排在全国前 10 位，依次为青海、吉林、黑龙江、北京和甘肃；4 个排在第 11—20 位，依次为辽宁、天津、内蒙古和河南；其他 6 个省（区）山东、新疆、河北、宁夏、陕西和山西依次排在第 21—29 位。南方地区 15 个省（区、市）中，有 5 个排在全国前 10 位，依次为云南、海南、上海、浙江和重庆；6 个排在第 11—20 位，依次为江西、福建、四川、湖北、湖南和江苏；其他 4 个省（区）广西、安徽、广东和贵州依次排在第 24—30 位。

就自然资产与环境压力两个分指标而言，南北方向区域间的差异也较为显著。其中，自然资产指标的南北方向区域间差异较大，北方地区指标平均值为 0.029，高于南方地区指标平均值 0.027，且高于所有参评省（区、市）平均值。环境压力指标的南北方向区域间差异并不存在，南北方地区的指标平均值均为 0.071。总体来看，北方地区的自然资产与环境压力具有相对明显的优势，南方地区在该项指标上则稍显逊色。

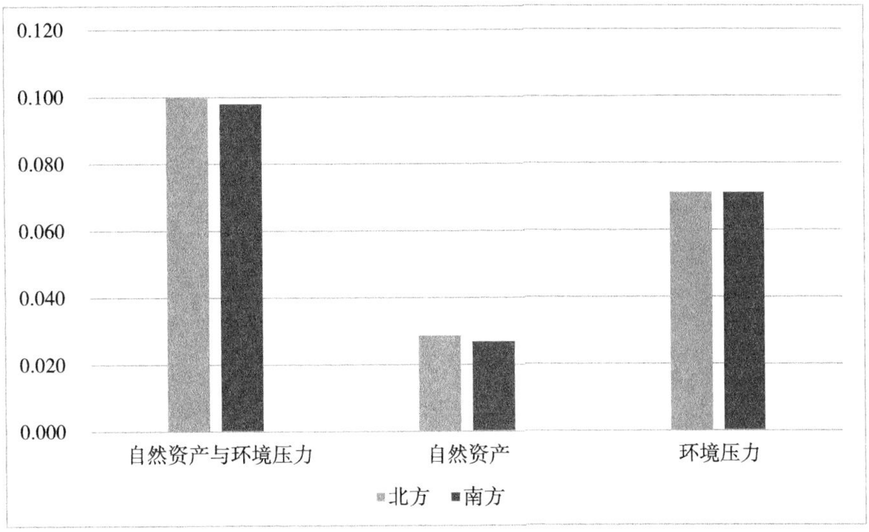

图 2-3　2020 年中国南北方向区域间自然资产与环境压力对比图

注：本图中数据为南方、北方地区中各省（区、市）自然资产与环境压力指数的算术平均值。

（3）经济圈区域差异分析

从自然资产与环境压力的经济圈区域分布来看，自然资产与环境压力总体呈现京津冀经济圈最好、长三角经济圈和成渝双城经济圈次之的局面。从图 2-4 可以看出，京津冀经济圈自然资产与环境压力指数平均值最高，为 0.101，远高于所有参评省（区、市）自然资产与环境压力指数平均值；长三角经济圈和成渝双城经济圈的自然资产与环境压力指数平均值略低，均为 0.099，与所有参评省（区、市）自然资产与环境压力的平均水平相近。从排名来看，自然资产与环境压力指数值全国排名前 10 位的省（市）中有 1 个来自京津冀经济圈，2 个来自长三角经济圈，1 个来自成渝双城经济圈；进入排名前 15 位的省（区、市）中，有 2 个来自京津冀经济圈，2 个来自长三角经济圈，1 个来自成渝双城经济圈。

具体来看，京津冀经济圈总体水平高于其他两大经济圈。京津冀经济圈 3 省（市）中，北京排在全国第 5 位；天津排在全国第 13 位；河北排在全国第 23 位。长三角经济圈和成渝双城经济圈总体水平稍低于京津冀经济圈。长三角经济圈 4 省（市）中，上海和浙江排在全国第 7、8 位，江苏和安徽则排在全国第 19、25 位。成渝双城经济圈中，重庆和四川分列全国第 9、16 位。总体而言，京津冀经济圈的自然资产与环境压力具有较明显的优势，而长三角经济圈和成渝双城经济圈则相对逊色。

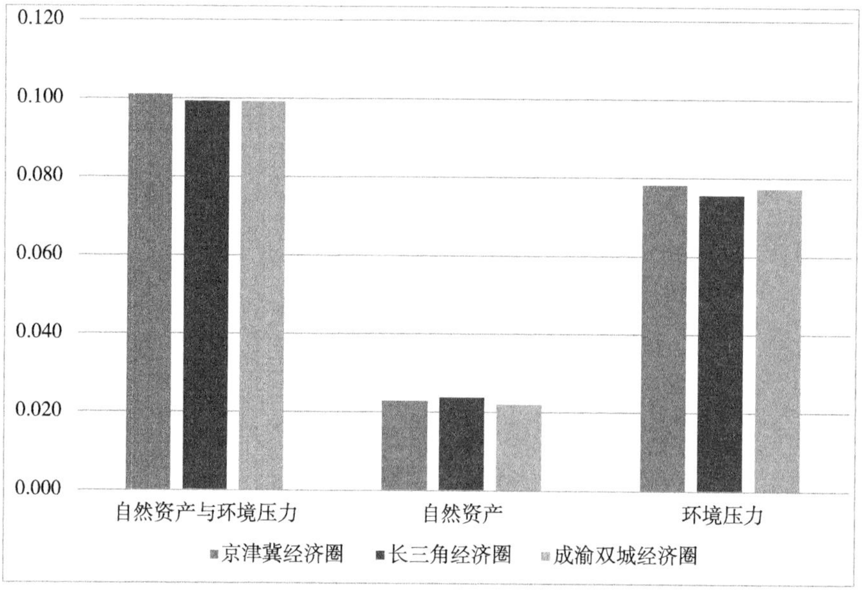

图 2-4 2020 年中国经济圈区域间自然资产与环境压力对比图

注：本图中数据为三大经济圈中各省（市）自然资产与环境压力指数的算术平均值。

就自然资产与环境压力两个分指标而言，指数值的经济圈间差异较为显著。其中，自然资产指标指数值的区域间差异较小。长三角经济圈指标平均值相对最高，为 0.024，稍低于所有参评省（区、市）平均值；京津冀经济圈指标平均值相对较高，为 0.023，低于所有参评省（区、市）平均值；成渝双城经济圈指标平均值相对最低，为 0.022，远低于所有参评省（区、市）平均值。环境压力指标指数值的经济圈区域间差异较小。京津冀经济圈指标平均值相对最高，为 0.078；成渝双城经济圈指标平均值相对较高，为 0.077；长三角经济圈指标平均值相对较低，为 0.076；三大经济圈环境压力指标均高于所有参评省（区、市）平均值。

2. 自然资产与环境压力的区域内省际差异分析

（1）东西方向区域差异分析

从东西方向区域内各省（区、市）的情况看，如表 2-2 所示，东部地区自然资产与环境压力指数值的省际差异显著。其中，4 个省（市）排名在全国前 10 位，指数值均高于所有参评省（区、市）平均值；天津、福建和江苏分别位列第 13、14、19 位，天津指数值高于所有参评省（区、市）平均值，福建和江苏指数值则低于所有参评省（区、市）平均值；山东、河北和广东分别位列第 21、23 和 27 位，指数值均低于所有参评省（区、市）平均值。区域内排名最靠前的北京和排名最靠后的广东的该指数值极差为 0.026。

中部地区自然资产与环境压力指数值的省际差异较为显著。其中，江西排名最为靠前，排在全国第 12 位，指数值高于所有参评省（区、市）平均值；湖北、湖南、河南、安徽和山西 5 省分别排在全国第 17—29 位，指数值均低于所有参评省（区、市）平均值。区域内排名最靠前的江西和排名最靠后的山西的该指数值极差为 0.017。

西部地区自然资产与环境压力指数值的省际差异同样显著。其中，青海、云南、重庆和甘肃分别排在全国第 1、2、9 和 10 位，指数值均高于所有参评省（区、市）平均值；其余 7 省（区）分别排在全国第 15—30 位，指数值均低于所有参评省（区、市）平均值。区域内排名第 1 位的青海和排名最靠后的贵州的该指数值极差为 0.054[①]。

东北地区自然资产与环境压力指数值的省际差异相对较小。吉林与黑龙江分别排名全国第 3、4 位，辽宁排名全国第 11 位，指数值均高于所有参评省（区、市）平均值，排名最靠前的吉林和排名最靠后的辽宁的该指数值极差为 0.014。

表 2-2　2020 年中国自然资产与环境压力东西方向区域内部差异分析

区域	地区	指数值	排名	区域	地区	指数值	排名
东部	北京	0.111	5	西部	青海	0.134	1
	海南	0.110	6		云南	0.119	2
	上海	0.107	7		重庆	0.102	9
	浙江	0.106	8		甘肃	0.102	10
	天津	0.099	13		内蒙古	0.098	15
	福建	0.098	14		四川	0.096	16
	江苏	0.094	19		新疆	0.093	22
	山东	0.093	21		广西	0.091	24
	河北	0.093	23		宁夏	0.086	26
	广东	0.085	27		陕西	0.084	28
中部	江西	0.100	12		贵州	0.079	30
	湖北	0.096	17	东北	吉林	0.116	3
	湖南	0.095	18		黑龙江	0.111	4
	河南	0.093	20		辽宁	0.102	11
	安徽	0.090	25				
	山西	0.083	29				

注：本表根据表 2-1 整理。若出现指标值相同但排名不同的现象，是四舍五入保留三位小数所致。

① 此处按照原始数据计算，极差为 0.054，与表中数据存在差异。

（2）南北方向区域差异分析

从南北方向区域内各省（区、市）的情况看，如表 2-3 所示，北方地区自然资产与环境压力指数值的省际差异显著，既存在全国排名第 1 位的青海，又存在排在全国第 21—29 位的山东、新疆、河北、宁夏、陕西和山西。区域内有 7 个省（市）的指数值高于所有参评省（区、市）平均值，分别是青海、吉林、黑龙江、北京、甘肃、辽宁和天津，排名第 1 位的青海和排名最靠后的山西的该指数值极差为 0.050[①]。

南方地区自然资产与环境压力指数值的省际差异同样显著。南方 15 个省（区、市）中，排在全国前 10 位的有 5 个，排在第 11—20 位的有 6 个，排在第 21—30 位的有 4 个。区域内有 6 个省（市）的指数值高于所有参评省（区、市）平均值，依次为云南、海南、上海、浙江、重庆和江西，排名最靠前的云南和排名最靠后的贵州的该指数值极差为 0.040。

表 2-3 2020 年中国自然资产与环境压力南北方向区域内部差异分析

区域	地区	指数值	排名	区域	地区	指数值	排名
南方	云南	0.119	2	北方	青海	0.134	1
	海南	0.110	6		吉林	0.116	3
	上海	0.107	7		黑龙江	0.111	4
	浙江	0.106	8		北京	0.111	5
	重庆	0.102	9		甘肃	0.102	10
	江西	0.100	12		辽宁	0.102	11
	福建	0.098	14		天津	0.099	13
	四川	0.096	16		内蒙古	0.098	15
	湖北	0.096	17		河南	0.093	20
	湖南	0.095	18		山东	0.093	21
	江苏	0.094	19		新疆	0.093	22
	广西	0.091	24		河北	0.093	23
	安徽	0.090	25		宁夏	0.086	26
	广东	0.085	27		陕西	0.084	28
	贵州	0.079	30		山西	0.083	29

注：本表根据表 2-1 整理。若出现指标值相同但排名不同的现象，是四舍五入保留三位小数所致。

（3）经济圈区域差异分析

从三大经济圈内各省（市）的情况看，如表 2-4 所示，京津冀经济圈自然资产与环

① 此处按照原始数据计算，极差为 0.050，与表中数据存在差异。

境压力指数值省际差异显著，既存在全国排名第 5 位的北京，也存在全国排名第 23 位的河北。京津冀经济圈内 3 省（市）中，除河北外，北京和天津的指数值均高于所有参评省（区、市）平均值；排名最靠前的北京和排名最靠后的河北的指数值极差为 0.019[①]。

长三角经济圈自然资产与环境压力指数值省际差异较为显著。长三角经济圈 4 省（市）中，上海、浙江、江苏和安徽的排名分别为全国第 7、8、19 和 25 位。其中，上海和浙江的指数值高于所有参评省（区、市）平均值；排名最靠前的上海和排名最靠后的安徽的指数值极差为 0.016[②]。

成渝双城经济圈自然资产与环境压力指数值省际差异相对较小。重庆和四川的自然资产与环境压力指数值分别排在全国第 9 和 16 位。其中，重庆的该指数值高于所有参评省（区、市）平均值；排名靠前的重庆和排名靠后的四川的指数值极差为 0.006。

表 2-4　2020 年中国自然资产与环境压力经济圈区域内部差异分析

区域	地区	指数值	排名	区域	地区	指数值	排名
京津冀经济圈	北京	0.111	5	长三角经济圈	上海	0.107	7
	天津	0.099	13		浙江	0.106	8
	河北	0.093	23		江苏	0.094	19
成渝经济圈	重庆	0.102	9		安徽	0.090	25
	四川	0.096	16				

注：本表根据表 2-1 整理。若出现指标值相同但排名不同的现象，是四舍五入保留三位小数所致。

3. 自然资产与环境压力对区域低碳发展的影响分析

自然资产与环境压力是低碳发展指数的四大一级指标之一，在省际低碳发展指数指标体系中所占权重为 20%。自然资产状况与应对环境压力能力的差异，直接影响着低碳发展水平的排序。在表 2-5 中，“位次变化”列的值为该地区低碳发展指数排名减去对应的自然资产与环境压力指标排名，数值为正表示该省（区、市）自然资产与环境压力对其低碳发展水平的贡献为正，数值为负表示该省（区、市）自然资产与环境压力对其低碳发展水平的贡献为负。

从测算结果可以看到，多数地区自然资产与环境压力指数排序与低碳发展指数排序存在差异（表 2-5）。名次差异在 5 位（含 5 位）以上的省（区、市）有 22 个，占比为 73.33%；排名差异 10 个位次及以上的省有 8 个，依次是江苏、广东、青海、陕西、

① 此处按照原始数据计算，极差为 0.019，与表中数据存在差异。
② 此处按照原始数据计算，极差为 0.016，与表中数据存在差异。

云南、黑龙江、辽宁和甘肃；排名差异 20 个位次以上的省有 1 个，为广东。甘肃、黑龙江和云南 3 个省因自然资产与环境压力指数较高而明显提高了低碳发展指数，可见低碳发展水平欠佳的地区也蕴含着强劲的低碳发展潜力。广东、江苏和陕西 3 个省自然资产与环境压力指数值则明显拉低了低碳发展指数，可见低碳发展起步较早、发展水平较好的地区，其自身自然资产状况和应对环境压力能力的提升空间相对有限。此外，低碳发展指数排名前 10 位的省（市）中，除北京、上海、浙江、重庆外，其余 6 个省（市）都表现出自然资产与环境压力指数相对较弱，从而影响低碳发展指数的进一步提升；低碳发展指数排名后 10 位的省（区）中，有 6 个省（区）自然资产与环境压力指数的排名在后 10 位。

表 2–5　2020 年中国省际低碳发展指数和自然资产与环境压力指数排名差异比较

地区	低碳发展指数排名	自然资产与环境压力排名	位次变化	地区	低碳发展指数排名	自然资产与环境压力排名	位次变化
北京	1	5	–4	陕西	16	28	–12
上海	2	7	–5	江西	17	12	5
浙江	3	8	–5	云南	18	2	16
江苏	4	19	–15	安徽	19	25	–6
广东	5	27	–22	河南	20	20	0
天津	6	13	–7	黑龙江	21	4	17
福建	7	14	–7	河北	22	23	–1
重庆	8	9	–1	辽宁	23	11	12
湖南	9	18	–9	内蒙古	24	15	9
湖北	10	17	–7	贵州	25	30	–5
吉林	11	3	8	广西	26	24	2
海南	12	6	6	山西	27	29	–2
青海	13	1	12	甘肃	28	10	18
四川	14	16	–2	宁夏	29	26	3
山东	15	21	–6	新疆	30	22	8

注：本表根据表 0–3 和表 2–1 整理。若出现指标值相同但排名不同的现象，是四舍五入保留三位小数所致。

从东西方向区域分布来看，东部地区 10 个省（市）中，海南自然资产与环境压力指数排名领先于其低碳发展指数排名 6 个位次；河北、北京、上海、浙江、山东、天津、福建、江苏和广东的自然资产与环境压力指数排名分别落后于其低碳发展指数排名 1、4、5、5、6、7、7、15、22 个位次。平均而言，东部地区自然资产与环境压力指数排名落后于其低碳发展指数排名 6.6 位，大幅度拉低了低碳发展水平。中部地区 6 个省中，江西自然资产与环境压力指数排名领先于低碳发展指数排名 5 个位次；山西、安徽、湖北和湖南 4 省的自然资产与环境压力指数排名分别落后于低碳发展指数排名 2、6、7、9 个位次；河南自然资产与环境压力指数排名与低碳发展指数排名相比没有变化。平均而言，中部地区自然资产与环境压力指数排名落后于其低碳发展指数排名 3.2 个位次，较大幅度拉低了低碳发展水平。西部地区 11 个省（区、市）中，广西、宁夏、新疆、内蒙古、青海、云南和甘肃的自然资产与环境压力指数排名分别领先于低碳发展指数排名 2、3、8、9、12、16、18 个位次；重庆、四川、贵州和陕西的自然资产与环境压力指标排名分别落后于低碳发展指数排名 1、2、5、12 个位次。平均而言，西部地区自然资产与环境压力指数排名领先于其低碳发展指数排名 4.4 个位次，较大幅度拉升了低碳发展水平。在东北地区，吉林、辽宁和黑龙江的自然资产与环境压力指数分别领先于其低碳发展指数排名 8、12、17 个位次。平均而言，东北地区自然资产与环境压力指数排名领先于其低碳发展指数排名 12.3 个位次，大幅度拉升了低碳发展水平。

从南北方向区域分布看，南方地区 15 个省（区、市）中，广西、江西、海南和云南的自然资产与环境压力指数排名分别领先于其低碳发展指数排名 2、5、6、16 个位次；重庆、四川、上海、浙江、贵州、安徽、福建、湖北、湖南、江苏和广东的自然资产与环境压力指数排名分别落后于其低碳发展指数排名 1、2、5、5、5、6、7、7、9、15、22 个位次。平均而言，南方地区自然资产与环境压力指数排名落后于其低碳发展指数排名 3.7 个位次，较大幅度拉低了低碳发展水平。北方地区 15 个省（区、市）中，宁夏、新疆、吉林、内蒙古、辽宁、青海、黑龙江和甘肃的自然资产与环境压力指数排名分别领先于其低碳发展指数排名 3、8、8、9、12、12、17、18 个位次；河北、山西、北京、山东、陕西的自然资产与环境压力指数排名分别落后于其低碳发展指数排名 1、2、4、6、12 个位次；河南自然资产与环境压力指数排名与低碳发展指数排名相比没有变化。平均而言，北方地区自然资产与环境压力指数排名领先于其低碳发展指数排名 4.1 个位次，较大幅度拉升了低碳发展水平。

从经济圈层面区域分布看，京津冀经济圈 3 省（市）中，河北、北京和天津的自然资产与环境压力指数排名分别落后于其低碳发展指数排名 1、4、7 个位次。平均而言，京津冀经济圈自然资产与环境压力指数排名落后于其低碳发展指数排名 4 个位次，较大幅度拉低了低碳发展水平。长三角经济圈 4 省（市）中，上海、浙江、安徽和江苏的自然资产与环境压力指数排名分别落后于其低碳发展指数排名 5、5、6、15 个位次。平均而言，长三角经济圈自然资产与环境压力指数排名落后于其低碳发展指数排名 7.8 个位次，大幅度拉低了低碳发展水平。成渝双城经济圈 2 省（市）中，重庆和四川的自然资产与环境压力指数排名分别落后于其低碳发展指数排名 1、2 个位次。平均而言，成渝双城经济圈自然资产与环境压力指数排名落后于其低碳发展指数排名 1.5 个位次，小幅度拉低了低碳发展水平。

综上，自然资产与环境压力是低碳发展的重要影响因素之一。自然资产状况良好、应对环境压力能力较强的地区，其低碳发展水平相对较高。反之，某一地区自然资产匮乏或流失、应对环境压力的能力减弱，则该区域的低碳发展进程必然受到阻碍。因此，在低碳发展进程中，各地区应当重视对自然资产的保护和利用，切实提升应对与化解环境压力的能力，让“绿水青山就是金山银山”的愿景真正落地。

二、省际自然资产与环境压力比较分析

省际自然资产与环境压力指标在省际低碳发展指数指标体系中的权重为 20%，由自然资产和环境压力 2 个二级指标构成，共 19 个三级指标。自然资产指标下设 9 个三级指标，环境压力指标下设 10 个三级指标。其中有 9 个正向指标，10 个逆向指标。下面对自然资产指标和环境压力指标进行区域比较分析。

1. 省际自然资产指标测算结果及分析

在省际低碳发展指数体系中，自然资产指标由“省会城市大气自净能力”“省会城市日照时长”“省会城市月均气温处于 15~25 摄氏度之间的月份数占比”“省会城市月总降雨量处于 30~300mm 之间的月份数占比”“人均水资源量”“人均森林面积”“人均湿地面积”“人均国家级自然保护区面积”和“建成区绿化覆盖率”9 个三级指标构成，占自然资产与环境压力指标的权重为 47.5%，占低碳发展指数的权重为 9.5%，各项三级指标的权重采用均权法确定，各占 1.05%（见表 2–6）。

表 2–6　2020 年中国省际自然资产三级指标内容、权重及属性

指标序号	指标	权重	属性
1	省会城市大气自净能力	1.05%	正
2	省会城市日照时长	1.05%	正
3	省会城市月均气温处于 15~25 摄氏度之间的月份数占比	1.05%	正
4	省会城市月总降雨量处于 30~300mm 之间的月份数占比	1.05%	正
5	人均水资源量	1.05%	正
6	人均森林面积	1.05%	正
7	人均湿地面积	1.05%	正
8	人均国家级自然保护区面积	1.05%	正
9	建成区绿化覆盖率	1.05%	正

注：本表内容由本报告课题组在 2021 年研讨会上讨论确定。

测算结果表明（见表 2–7），青海省以指数值 0.052 排名全国第 1 位，天津市以指数值 0.014 排名最末，该指数值极差为 0.038。共有 13 个省（区、市）指数值高于参评省（区、市）的平均值。

按指数值高低，排在前 10 位的省（区）依次为：青海、内蒙古、云南、黑龙江、吉林、广西、海南、江西、福建和辽宁；其中，西部省（区）4 个，东部省 2 个，中部省 1 个，东北省 3 个。

排在第 11—20 位的省（区、市）依次为：山西、浙江、北京、湖南、河北、广东、新疆、山东、河南和江苏；其中，西部省（区）1个，东部省（市）6个，中部省3个。

排在后 10 位的省（区、市）依次为：贵州、四川、湖北、安徽、上海、宁夏、甘肃、重庆、陕西和天津；其中，西部省（区、市）6个，东部省（市）2个，中部省2个。

表 2–7　2020 年中国省际自然资产指标指数及排名

地区	指数值	排名	地区	指数值	排名
青海	0.052	1	河北	0.026	16
内蒙古	0.043	2	新疆	0.026	17
云南	0.042	3	山东	0.025	18
黑龙江	0.039	4	河南	0.024	19
吉林	0.033	5	江苏	0.024	20
广西	0.032	6	贵州	0.023	21
海南	0.031	7	四川	0.023	22
江西	0.030	8	湖北	0.022	23
福建	0.029	9	安徽	0.021	24
辽宁	0.029	10	上海	0.021	25
山西	0.029	11	宁夏	0.021	26
浙江	0.028	12	甘肃	0.021	27
北京	0.028	13	重庆	0.021	28
湖南	0.027	14	陕西	0.020	29
广东	0.026	15	天津	0.014	30

注：1. 以上数据及排名根据《中国统计年鉴 2021》《2020 年中国气候公报》等测算。2. 为了便于后文进行比较分析，基于算术平均方法，课题组测算得到 30 个参评省（区、市）的自然资产指标的平均水平为 0.028。3. 若出现指标值相同但排名不同的现象，是四舍五入保留三位小数所致。

（1）东西方向区域差异分析

从自然资产的东西方向区域分布来看（如图 2–5 所示），东北地区自然资产水平最高，且该指标指数值的区域内差异较小。黑龙江、吉林和辽宁分别位于全国第 4、第 5 和第 10 位，指数值均高于所有参评省（区、市）平均值，指数值极差为 0.010。西部地区自然资产水平较高，且该指标指数值的区域内差异显著。指数值最高的青海排在全国第1位，此外，内蒙古、云南和广西也位于前10位，新疆排在第17位；排在第21—30位的有6个，依次为贵州、四川、宁夏、甘肃、重庆和陕西。其中仅有青海、云南、内蒙古和广西的指标值高于所有参评省（区、市）平均值，指数值极差为0.032。东部地区自然资产水平最低，且该指标指数值的区域内差异较小。海南和福建排在全国前10位；排在第11—20位的有6个，依次为浙江、北京、广东、河北、山东和江苏；排在第21—30位的有2个，为上海和天津；该指标指数值极差为0.017。其中，北京、海南、浙江和福建的指数值高于所有参评省（区、市）平均值。中部地区自然资产水平同样最低，且该指标指数值的区域内差异最小。江西排在全国第8位；排在第11—20位的有3个，依次为山西、湖南和河南；排在第21—30位的有2个，为湖北和安徽；指数值极差为0.008[①]。其中，江西和山西的指数值高于所有参评省（区、市）平均值。

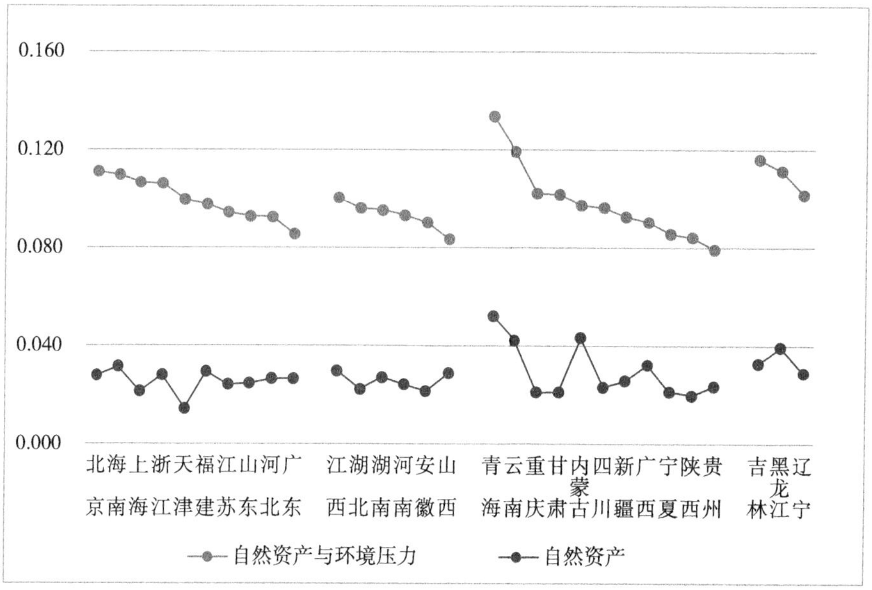

图2-5 2020年中国自然资产指标和自然资产与环境压力指数东西方向区域对比

注：本图从东部、中部、西部和东北地区划分的角度，根据自然资产与环境压力指数大小自左到右排列。

（2）南北方向区域差异分析

从自然资产的南北方向区域分布来看（如图2-6所示），北方地区自然资产水平较高，指标指数值的区域内省际差异显著。北方15个省（区、市）中，位于全国排名前10位的有5个，依次为青海、内蒙古、黑龙江、吉林和辽宁；排在第11—20位的有6

① 此处按照原始数据计算，极差为0.008，与表中数据存在差异。

个，依次为山西、北京、河北、新疆、山东和河南；排在第21—30位的有4个，依次为宁夏、甘肃、陕西和天津。自然资产指标指数值高于所有参评省（区、市）平均值的省（区、市）有7个，依次为青海、内蒙古、黑龙江、吉林、辽宁、山西和北京；该指标指数值极差为0.038。南方地区自然资产水平相对较低，指标指数值的区域内省际差异较为显著。南方15个省（区、市）中，位于全国排名前10位的有5个，依次为云南、广西、海南、江西、福建；排在第11—20位的有4个，依次为浙江、湖南、广东和江苏；排在第21—30位的有6个，依次为贵州、四川、湖北、安徽、上海和重庆。自然资产指标指数值高于所有参评省（区、市）平均值的省（区）有6个，依次为云南、广西、海南、江西、福建和浙江；该指标指数值极差为0.021。

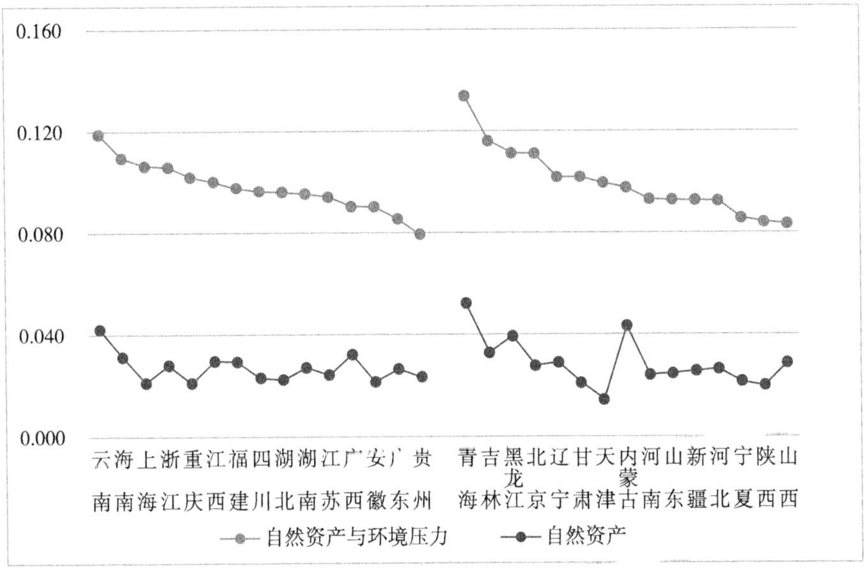

图2-6　2020年中国自然资产指标和自然资产与环境压力指数南北方向区域对比

注：本图从南方、北方地区划分的角度，根据自然资产与环境压力指数大小自左到右排列。

（3）经济圈区域差异分析

从自然资产的经济圈区域分布来看（如图2-7所示），长三角经济圈自然资产水平最高，指标指数值的区域内省际差异较小。长三角经济圈内4省（市）中，浙江自然资产指数排名位于全国第12位，江苏排在全国第20位；安徽（第24位）和上海（第25位）排在全国后10位。除浙江外，其余省（市）自然资产指数值均低于所有参评省（区、市）的平均值。排名最靠前的浙江和排名最靠后的上海的指数值极差为0.007。京津冀经济圈自然资产水平较高，指标指数值的区域内省际差异较小。京津冀经济圈内北京、河北和天津3省（市）的自然资产指数值依次排在第13、16、30位，且除北京外，河北、天津的自然资产指数值均低于所有参评省（区、市）的平均值；排名最靠前的北京和排名最靠后的天津极差为0.013[①]。成渝双城经济圈自然资产水平最低，指标指数值的区域内省际差异较小。四川和重庆自然资产指数值的排名位列第 22 和 28 位，且指数值均低于所有参评省（区、市）的平均值，极差为 0.002。

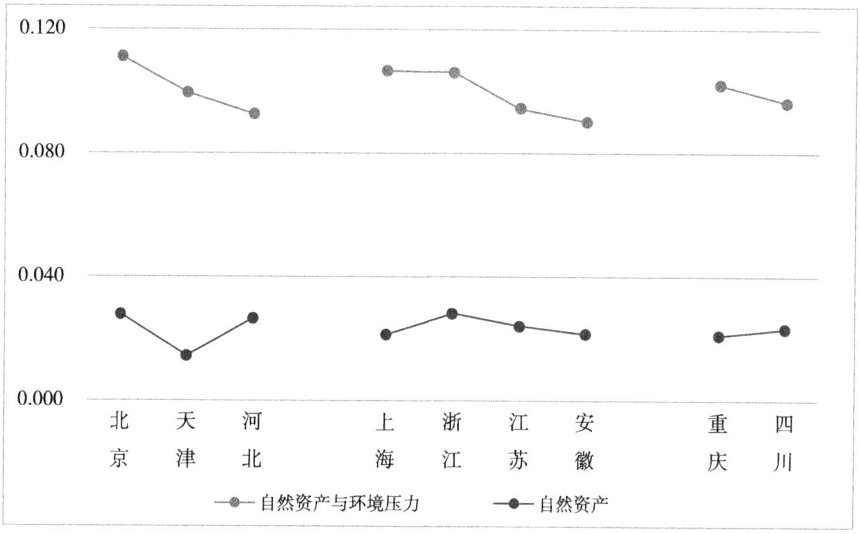

图 2–7　2020 年中国自然资产指标和自然资产与环境压力指数经济圈区域对比

注：本图从京津冀经济圈、长三角经济圈、成渝双城经济圈划分的角度，根据自然资产与环境压力指数大小自左到右排列。

2. 省际环境压力指标测算结果及分析

在省际低碳发展指数体系中，环境压力指标由“森林火灾次数”“突发环境事件次数”“煤炭消费总量”“火电装机容量占比”“单位建成区面积二氧化硫排放量”“单位建成区面积化学需氧量排放量”“单位建成区面积氮氧化物排放量”“单位建成区面积氨氮排放量”“单位耕地面积化肥施用量”和“人均公路交通氮氧化物排放量”10 个三级指标构成，占自然资产与环境压力指标的权重为 52.5%，占低碳发展指数的权重为 10.5%，各项三级指标的权重采用均权法确定，各占 1.05%（见表 2–8）。

表 2–8　2020 年中国省际环境压力三级指标内容、权重及属性

指标序号	指标	权重	属性
1	森林火灾次数	1.05%	逆
2	突发环境事件次数	1.05%	逆

① 此处按照原始数据计算，极差为 0.013，与表中数据存在差异。

续表

指标序号	指标	权重	属性
3	煤炭消费总量	1.05%	逆
4	火电装机容量占比	1.05%	逆
5	单位建成区面积二氧化硫排放量	1.05%	逆
6	单位建成区面积化学需氧量排放量	1.05%	逆
7	单位建成区面积氮氧化物排放量	1.05%	逆
8	单位建成区面积氨氮排放量	1.05%	逆
9	单位耕地面积化肥施用量	1.05%	逆
10	人均公路交通氮氧化物排放量	1.05%	逆

注：本表内容由本报告课题组在 2021 年研讨会上讨论确定。

测算结果表明（如表 2–9 所示），上海以指数值 0.085 排在全国第 1 位，内蒙古以指数值 0.054 排在全国第 30 位，该指数值极差为 0.031。共有 15 个省（市）指数值高于参评省（区、市）的平均值。

按指数值高低，排在前 10 位的省（市）依次为：上海、天津、吉林、北京、青海、重庆、甘肃、海南、浙江和云南；其中，西部省（市）4 个，东部省（市）5 个，东北 1 个。

排在第 11—20 位的省依次为：湖北、四川、辽宁、黑龙江、江西、江苏、河南、安徽、福建和湖南；其中，西部省 1 个，东部省 2 个，中部省 5 个，东北的 2 个。

排在后 10 位的省（区）依次为：山东、新疆、河北、宁夏、陕西、广东、广西、贵州、山西和内蒙古；其中，西部省（区）6 个，东部省 3 个，中部省 1 个。

表 2–9　2020 年中国省际环境压力指标指数及排名

地区	指数值	排名	地区	指数值	排名
上海	0.085	1	江苏	0.070	16
天津	0.085	2	河南	0.069	17
吉林	0.083	3	安徽	0.069	18
北京	0.083	4	福建	0.068	19
青海	0.081	5	湖南	0.068	20
重庆	0.081	6	山东	0.068	21
甘肃	0.081	7	新疆	0.067	22
海南	0.078	8	河北	0.066	23
浙江	0.078	9	宁夏	0.064	24
云南	0.077	10	陕西	0.064	25
湖北	0.074	11	广东	0.059	26
四川	0.073	12	广西	0.058	27

续表

地区	指数值	排名	地区	指数值	排名
辽宁	0.073	13	贵州	0.056	28
黑龙江	0.072	14	山西	0.055	29
江西	0.071	15	内蒙古	0.054	30

注：1. 以上数据及排名根据《中国统计年鉴 2021》《中国电力统计年鉴 2021》《中国能源统计年鉴 2020》《中国环境统计年鉴 2020》等测算。2. 为了便于后文进行比较分析，基于算术平均方法，课题组测算得到 30 个参评省（区、市）的环境压力指标的平均水平为 0.071。3. 若出现指标值相同但排名不同的现象，是四舍五入保留三位小数所致。

（1）东西方向区域差异分析

从环境压力的东西方向区域分布来看（如图 2–8 所示），东部地区应对环境压力的能力较强，环境压力指标指数值的区域内差异显著。东部地区 10 省（市）中，环境压力指数值排在全国前 10 位的有 5 个，依次为上海、天津、北京、海南和浙江；排在全国第 11—20 位的有 2 个，依次为江苏和福建；山东、河北和广东 3 省分别排在第 21—26 位；环境压力指标指数值高于所有参评省（区、市）的平均值的省（市）有 5 个，为上海、天津、北京、海南和浙江；排名第 1 位的上海和排名第 26 位的广东的指数值极差为 0.026。中部地区应对环境压力的能力最弱，环境压力指标指数值的区域内差异较小。中部地区 6 省中，排名位于第 11—20 位的有 5 个，依次为湖北、江西、河南、安徽和湖南；山西排名最靠后，排在全国第 29 位；排名最靠前的湖北和排名最靠后的山西的指数值极差为 0.019。除湖北和江西外，中部地区其余省的环境压力指标指数值

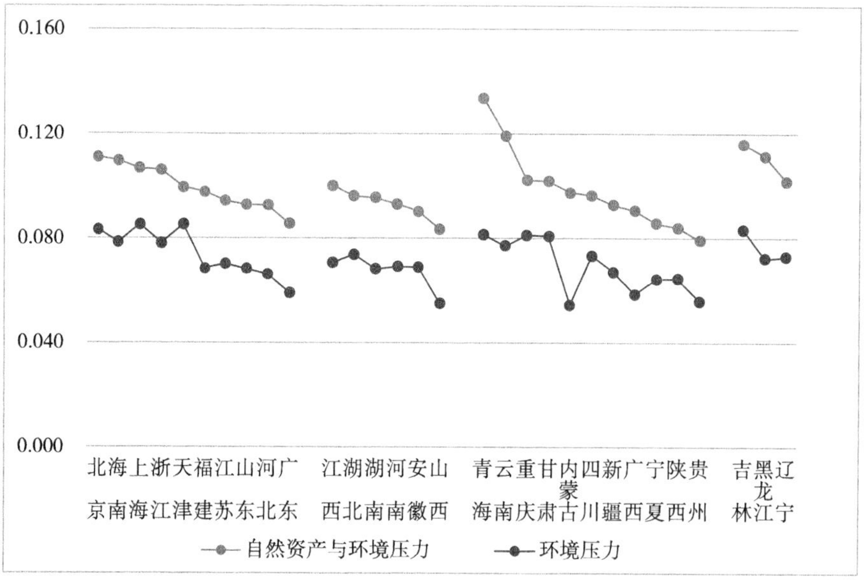

图 2–8　2020 年中国环境压力指标和自然资产与环境压力指数东西方向区域对比

注：本图从东部、中部、西部和东北地区划分的角度，根据自然资产与环境压力指数值大小自左到右排列。

均低于所有参评省（区、市）的平均值。西部地区应对环境压力的能力较弱，环境压力指标指数值的区域内差异显著。西部地区 11 省（区、市）中，排在全国前 10 位的有 4 个，依次为青海、重庆、甘肃和云南；排在第 11—20 位的有 1 个，为四川；排在第 21—30 位的有 6 个，依次为新疆、宁夏、陕西、广西、贵州和内蒙古；环境压力指标指数值高于所有参评省（区、市）的平均值的省（市）有 5 个，为青海、重庆、甘肃、云南、四川；排在全国第 5 位的青海和排在第 30 位的内蒙古的指数值极差为 0.027。东北地区应对环境压力的能力最强，环境压力指标指数值的区域内差异极小。东北地区 3 省的环境压力指标指数值均高于所有参评省（区、市）平均值，吉林、辽宁和黑龙江分列第 3、13、14 位，极差为 0.011。

（2）南北方向区域差异分析

从环境压力的南北方向区域分布来看（如图 2-9），南方地区和北方地区应对环境压力的能力总体相同，北方地区指标指数值省际差异相比于南方地区更为显著。南方 15 个省（区、市）中，位于全国排名前 10 位的有 5 个，依次为上海、重庆、海南、浙江和云南；排在第 11—20 位的有 7 个，依次为湖北、四川、江西、江苏、安徽、福建和湖南；广东、广西和贵州分别排在第 26—28 位；排在全国第 1 位的上海和排在第 28 位的贵州指数值极差为 0.029。环境压力指标指数值高于所有参评省（区、市）平均值的省（市）有 8 个，为上海、重庆、海南、浙江、云南、湖北、四川和江西。北方 15 个省（区、市）中，位于全国排名前 10 位的有 5 个，依次为天津、吉林、北京、青海

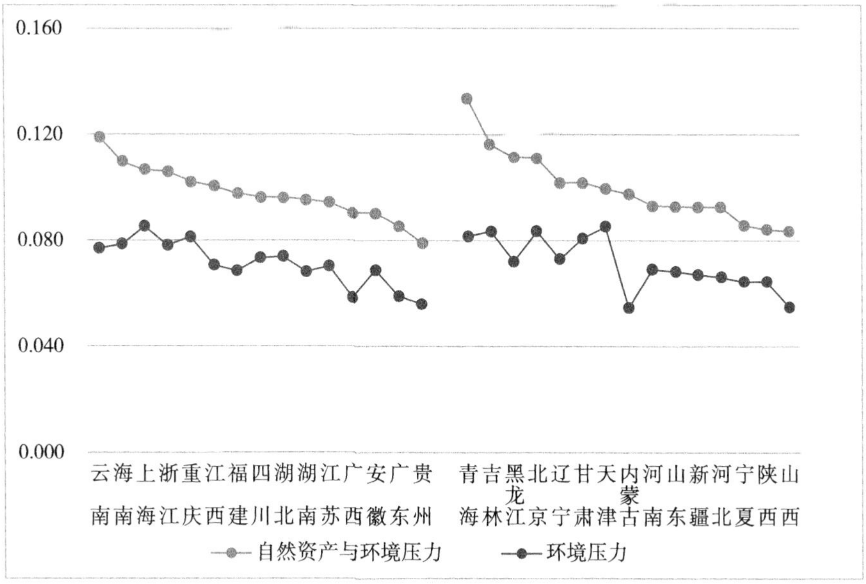

图 2-9　2020 年中国环境压力指标和自然资产与环境压力指数南北方向区域对比

注：本图从南方、北方地区划分的角度，根据自然资产与环境压力指数大小自左到右排列。

和甘肃；排在第 11—20 位的有 3 个，依次为辽宁、黑龙江和河南；排在第 21—30 位的有 7 个，依次为山东、新疆、河北、宁夏、陕西、山西和内蒙古；排名全国第 2 位的天津和排名第 30 位的内蒙古指数值极差为 0.031。环境压力指标指数值高于所有参评省（区、市）平均值的省（市）有 7 个，依次为天津、吉林、北京、青海、甘肃、辽宁和黑龙江。

（3）经济圈区域差异分析

从环境压力的经济圈区域分布来看（如图 2–10），京津冀经济圈应对环境压力的能力最强，指标指数值的区域内省际差异较为显著。京津冀经济圈内天津、北京和河北 3 省（市）的环境压力指数值依次排在第 2、4、23 位。除河北外，天津和北京的环境压力指数值均高于所有参评省（区、市）的平均值；排名最靠前的天津和排名最靠后的河北的指数值极差为 0.019。成渝双城经济圈应对环境压力的能力较强，指标指数值的区域内省际差异较小。重庆和四川环境压力指数值的排名依次位列第 6 和第 12 位，且指数值均高于所有参评省（区、市）的平均值，极差为 0.008。长三角经济圈应对环境压力的能力最弱，指标指数值的区域内省际差异较为显著。长三角经济圈内 4 省（市）中，上海环境压力指数排在全国第 1 位；浙江、江苏和安徽分别排在全国第 9、第 16 和第 18 位；排名最靠前的上海和排名最靠后的安徽相差 0.016。其中上海和浙江的指数值高于所有参评省（区、市）的平均值。

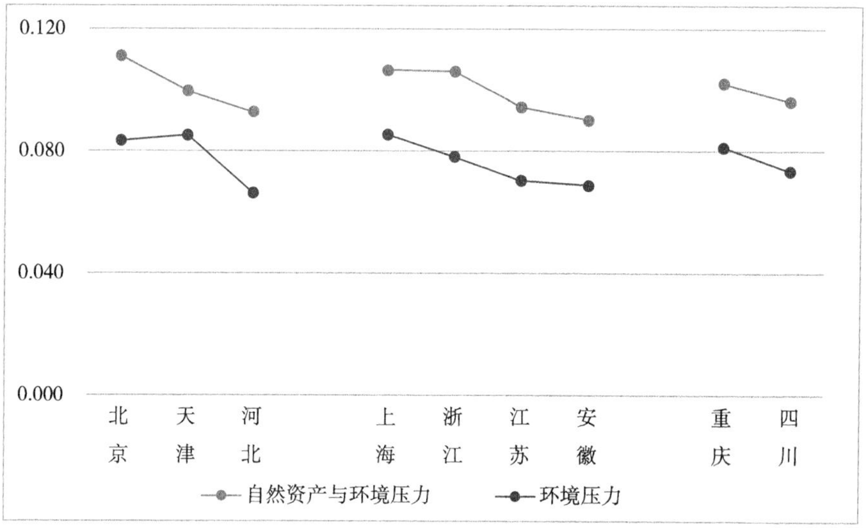

图 2–10　2020 年中国环境压力指标和自然资产与环境压力指数经济圈区域对比

注：本图从京津冀经济圈、长三角经济圈、成渝双城经济圈划分的角度，根据自然资产与环境压力指数大小自左到右排列。

第三章

省际资源利用与低碳效率测算及分析

低碳发展指数的重要意义之一在于，评价一个地区经济发展过程中的资源合理利用程度和二氧化碳排放强度。资源利用与低碳效率指标是各地区能源消耗、节能减碳、经济发展逐步与化石能源消耗脱钩以及能源再利用等的综合反映，是低碳发展指数的重要评价内涵之一。本章利用 2019 年和 2020 年各省（区、市）年度数据，基于区域比较的视角，采用“中国省际低碳发展指数评价体系”，测算了 2021 年中国 30 个省（区、市）的资源利用与低碳效率，并分析这些地区资源利用与低碳效率的特征与区域分布格局。

一、省际资源利用与低碳效率的测算结果

根据“中国省际低碳发展指数指标体系”中资源利用与低碳效率的评价体系和权重标准，30 个省（区、市）的资源利用与低碳效率指数及两项分指数的测算结果及排名如下（如表 3-1）。

表 3-1　2020 年中国省际资源利用与低碳效率指数及排名

指标 地区	资源利用与低碳效率		二级指标			
			资源利用指标		低碳效率指标	
	指数值	排名	指数值	排名	指数值	排名
河南	0.158	1	0.085	1	0.073	3
上海	0.148	2	0.067	16	0.082	1
天津	0.146	3	0.079	3	0.067	9
浙江	0.144	4	0.074	4	0.07	7
山东	0.143	5	0.08	2	0.063	11
广东	0.143	6	0.072	7	0.071	6
重庆	0.139	7	0.067	14	0.072	4
江苏	0.136	8	0.069	11	0.067	8
海南	0.131	9	0.058	24	0.073	2
安徽	0.131	10	0.073	5	0.058	15
湖南	0.131	11	0.065	18	0.066	10
河北	0.130	12	0.072	6	0.059	14
陕西	0.130	13	0.069	10	0.061	12
北京	0.127	14	0.056	25	0.072	5

续表

指标 地区	资源利用与低碳效率		二级指标			
			资源利用指标		低碳效率指标	
	指数值	排名	指数值	排名	指数值	排名
四川	0.127	15	0.067	13	0.059	13
云南	0.125	16	0.07	9	0.055	19
甘肃	0.124	17	0.07	8	0.055	21
湖北	0.124	18	0.067	15	0.057	17
吉林	0.120	19	0.068	12	0.052	23
江西	0.120	20	0.063	21	0.057	16
福建	0.119	21	0.063	20	0.056	18
山西	0.119	22	0.063	19	0.055	20
贵州	0.117	23	0.065	17	0.052	24
辽宁	0.114	24	0.061	22	0.054	22
黑龙江	0.102	25	0.06	23	0.042	30
广西	0.101	26	0.056	26	0.045	27
新疆	0.098	27	0.049	28	0.049	26
宁夏	0.095	28	0.043	30	0.051	25
青海	0.094	29	0.049	27	0.044	28
内蒙古	0.088	30	0.044	29	0.044	29

注：1. 本表根据“中国省际低碳发展指数指标体系”中资源利用与低碳效率的指标体系，依各指标 2019 和 2020 年数据测算而得。2. 本表各省（区、市）按照资源利用与低碳效率指数从大到小排序。3. 本表一级指标资源利用与低碳效率指数值等于资源利用指标和低碳效率指标两个二级指标指数值之和。4. 以上数据及排名根据《中国统计年鉴 2021》《中国环境统计年鉴 2020》《中国电力统计年鉴 2021》《中国能源统计年鉴 2020》等测算。5. 为了便于后文进行比较分析，基于算术平均方法，课题组测算得到 30 个参评省（区、市）的资源利用与低碳效率指数的平均水平为 0.124，资源利用指标的平均水平为 0.065，低碳效率指标的平均水平为 0.059。6. 若出现指标值相同但排名不同的现象，是四舍五入保留三位小数所致。

从表 3–1 中可以看出，省际资源利用与低碳效率差异较为显著，资源利用与低碳效率指标指数值最高的河南为 0.158，最低的内蒙古为 0.088，极差为 0.069①。另外，全国参评的 30 个省（区、市）中有 12 个省（区）指标值低于全国平均水平。排在资源利用与低碳效率指数值前 10 位的省（市）依次为：河南、上海、天津、浙江、山东、广东、重庆、江苏、海南和安徽。其中，资源利用指标指数值排名前 10 位的省（市）依次为：河南、山东、天津、浙江、安徽、河北、广东、甘肃、云南、陕西；低碳效率指标指数值排名前 10 位的省（市）依次为：上海、海南、河南、重庆、北京、广东、浙江、江苏、天津、湖南。

根据表 3–1 中各省（区、市）的资源利用与低碳效率指数值可以绘制出图 3–1。其

① 此处按照原始数据计算，极差为 0.069，与表中数据存在差异。

中，横轴为资源利用与低碳效率的指数值，纵轴为省（区、市）名称。资源利用与低碳效率指数值用绿色条框表示，绿色条框越长，指数值越大；所有参评省（区、市）资源利用与低碳效率的平均值用垂直于横轴的虚线表示，如图 3-1 所示。

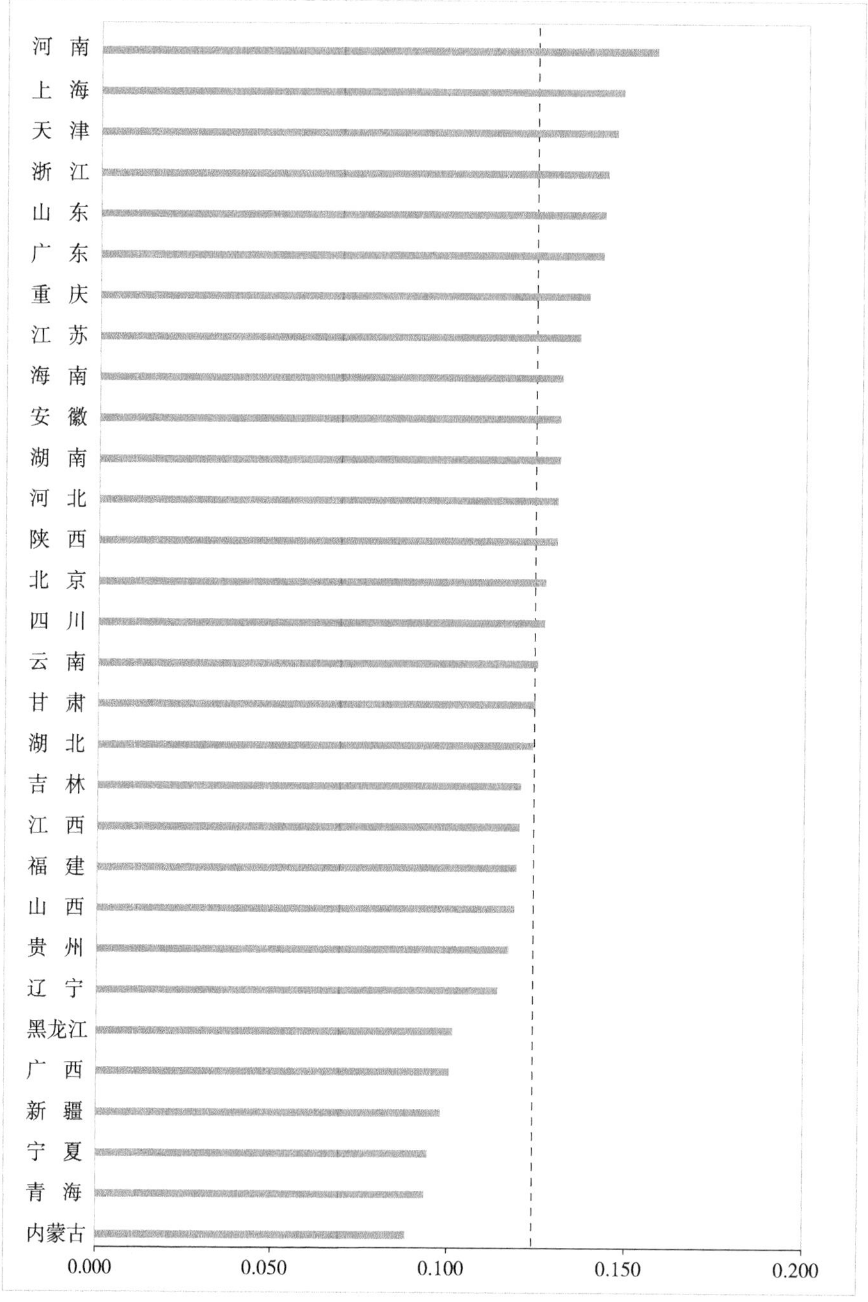

图 3-1 2020 年中国省际资源利用与低碳效率指数排名比较

注：本图根据表 3-1 制作。指数值由高到低排列，虚线表示所有参评省（区、市）资源利用与低碳效率指数的平均值。

1. 资源利用与低碳效率的区域间差异分析

（1）东西方向区域差异分析

从资源利用与低碳效率的东西方向区域分布来看，资源利用与低碳效率总体呈现东部最好、中部地区次之、西部地区和东北地区稍差的局面。从图 3–2 中可以看出，东部地区资源利用与低碳效率指数平均值最高，为 0.137；中部地区次之，为 0.130；西部地区和东北地区资源利用与低碳效率指数平均值分别为 0.113 和 0.112。

具体来看，东部地区资源利用与低碳效率指数优于其他 3 个地区，东部地区 10 个省（市）中，上海、天津、浙江、山东、广东排名靠前，分列 2 至 6 位，江苏、海南、河北、北京，位于全国中游水平，分列 8、9、12、14 位，福建则排名相对靠后，位列第 21 位，全国参评的 30 个省（区、市）的资源利用和低碳效率排名前 10 位中，东部地区占据 7 个省（市）。中部地区 6 个省有较大的区域内差异，河南独占鳌头，位列第 1 位，安徽和湖南处于全国中游，分列第 10 和 11 位，湖北、江西、山西排名靠后，分列全国第 18、20、22 位。西部地区 11 个省（区、市）整体排名相对靠后，排名最高的为重庆，位列第 7 位，陕西、四川、云南、甘肃分列全国第 13、15、16、17 位，其余的西部地区省份则排名末尾，贵州位列第 23 位，广西、新疆、宁夏、青海、内蒙古排名全国 26 至 30 位。东北地区同样排名相对靠后，吉林、辽宁、黑龙江分列第 19、24、25 位。通过对以上资源利用和低碳效率指标指数的分析，可以看出，中国的资源利用和低碳效率水平在区域之间存在差异，东部地区具有一定的优势，西部地区和东北地区相对较弱。

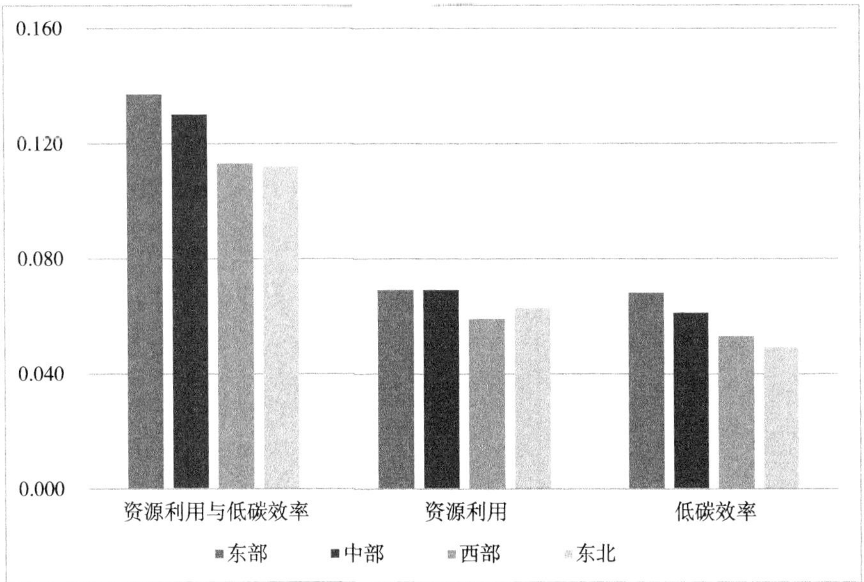

图 3–2　2020 年中国东西方向区域间资源利用与低碳效率对比图

注：本图中数据为四大区域中各省（区、市）资源利用与低碳效率指数的算术平均值。

就资源利用与低碳效率的两个分指标而言，东西方向区域间的差异主要体现在低碳效率指标上，呈现出阶梯分布的差距，东部地区最优，中部地区次之，西部地区和东北地区相对较弱；而资源利用指标的东西方向区域间差异相对较小。其中，东部地区和中部地区的资源利用指标平均值相近，均为 0.069，东北地区次之，为 0.063，西部地区最差，为 0.059。低碳效率指标的区域间差异相对较大，东部、中部地区平均值依次为 0.068、0.061，高于全国平均水平。西部、东北地区的平均值依次为 0.053、0.049，低于全国平均水平。

资源利用和低碳效率区域差异的原因在于，东部地区经济发展水平相对较高，且产业集聚极大地促进了资源利用效率提升，因而其资源利用和低碳效率排名相对靠前；中部地区经济实力整体弱于东部地区，但近年来中部地区经济逐渐崛起，资源利用和低碳效率也逐步提升；西部地区则生态环境较为脆弱，存在因开发建设导致的水土流失、土地荒漠化等生态退化问题，其资源利用和低碳效率一直较低；东北地区早期粗放型的发展模式过度透支了资源、污染了环境，成为其提升资源利用和低碳效率的重大挑战。

（2）南北方向区域差异分析

从资源利用与低碳效率的南北方向区域分布来看，南方地区资源利用和低碳效率要相对优于北方地区。从图 3-3 中可以看出，南方地区资源利用与低碳效率指数平均值较高，为 0.129，且高于所有参评省（区、市）资源利用与低碳效率的平均值；北方地区资源利用与低碳效率指数平均值偏低，为 0.119，且低于所有参评省（区、市）资源利用与低碳效率的平均值。从排名看，资源利用与低碳效率指数值全国排名前 10 位的省（市）中有 7 个来自南方地区，3 个来自北方地区；进入排名前 15 位的省（市）中，有 9 个来自南方地区，6 个来自北方地区。

具体来看，南方总体水平高于北方地区。南方 15 省（区、市）中，有 7 个排在全国前 10 位，依次为上海、浙江、广东、重庆、江苏、海南、安徽；5 个排在第 11—20 位，依次为湖南、四川、云南、湖北和江西；其他 3 个省福建、贵州、广西依次排在第 21、23、26 位。北方总体水平相对较低。北方 15 省（区、市）中，河南、天津、山东三个省（市）排在全国前 10 位；5 个排在第 11—20 位，依次为河北、陕西、北京、甘肃、吉林；其他 7 个省（区）均排在第 21—30 位，依次为山西、辽宁、黑龙江、新疆、宁夏、青海和内蒙古。

就资源利用与低碳效率的两个分指标而言，南北地区在资源利用指标差异较小，而在低碳效率指标方面的差异相对较大。其中，从资源利用指标来看，南方地区平均值为 0.066，高于北方地区平均水平 0.063，且稍高于全国平均水平。从低碳效率指标来看，南方地区平均值为 0.063，明显高于北方地区平均水平 0.056，且明显高于全国平均水平。总体来看，南方地区的资源利用与低碳效率具有一定优势，而北方地区在该项指标上则稍显落后。原因在于，相较于北方地区，南方地区经济发展水平相对较高、生态环境适宜、气候禀赋条件较好，且经济发展过程中更注重生态保护和污染治理，因而南方地区的低碳效率指标明显高于北方省份。

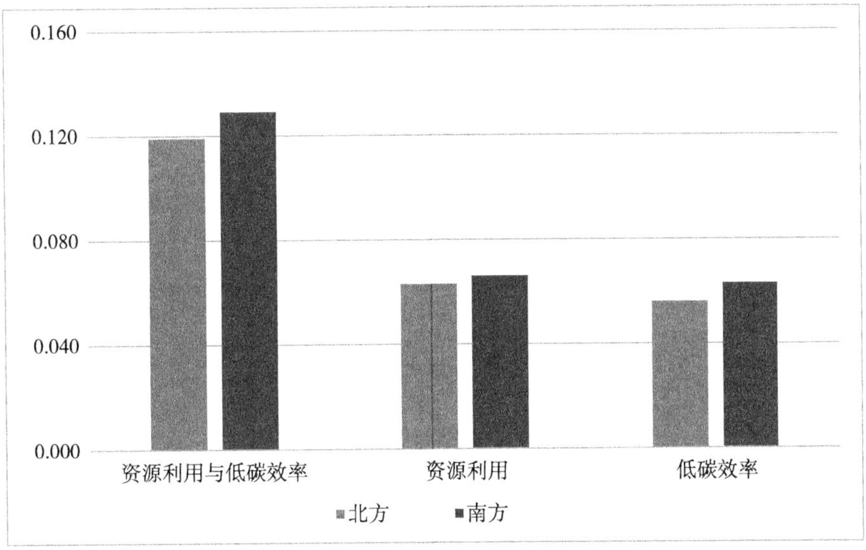

图 3–3　2020 年中国南北方向区域间资源利用与低碳效率对比图

注：本图中数据为南方、北方地区中各省（区、市）资源利用与低碳效率指数的算术平均值。

（3）经济圈区域差异分析

从资源利用与低碳效率的经济圈区域分布来看，资源利用与低碳效率总体呈现长三角经济圈最好、京津冀经济圈次之、成渝双城经济圈最低的局面，但三大经济圈间资源利用与低碳效率的区域差异并不显著。从图 3–4 中可以看出，二个经济圈的资源利用与低碳效率平均值均高于所有参评省（区、市）的平均值。其中，长三角经济圈的资源利用与低碳效率指数平均值最高，为 0.140；京津冀经济圈的资源利用与低碳效率指数平均值次之，为 0.135；成渝双城经济圈最低，为 0.133。从排名看，长三角经济圈上海（第 2 位）、浙江（第 4 位）、江苏（第 8 位）、安徽（第 10 位）的资源利用与低碳效率指数值均排在全国前 10 位，京津冀经济圈的天津（第 3 位）和成渝双城经济圈的重庆（第 7 位）排在全国前 10 位；三个经济圈内所有地区的资源利用与低碳效率均进入全国排名前 15 位。

具体来看，长三角经济圈总体水平稍高于其他两大经济圈。长三角经济圈 4 个省（市）均排在全国前 10 位，上海、浙江、江苏和安徽分列全国第 2、4、8 和 10 位。京津冀经济圈总体水平稍低于长三角经济圈。京津冀经济圈 3 省（市）中，天津排在全国第 3 位；河北排在全国第 12 位；北京排在全国第 14 位。成渝双城经济圈中，重庆、四川分列全国第 7、15 位。

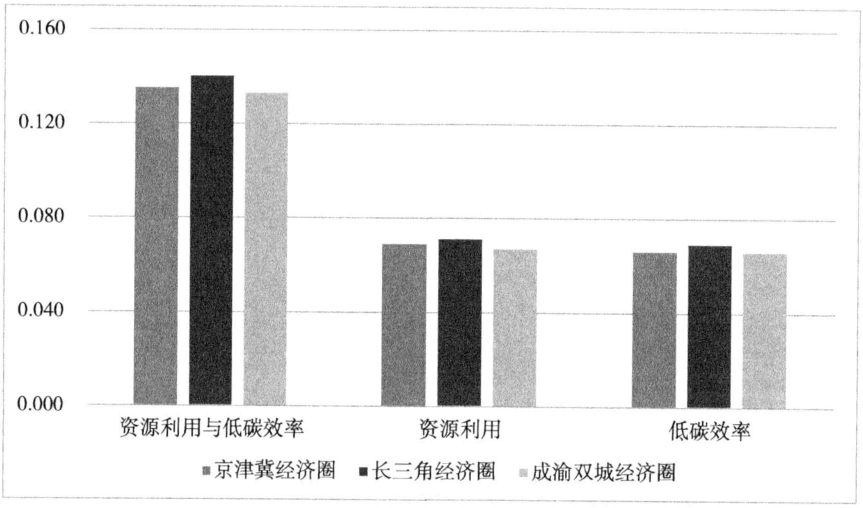

图 3–4　2020 年中国经济圈区域间资源利用与低碳效率对比图

注：本图中数据为三大经济圈中各省（市）资源利用与低碳效率指数的算术平均值。

就资源利用与低碳效率的两个分指标而言，经济圈间的差异并不显著。其中，从资源利用指标来看，长三角经济圈平均值为 0.071，略高于其他两大经济圈；其次是京津冀经济圈，其资源利用指数平均值为 0.069；成渝双城经济圈平均值为 0.067，三个经济圈的资源利用指数平均值均高于全国平均水平。低碳效率指数的区域间差异同样不明显，长三角经济圈最高，平均值为 0.069；京津冀经济圈次之，平均值为 0.066；成渝双城经济圈最低，低碳效率指数平均值为 0.066，三个经济圈的低碳效率指数平均值均高于全国平均水平，可见经济集聚效应实现了资源高效利用和污染协同治理，进而助推低碳发展水平的提升。

2. 资源利用与低碳效率的区域内省际差异分析

（1）东西方向区域差异分析

从东西方向区域内各省（区、市）的情况看（如表 3–2），除东北地区外，各区域内部省际资源利用与低碳效率均存在较大差异。东部地区资源利用与低碳效率指标指数值省际差异较为明显，从排名上看，上海、天津、浙江、山东、广东、江苏和海南 7 个省（市）排名全国前 10 位，指数值均高于所有参评省（区、市）的平均值；河北、北京和福建依次位列第 12、14、21 位。除福建省外，东部各省（市）的资源利用与低碳效率指标指数值均高于所有参评省（区、市）的平均值，且排名最高的上海（第 2 位）和排名最低的福建（第 21 位）指标值极差为 0.029。

中部地区资源利用与低碳效率指标指数值省际差异性较为明显，中部地区 6 个省的指标值极差为 0.039，既存在全国排名第 1 位的河南，又存在排名靠后的山西（第 22 位），最靠前的河南和排名最靠后的山西相差 0.039；中部 6 省中，河南、安徽和湖南的资源利用与低碳效率指数值高于所有参评省（区、市）的平均值，湖北、江西和山西的指数值低于所有参评省（区、市）的平均值。

西部地区资源利用与低碳效率指标指数值省际差异性十分明显，既存在全国排名第 7 位的重庆，又存在排名靠后的宁夏（第 28 位）、青海（第 29 位）、内蒙古（第 30 位），排名最靠前的重庆和排名最靠后的内蒙古相差 0.050[①]；西部 11 个省（区、市）中，重庆排在全国前 10 位，陕西、四川、云南和甘肃 4 省排在第 11—20 位，贵州、广西、新疆、宁夏、青海和内蒙古 6 省（区）排在第 21–30 位；资源利用与低碳效率指标指数值高于所有参评省（区、市）平均值的省（市）有 5 个，依次为重庆、陕西、四川、云南和甘肃。

东北地区三个省份在资源利用与低碳效率上的差异较小，吉林、辽宁和黑龙江的资源利用与低碳效率指标值排名位于全国中下游水平，均低于参评省（区、市）的平均水平，依次位列第 19、24、25 位，排名最靠前的吉林和排名最靠后的黑龙江极差为 0.018。

表 3–2　2020 年中国资源利用与低碳效率东西方向区域内部差异分析

区域	地区	指数值	排名	区域	地区	指数值	排名
东部	上海	0.148	2	西部	重庆	0.139	7
	天津	0.146	3		陕西	0.130	13
	浙江	0.144	4		四川	0.127	15
	山东	0.143	5		云南	0.125	16
	广东	0.143	6		甘肃	0.124	17
	江苏	0.136	8		贵州	0.117	23
	海南	0.131	9		广西	0.101	26
	河北	0.130	12		新疆	0.098	27
	北京	0.127	14		宁夏	0.095	28
	福建	0.119	21		青海	0.094	29
中部	河南	0.158	1		内蒙古	0.088	30
	安徽	0.131	10	东北	吉林	0.120	19
	湖南	0.131	11		辽宁	0.114	24
	湖北	0.124	18		黑龙江	0.102	25
	江西	0.120	20				
	山西	0.119	22				

注：本表根据表 3–1 整理。若出现指标值相同但排名不同的现象，是四舍五入保留三位小数所致。

① 此处按照原始数据计算，极差为 0.050，与表中数据存在差异。

（2）南北方向区域差异分析

从南北方向区域内各省（区、市）的情况看（如表 3-3 所示），北方地区资源利用与低碳效率指标指数值省际差异性明显，既存在全国排名第 1 位的河南，又存在排在所有参评省（区、市）第 27-30 位的新疆、宁夏、青海和内蒙古。除河南、天津、山东、河北、陕西、北京和甘肃外，其余 8 个省（区）的资源利用与低碳效率指标指数值均低于所有参评省（区、市）的平均值。排名最高的河南（第 1 位）和排名最低的内蒙古（第 30 位）指标值极差为 0.069[①]。

南方地区资源利用与低碳效率指标指数值省际差异相对较小。南方 15 个省（区、市）中，位于排名前 10 位的有 7 个，排在第 11—20 位的有 5 个，仅有福建（第 12 位）、贵州（第 23 位）和广西（第 26 位）3 个省排在第 21—30 位；资源利用与低碳效率指标指数值高于所有参评省（区、市）平均值的省（市）有 10 个，依次为上海、浙江、广东、重庆、江苏、海南、安徽、湖南、四川、云南；排名最靠前的上海和排名最靠后的广西极差为 0.048[②]。

表 3-3　2020 年中国资源利用与低碳效率南北方向区域内部差异分析

区域	地区	指数值	排名	区域	地区	指数值	排名
南方	上海	0.148	2	北方	河南	0.158	1
	浙江	0.144	4		天津	0.146	3
	广东	0.143	6		山东	0.143	5
	重庆	0.139	7		河北	0.130	12
	江苏	0.136	8		陕西	0.130	13
	海南	0.131	9		北京	0.127	14
	安徽	0.131	10		甘肃	0.124	17
	湖南	0.131	11		吉林	0.120	19
	四川	0.127	15		山西	0.119	22
	云南	0.125	16		辽宁	0.114	24
	湖北	0.124	18		黑龙江	0.102	25
	江西	0.120	20		新疆	0.098	27
	福建	0.119	21		宁夏	0.095	28
	贵州	0.117	23		青海	0.094	29
	广西	0.101	26		内蒙古	0.088	30

注：本表根据表 3-1 整理。若出现指标值相同但排名不同的现象，是四舍五入保留三位小数所致。

① 此处按照原始数据计算，极差为 0.069，与表中数据存在差异。

② 此处按照原始数据计算，极差为 0.048，与表中数据存在差异。

（3）经济圈区域差异分析

从三大经济圈内各省（市）的情况看（如表 3–4 所示），京津冀经济圈资源利用与低碳效率指标指数值省际差异性较小，京津冀经济圈内 3 省（市）中，天津排名全国第 3 位，河北排名全国第 12 位，北京排名全国第 14 位；北京、天津、河北资源利用与低碳效率指数值均高于所有参评省（区、市）的平均值；排名第 1 位的天津和排名最靠后的北京极差为 0.019。

长三角经济圈的资源利用与低碳效率指标指数值省际差异则更不明显，长三角经济圈内 4 省（市）中，上海（第 2 位）、浙江（第 4 位）、江苏（第 8 位）、安徽（第 10 位）均位于全国前 10 位，资源利用与低碳效率指数值均高于所有参评省（区、市）的平均值；排名最靠前的上海和排名最靠后的安徽相差 0.017。

成渝双城经济圈资源利用与低碳效率指标指数值省际差异最小，成渝双城经济圈的重庆排名全国第 7 位，四川排名全国第 15 位，且指数值高于参评省（区、市）的平均水平，成渝双城经济圈的指标值极差为 0.012。

表 3–4　2020 年中国资源利用与低碳效率经济圈区域内部差异分析

区域	地区	指数值	排名	区域	地区	指数值	排名
京津冀经济圈	天津	0.146	3	长三角经济圈	上海	0.148	2
	河北	0.130	12		浙江	0.144	4
	北京	0.127	14		江苏	0.136	8
成渝双城经济圈	重庆	0.139	7		安徽	0.131	10
	四川	0.127	15				

注：本表根据表 3–1 整理。若出现指标值相同但排名不同的现象，是四舍五入保留三位小数所致。

3. 资源利用与低碳效率对区域低碳发展的影响分析

资源利用与低碳效率是低碳发展指数的四大一级指标之一，在省际低碳发展指数中所占权重为 20%。资源利用与低碳效率水平的差异直接影响着低碳发展水平的排序。表 3–5 中，位次变化列的值等于低碳发展指数排名减去对应的资源利用与低碳效率排名，数值为正表示该省（区、市）资源利用与低碳效率对其低碳发展的贡献为正，数值为负表示该省（区、市）资源利用与低碳效率对其低碳发展的贡献为负。

从测算结果可以发现，多数地区资源利用与低碳效率指数排序与低碳发展指数排序存在差异（如表 3–5 所示），从省际相对序列位次差异情况看，天津、重庆、海南、山东、陕西、云南、安徽、河南、河北、贵州、山西、甘肃、宁夏、新疆 14 个省（区、市）资源利用与低碳效率对其低碳发展的贡献为正；名次差异在 5 位（含 5 位）

以上的省（区、市）有 12 个，占比为 40%；排名差异 10 个位次及以上的省（市）有 7 个，依次是青海、福建、北京、山东、河北、甘肃和河南。山东、河北、甘肃和河南因资源利用与低碳效率指数较高而明显拉升了低碳发展指数。青海、福建和北京 3 个省（市）资源利用与低碳效率指数值则相反，较为明显地拉低了低碳发展指数水平。此外，低碳发展指数排名前 10 位的省（市）中，除上海、重庆、天津外，其余 7 个省（市）都表现出资源利用与低碳效率指数相对较弱，从而影响了低碳发展指数的进一步提升；低碳发展指数排名后 10 位的省（区）中，有 8 个省（区）资源利用与低碳效率的排名在后 10 位。

表 3-5　2020 年中国省际低碳发展指数和资源利用与低碳效率指数排名差异比较

地区	低碳发展指数排名	资源利用与低碳效率排名	位次变化	地区	低碳发展指数排名	资源利用与低碳效率排名	位次变化
北京	1	14	-13	陕西	16	13	3
上海	2	2	0	江西	17	20	-3
浙江	3	4	-1	云南	18	16	2
江苏	4	8	-4	安徽	19	10	9
广东	5	6	-1	河南	20	1	19
天津	6	3	3	黑龙江	21	25	-4
福建	7	21	-14	河北	22	12	10
重庆	8	7	1	辽宁	23	24	-1
湖南	9	11	-2	内蒙古	24	30	-6
湖北	10	18	-8	贵州	25	23	2
吉林	11	19	-8	广西	26	26	0
海南	12	9	3	山西	27	22	5
青海	13	29	-16	甘肃	28	17	11
四川	14	15	-1	宁夏	29	28	1
山东	15	5	10	新疆	30	27	3

注：本表根据表 0-3 和表 3-1 整理。若出现指标值相同但排名不同的现象，是四舍五入保留三位小数所致。

从东西方向区域分布来看，东部地区 10 个省（市）中，上海的资源利用与低碳效率排名与其低碳发展指数排名相比没有变化；天津、海南、山东、河北 4 个省（市）的资源利用与低碳效率排名高于低碳发展指数排名，领先位次分别为 3、3、10 和 10；浙江、广东、江苏、北京和福建 5 个省（市）的资源利用与低碳效率排名低于低碳发展指数排名，落后位次分别为 1、1、4、13 和 14；其中北京、福建落后低碳发展指数排名 10 名以上，制约了低碳发展指数的提升。平均而言，东部地区资源利用与低碳效率排名落后于其低碳发展指数排名0.7位，小幅拉低了低碳发展水平。在中部地区，山西、安徽和河南3个省的资源利用与低碳效率排名高于低碳发展指数排名，领先位次分别为5、9和19；湖南、江西和湖北3个省的资源利用与低碳效率排名低于低碳发展指数排名，落后位次分别为2、3和8；河南的资源利用与低碳效率排名高于低碳发展指数排名19名，极大地拉动了低碳发展指数。平均而言，中部地区资源利用与低碳效率排名领先于其低碳发展指数排名约3.3位，大幅度拉动了低碳发展水平。西部地区11个省（区、市）中，重庆、宁夏、云南、贵州、新疆、陕西、甘肃7个省（区、市）的资源利用与低碳效率排名高于其低碳发展指数排名，领先位次分别为1、1、2、2、3、3和11；四川、内蒙古和青海的资源利用与低碳效率排名均落后于其低碳发展指数排名，落后位次分别为1、6和16；广西的资源利用与低碳效率排名与其低碳发展指数排名相比没有变化。东北地区辽宁、黑龙江和吉林的资源利用与低碳效率排名均低于其低碳发展指数排名，落后位次分别为1、4和8；平均而言，东北地区资源利用与低碳效率排名落后于其低碳发展指数排名4.3位，大幅拉低了低碳发展水平。

从南北方向区域分布来看，南方地区15个省（区、市）中，上海和广西的资源利用与低碳效率排名与其低碳发展指数排名相比没有变化；重庆、云南、贵州、海南和安徽共5个省（市）的资源利用与低碳效率排名均领先于其低碳发展指数排名，领先位次分别为1、2、2、3和9；四川、广东、浙江、湖南、江西、江苏、湖北和福建共8个省（市）的资源利用与低碳效率排名均落后于其低碳发展指数排名，落后位次分别为1、1、1、2、3、4、8和14。平均而言，南方地区资源利用与低碳效率排名落后于其低碳发展指数排名1.13位，小幅度拉低了低碳发展水平。北方地区15个省（区、市）中，宁夏、天津、陕西、新疆、山西、山东、河北、甘肃和河南共9个省（区、市）的资源利用与低碳效率排名均领先于其低碳发展指数排名，领先位次分别为1、3、3、3、5、10、10、11和19；辽宁、黑龙江、内蒙古、吉林、北京和青海共6个省（区、市）的资源利用与低碳效率排名均落后于其低碳发展指数排名，落后位次分别为1、4、6、8、13和16。平均而言，北方地区资源利用与低碳效率排名领先于其低碳发展指数排名1.13位，小幅度拉动了低碳发展水平。

从经济圈的区域分布来看，京津冀经济圈3个省（市）中，天津和河北的资源利用与低碳效率排名均领先于其低碳发展指数排名，领先位次分别为3和10；北京的资源利用与低碳效率排名落后于其低碳发展指数排名，落后位次为13。平均而言，京津冀经济圈既有资源利用与低碳效率排名低于低碳发展指数排名10名及以上的北京，也有高于低碳发展指数排名10名及以上的河北，因此呈现两极分化的态势。长三角经济圈4个省（市）中，安徽的资源利用与低碳效率排名显著高于低碳发展指数排名，领先位次为 9；浙江、江苏 2 个省资源利用与低碳效率排名低于低碳发展指数排名，落后位次为 1 和 4；上海的资源利用与低碳效率排名与其低碳发展指数排名相比没有变化。平均而言，长三角经济圈资源利用与低碳效率排名领先于其低碳发展指数排名约 1 位，小幅度拉动了低碳发展水平。成渝双城经济圈中四川的资源利用与低碳效率排名落后于其低碳发展指数排名 1 位，重庆的资源利用与低碳效率排名领先于其低碳发展指数排名 1 位。平均而言，成渝双城经济圈的资源利用与低碳效率排名与其低碳发展指数排名相比没有变化。

二、省际资源利用与低碳效率比较分析

省际资源利用与低碳效率占省际低碳发展指数指标体系总权重的 20%，由资源利用指标和低碳效率指标 2 个二级指标构成，共 18 个三级指标。资源利用指标下设 9 个三级指标，低碳效率指标下设 9 个三级指标。其中正向指标 7 个，逆向指标 11 个。下面对资源利用指标和低碳效率指标进行区域比较分析。

1. 省际资源利用指标测算结果及分析

资源利用指标由“工业固体废物综合利用率”“工业用水重复利用率”“单位工业增加值能耗”“单位工业增加值水耗”“能源消费弹性系数”“单位地区生产总值能耗”“单位地区生产总值电力消费量”“人均生活用水量”和“人均居民生活用电量”9 个三级指标构成。资源利用指标占资源利用与低碳效率的权重为 50%，占低碳发展指数的 10%。各项三级指标的权重采用均权法确定，为 1.11%（见表 3–6）。

表 3–6　2020 年中国省际资源利用三级指标、权重及指标属性

指标序号	指标	权重	指标属性
1	工业固体废物综合利用率	1.11%	正
2	工业用水重复利用率	1.11%	正
3	单位工业增加值能耗	1.11%	负
4	单位工业增加值水耗	1.11%	负
5	能源消费弹性系数	1.11%	负
6	单位地区生产总值能耗	1.11%	负
7	单位地区生产总值电力消费量	1.11%	负
8	人均生活用水量	1.11%	负
9	人均居民生活用电量	1.11%	负

注：本表内容由本报告课题组在 2021 年研讨会上讨论确定。

测算结果表明（如表 3-7 所示），资源利用指标排名最高的河南为 0.085，资源利用指标排名中排名最低的宁夏为 0.043。30 个省（区、市）指标值的极差为 0.042。共有 18 个省（市）指数值高于参评省（区、市）的平均值。

从分省排名情况上看，排在资源利用指标前 10 位的省（市）依次是：河南、山东、天津、浙江、安徽、河北、广东、甘肃、云南、陕西。其中，东部省（市）5 个，中部省 2 个，西部省 3 个，东北地区没有省份的资源利用指标排名进入全国前 10 位。

排在资源利用指标第 11—20 位的省（市）是：江苏、吉林、四川、重庆、湖北、上海、贵州、湖南、山西、福建。其中，东部省（市）3 个，中部省 3 个，西部省（市）3 个，东北省份 1 个。

排在资源利用指标后 10 位的省（区、市）是：江西、辽宁、黑龙江、海南、北京、广西、青海、新疆、内蒙古、宁夏。其中，东部省（市）2 个，中部省 1 个，西部省（区）5 个，东北省份 2 个。

表 3-7　2020 年中国省际资源利用指标指数及排名

地区＼指标	资源利用指标		地区＼指标	资源利用指标	
	指数值	排名		指数值	排名
河南	0.085	1	上海	0.067	16
山东	0.080	2	贵州	0.065	17
天津	0.079	3	湖南	0.065	18
浙江	0.074	4	山西	0.063	19
安徽	0.073	5	福建	0.063	20
河北	0.072	6	江西	0.063	21
广东	0.072	7	辽宁	0.061	22
甘肃	0.070	8	黑龙江	0.060	23
云南	0.070	9	海南	0.058	24
陕西	0.069	10	北京	0.056	25
江苏	0.069	11	广西	0.056	26
吉林	0.068	12	青海	0.049	27
四川	0.067	13	新疆	0.049	28
重庆	0.067	14	内蒙古	0.044	29
湖北	0.067	15	宁夏	0.043	30

注：1. 以上数据及排名根据《中国统计年鉴 2021》《中国能源统计年鉴 2020》《中国环境统计年鉴 2020》《中国电力统计年鉴 2021》等测算。2. 为了便于后文进行比较分析，基于算术平均方法，课题组测算得到 30 个参评省（区、市）的资源利用指标的平均水平为 0.065。3. 若出现指标值相同但排名不同的现象，是四舍五入保留三位小数所致。

（1）东西方向区域差异分析

从资源利用指标的东西方向区域分布来看（如图 3-5 所示），整体呈现出东部地区和中部地区的整体情况较好，东北地区次之，西部地区的资源利用指标较差的局面。从指标值上看，东部地区资源利用指标值的极差为 0.024，区域内各省（市）指数值存在较为明显的差异。山东、天津、浙江、河北、广东的资源利用指标值进入全国前 10 位，其中排名最靠前的是山东，排第 2 位，海南和北京的资源利用指标值位于全国后 10 位，其中最靠后的为北京，排第 25 位。中部地区极差为 0.022，区域内省际差异小于东部地区。河南和安徽的资源利用指标值进入全国前 10 位，其中最靠前的是河南，排第 1 位，江西的资源利用指标值位于全国后 10 位，其中最靠后的江西排第 21 位。西部地区极差为 0.026[①]，区域内各省（区、市）资源利用指标指数值差异明显。甘肃、云南、陕西的资源利用指标值进入全国前 10 位，其中最靠前的是甘肃，排第 8 位，广西、新疆、宁夏、青海和内蒙古的资源利用指标值位于全国后 10 位，其中最靠后的是宁夏，排第 30 位。东北地区极差为 0.008，区域内省际指数值差异较小。吉林排全国第 12 位，辽宁排第 22 位，黑龙江排第 23 位。

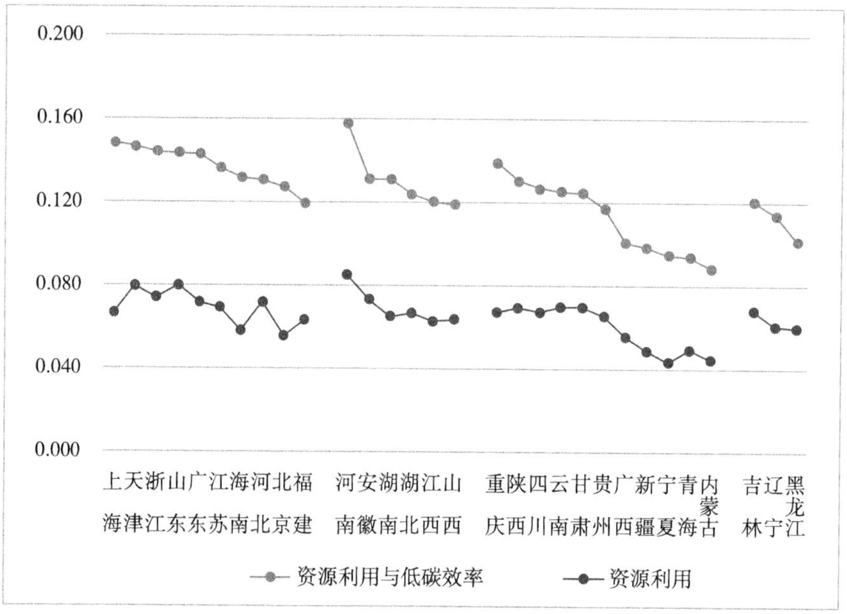

图 3-5　2020 年中国资源利用指标和资源利用与低碳效率指数东西方向区域对比

注：本图从东部、中部、西部和东北地区划分的角度，根据资源利用与低碳效率指数大小自左到右排列。

① 此处按照原始数据计算，极差为 0.026，与表中数据存在差异。

（2）南北方向区域差异分析

从资源利用指标的南北方向区域分布来看（如图 3-6 所示），北方地区的资源利用指标极差较大，平均值也低于南方地区。南方 15 个省（区、市）资源利用指标平均值为 0.066，排在资源利用指标前 10 位的省（市）有 4 个，依次为浙江、安徽、广东、云南；排在第 11–20 位的有 8 个，依次为江苏、四川、重庆、湖北、上海、贵州、湖南和福建；排在第 21–30 位的有 3 个，依次为江西、海南和广西。资源利用指标指数值高于所有参评省（区、市）平均值的省（市）有 11 个，依次为浙江、安徽、广东、云南、江苏、四川、重庆、湖北、上海、贵州和湖南；排名全国第 4 位的浙江和排名第 26 位的广西指数值极差为 0.018。北方地区资源利用指标平均值为 0.063，排在资源利用指标前 10 位的省（市）有 6 个，分别是河南、山东、天津、河北、甘肃和陕西；排在第 11–20 位的有 2 个，分别为吉林和山西；排在第 21–30 位的有 7 个，依次为辽宁、黑龙江、北京、青海、新疆、内蒙古和宁夏。资源利用指标指数值高于所有参评省（区、市）平均值的省（市）有 7 个，依次为河南、山东、天津、河北、甘肃、陕西和吉林。排名全国第 1 位的河南和排名第 30 位的宁夏指数值极差为 0.042。

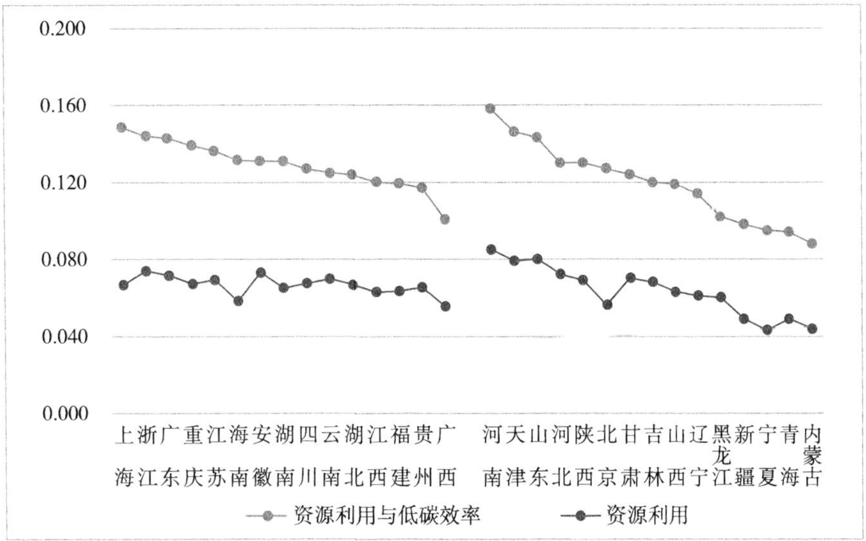

图 3-6　2020 年中国资源利用指标和资源利用与低碳效率指数南北方向区域对比

注：本图从南方、北方地区划分的角度，根据资源利用与低碳效率指数大小自左到右排列。

（3）经济圈区域差异分析

从资源利用指标的经济圈区域分布来看（如图 3-7 所示），总体来看，长三角经济圈的资源利用指标相对较高，要优于京津冀经济圈和成渝双城经济圈。京津冀经济圈资源利用指标平均值为 0.069，京津冀经济圈内天津、河北和北京 3 省（市）的资源利用水平依次排在第 3、6、25 位，排名最靠前的天津和排名最靠后的北京极差为 0.024①，区域内资源利用指数值省际差异相对较大。长三角经济圈资源利用指标平均值为 0.071，浙江资源利用指标排名全国第 4 位，安徽排名第 5 位，江苏和上海分列第 11 位和 16 位，且长三角经济圈内地区指数值均高于所有参评省（区、市）的平均值，排名最靠前的浙江和排名最靠后的上海极差为 0.007，区域内资源利用指数值省际差异相对较小。成渝双城经济圈地区资源利用指标平均值为 0.067，极差不足 0.001，是区域经济圈中资源利用指标差异最小的地区，在全国资源利用指标排名中，四川排第 13 位，重庆排第 14 位，且指数值均高于所有参评省（区、市）的平均值。

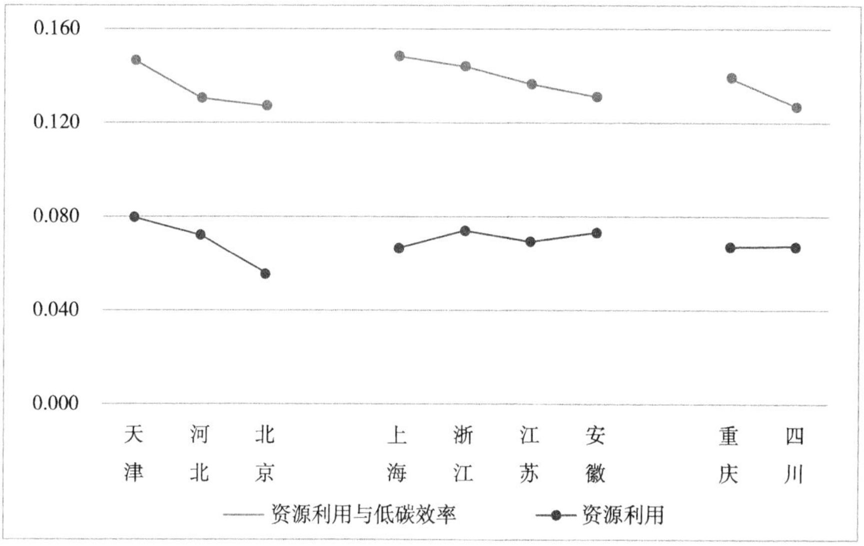

图 3–7　2020 年中国资源利用指标和资源利用与低碳效率指数经济圈区域对比

注：本图从京津冀经济圈、长三角经济圈、成渝双城经济圈划分的角度，根据资源利用与低碳效率指数大小自左到右排列。

2. 省际低碳效率指标测算结果及分析

低碳效率指标由“单位地区生产总值二氧化硫排放量”“单位地区生产总值化学需氧量排放量”“单位地区生产总值氮氧化物排放量”“单位地区生产总值氨氮排放量”“碳生产率”“工业二氧化硫排放量减少率（%）”“工业废水化学需氧量排放量减少率（%）”“工业氮氧化物排放量减少率（%）”和“工业废水氨氮排放量减少率（%）”9 个三级指标构成。低碳效率指标占资源利用与低碳效率的权重为 50%，占低碳发展指数的 10%。各项三级指标的权重采用均权法确定，为 1.11%（见表 3–8）。

① 此处按照原始数据计算，极差为 0.024，与表中数据存在差异。

表 3-8　2020 年中国省际低碳效率三级指标、权重及指标属性

指标序号	指标	权重	指标属性
1	单位地区生产总值二氧化硫排放量	1.11%	负
2	单位地区生产总值化学需氧量排放量	1.11%	负
3	单位地区生产总值氮氧化物排放量	1.11%	负
4	单位地区生产总值氨氮排放量	1.11%	负
5	碳生产率	1.11%	正
6	工业二氧化硫排放量减少率（%）	1.11%	正
7	工业废水化学需氧量排放量减少率（%）	1.11%	正
8	工业氮氧化物排放量减少率（%）	1.11%	正
9	工业废水氨氮排放量减少率（%）	1.11%	正

注：本表内容由本报告课题组在 2021 年研讨会上讨论确定。

测算结果表明（如表 3-9），低碳效率指标的地区差异较大，极差为 0.040。其中，低碳效率指标指数值最高的是上海，为 0.082；指标值最低的黑龙江为 0.042。全国参评的 30 个省（区、市）低碳效率指标的平均值为 0.059，有 13 个省（市）高于所有参评省（区、市）的平均值。

从分省（区、市）排名情况看，低碳效率指标排名前 10 位的省（市）分别是：上海、海南、河南、重庆、北京、广东、浙江、江苏、天津、湖南。其中，东部地区有 7 个省（市）位列前 10 位之中，分别是上海、天津、浙江、广东、江苏、海南、北京；中部地区有河南、湖南入围；西部地区只有重庆入围；东北地区没有省份的低碳效率指标排名前 10 位。

低碳效率指标排名位于第 11—20 名的省份分别是：山东、陕西、四川、河北、安徽、江西、湖北、福建、云南、山西。其中，中部地区省份有 4 个，分别为安徽、湖北、江西、山西。东部地区有 3 个省，分别为山东、河北、福建。西部地区有 3 个省，分别为陕西、四川、云南。

低碳效率指标排名位于后 10 位的省（区）分别是：甘肃、辽宁、吉林、贵州、宁夏、新疆、广西、青海、内蒙古、黑龙江。其中，有 7 个省（区）来自西部地区，分别是：甘肃、贵州、宁夏、新疆、广西、青海、内蒙古；东北地区辽宁、吉林、黑龙江全部排名在后 10 位；而东部和中部地区没有排名位于后 10 位的省（市）。

表 3–9　2020 年中国省际低碳效率指标指数及排名

指标 / 地区	低碳效率指标		指标 / 地区	低碳效率指标	
	指数值	排名		指数值	排名
上海	0.082	1	江西	0.057	16
海南	0.073	2	湖北	0.057	17
河南	0.073	3	福建	0.056	18
重庆	0.072	4	云南	0.055	19
北京	0.072	5	山西	0.055	20
广东	0.071	6	甘肃	0.055	21
浙江	0.070	7	辽宁	0.054	22
江苏	0.067	8	吉林	0.052	23
天津	0.067	9	贵州	0.052	24
湖南	0.066	10	宁夏	0.051	25
山东	0.063	11	新疆	0.049	26
陕西	0.061	12	广西	0.045	27
四川	0.059	13	青海	0.044	28
河北	0.059	14	内蒙古	0.044	29
安徽	0.058	15	黑龙江	0.042	30

注：1. 以上数据及排名根据《中国统计年鉴 2021》《中国能源统计年鉴 2020》《中国环境统计年鉴 2020》《中国电力统计年鉴 2021》等测算。2. 为了便于后文进行比较分析，基于算术平均方法，课题组测算得到 30 个参评省（区、市）的低碳效率指标的平均水平为 0.059。3. 若出现指标值相同但排名不同的现象，是四舍五入保留三位小数所致。

（1）东西方向区域差异分析

从低碳效率指标的东西方向区域分布来看（如图 3–8 所示），总的来看，东部地区的低碳效率明显高于其他三个地区，中部地区紧随其后，西部地区的低碳效率再次，东北地区的低碳效率稍差。东部地区低碳效率较好，但区域内各省（市）低碳效率指标指数值差异较为明显，指标值平均值为 0.068，东部地区有 7 个省（市）低碳效率指数值位于全国前 10 位，依次为上海、海南、北京、广东、浙江、江苏和天津，山东、河北和福建分列全国第 11、14 和 18 位，东部地区排名最靠前的上海和排名最靠后的福建低碳效率指标值极差为 0.026。中部地区低碳效率指标值平均值为 0.061，中部地区低碳效率稍差于东部地区，但区域内各省低碳效率指标指数值差异并不明显，河南和湖南低碳效率指数值位于全国前 10 位，安徽、江西、湖北、山西分列全国第 15、16、17 和 20 位，中部地区排名最靠前的河南和排名最靠后的山西低碳效率指标值极差为 0.017①。西部地区低碳效率较差，且区域内各省（区、市）低碳效率指标指数值差异

① 此处按照原始数据计算，极差为 0.017，与表中数据存在差异。

明显，西部地区低碳效率指标值平均值为 0.053，排名最靠前的是重庆，排名第 4 位，陕西、四川、云南分列全国第 12、13、19 位，排在第 21—30 位的有 7 个，依次为甘肃、贵州、宁夏、新疆、广西、青海和内蒙古，西部地区排名最靠前的重庆和排名最靠后的内蒙古低碳效率指标值极差为 0.028。东北地区低碳效率最差，但区域内各省低碳效率指标指数值差异最小，东北地区低碳效率指标值平均值为 0.049，辽宁排名全国第 22 位，吉林排名全国第 23 位，黑龙江排名全国第 30 位，东北地区低碳效率指标值极差为 0.012。

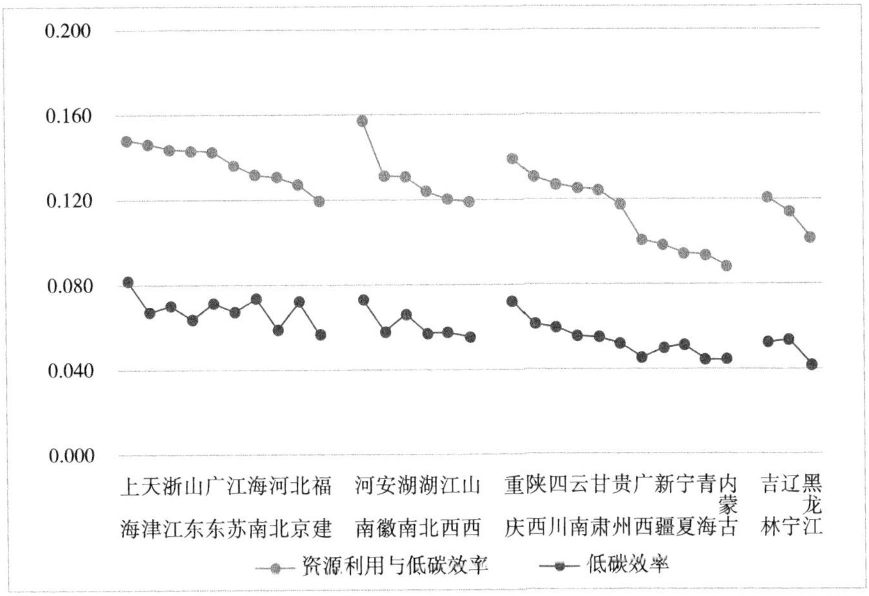

图 3–8　2020 年中国低碳效率指标和资源利用与低碳效率指数东西方向区域对比

注：本图从东部、中部、西部和东北地区划分的角度，根据资源利用与低碳效率指数大小自左到右排列。

（2）南北方向区域差异分析

从低碳效率指标的南北方向区域分布来看（如图 3–9 所示），南方地区低碳效率水平较高，区域内省际差异相对较大。南方地区低碳效率指标平均值为 0.063，南方 15 个省（区、市）中，位于全国排名前 10 位的有 7 个，依次为上海、海南、重庆、广东、浙江、江苏和湖南；排在第 11—20 位的有 6 个，依次为四川、安徽、江西、湖北、福建和云南；仅有贵州和广西排在第 21—30 位。低碳效率指标指数值高于所有参评省（区、市）平均值的省（市）有 8 个，依次为上海、海南、重庆、广东、浙江、江苏、湖南和四川；排名全国第 1 位的上海和排名第 27 位的广西指数值极差为 0.037。北方地区低碳效率水平较低，但区域内省际差异相对较小。北方地区低碳效率指标平均值为 0.056，北方 15 个省（区、市）中，位于全国排名前 10 位的有 3 个，依次为河南、北京和天津；排在第 11—20 位的有 4 个，依次为山东、陕西、河北和山西；排在第 21—30 位的有 8 个，依次为甘肃、辽宁、吉林、宁夏、新疆、青海、内蒙古和黑龙江。低碳效率指数值高于所有参评省（区、市）平均值的省（市）有 5 个，依次为河南、北京、天津、山东和陕西；排名全国第 3 位的河南和排名第 30 位的黑龙江指数值极差为 0.031。

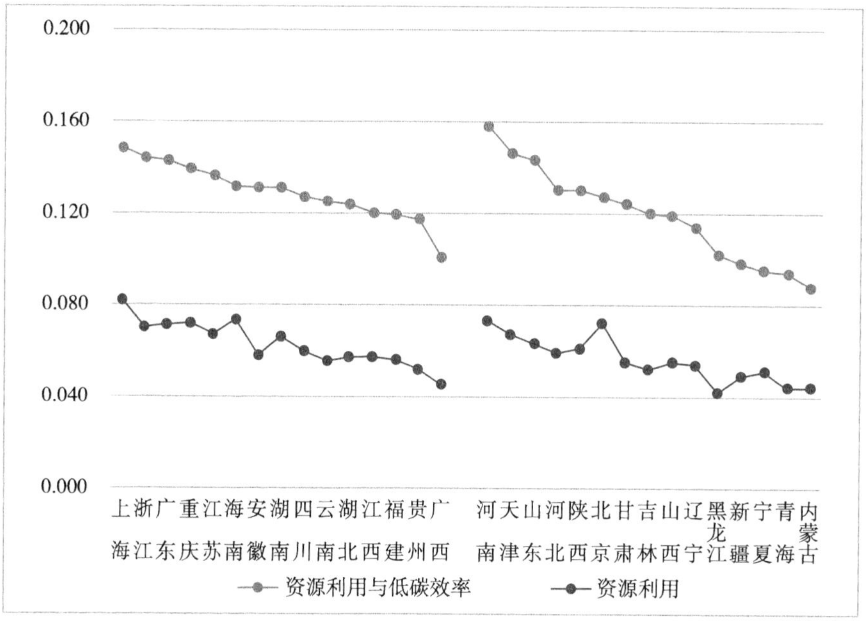

图 3-9　2020 年中国低碳效率指标和资源利用与低碳效率指数南北方向区域对比

注：本图从南方、北方地区划分的角度，根据资源利用与低碳效率指数大小自左到右排列。

（3）经济圈区域差异分析

从低碳效率指标的经济圈区域分布来看（如图 3-10 所示），总的来看，不同经济圈低碳效率指标的差异并不显著，长三角经济圈低碳效率指标的极差略大于其他两个经济圈。京津冀经济圈低碳效率指标平均值为 0.066，京津冀经济圈内北京、天津和河北 3 省（市）的低碳效率水平依次排在第 5、9、14 位，排名最靠前的北京和排名最靠后的河北极差为 0.013。长三角经济圈低碳效率指标平均值为 0.069，长三角经济圈内上海、浙江、江苏和安徽 4 省（市）的低碳效率水平依次排在第 1、7、8、15 位，排名最靠前的上海和排名最靠后的安徽极差为 0.024，是经济圈中内部差异最大的。成渝双城经济圈地区低碳效率指标平均值为 0.066，极差为 0.012①，在全国低碳效率指标排名中，重庆排第 4 位，四川排第 13 位。

① 此处按照原始数据计算，极差为 0.012，与表中数据存在差异。

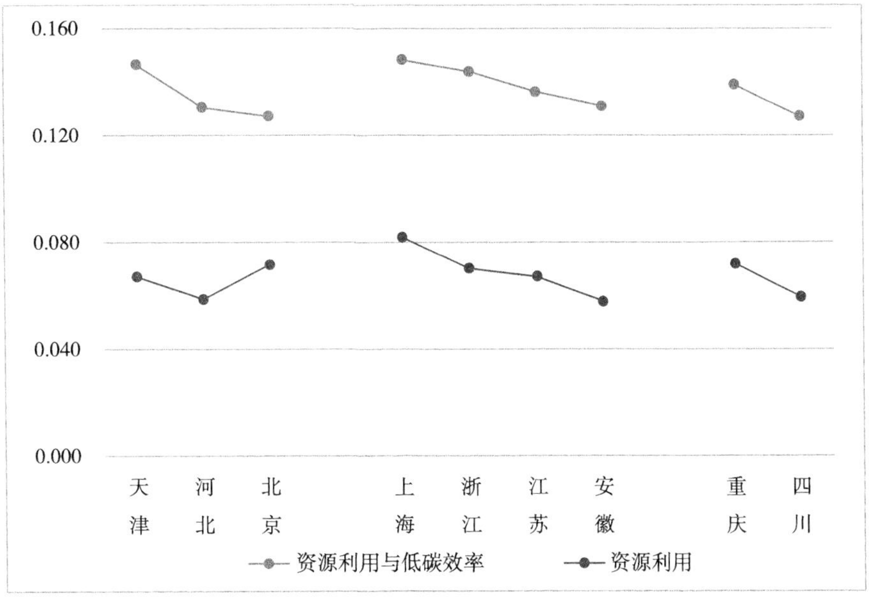

图 3-10　2020 年中国低碳效率指标和资源利用与低碳效率指数经济圈区域对比

注：本图从京津冀经济圈、长三角经济圈、成渝双城经济圈划分的角度，根据资源利用与低碳效率指数大小自左到右排列。

第四章

省际低碳响应与社会福利测算及分析

低碳响应与社会福利是低碳发展指数的四大一级指标之一，对其进行科学的测算与分析，旨在客观反映各地区政府为促进低碳发展、提高居民社会福利水平所做出的努力。本章以低碳响应与社会福利的测算结果为基础，利用 2020 年的年度数据，基于区域比较的视角，分别从低碳响应和社会福利两个方面分析中国 30 个省（区、市）的低碳响应与社会福利，探讨低碳响应与社会福利和地区低碳发展之间的关系。

一、省际低碳响应与社会福利的测算结果

根据“中国省际低碳发展指数指标体系”中低碳响应与社会福利的测度指标体系和权重标准，中国 30 个省（区、市）低碳响应与社会福利指数及两项分指数的测算结果及排名如下（如表 4–1 所示）。

表 4–1　2020 年中国省际低碳响应与社会福利指数及排名

指标 地区	低碳响应与社会福利		二级指标			
			低碳响应		社会福利	
	指数值	排名	指数值	排名	指数值	排名
北京	0.209	1	0.073	10	0.136	1
浙江	0.197	2	0.080	8	0.117	3
上海	0.188	3	0.064	23	0.125	2
湖南	0.179	4	0.089	2	0.090	7
青海	0.170	5	0.082	5	0.088	9
江苏	0.168	6	0.064	22	0.104	4
广东	0.162	7	0.067	20	0.095	6
海南	0.161	8	0.072	13	0.089	8
湖北	0.159	9	0.090	1	0.069	16
福建	0.152	10	0.057	28	0.096	5
内蒙古	0.151	11	0.084	4	0.067	19
贵州	0.149	12	0.081	7	0.068	18
广西	0.148	13	0.073	12	0.075	12
安徽	0.145	14	0.070	17	0.075	11
四川	0.142	15	0.088	3	0.054	28
吉林	0.141	16	0.078	9	0.062	24

续表

指标 地区	低碳响应与社会福利		二级指标			
			低碳响应		社会福利	
	指数值	排名	指数值	排名	指数值	排名
天津	0.140	17	0.062	25	0.078	10
云南	0.140	18	0.065	21	0.075	13
黑龙江	0.139	19	0.070	18	0.070	15
辽宁	0.135	20	0.070	15	0.065	22
江西	0.134	21	0.067	19	0.067	20
重庆	0.132	22	0.073	11	0.059	26
陕西	0.132	23	0.071	14	0.061	25
河北	0.128	24	0.081	6	0.047	29
山东	0.127	25	0.053	30	0.075	14
宁夏	0.127	26	0.060	26	0.067	21
甘肃	0.126	27	0.057	27	0.068	17
新疆	0.119	28	0.056	29	0.063	23
河南	0.119	29	0.063	24	0.055	27
山西	0.116	30	0.070	16	0.046	30

注：1. 本表根据“中国省际低碳发展指数指标体系”中低碳响应与社会福利的指标体系，依各指标 2020 年数据测算而得。2. 本表各省（区、市）按照低碳响应与社会福利的指数值从大到小排序。3. 本表一级指标低碳响应与社会福利指数值等于低碳响应指标和社会福利指标两个二级指标指数值之和。4. 以上数据及排名根据《中国统计年鉴 2021》《中国电力统计年鉴 2021》、各省（区、市）人民政府网站公开内容等测算。5. 为了便于后文进行比较分析，基于算术平均方法，课题组测算得到 30 个参评省（区、市）的低碳响应与社会福利指数的平均水平为 0.148，低碳响应指标的平均水平为 0.071，社会福利指标的平均水平为 0.077。6 若出现指标值相同但排名不同的现象，是四舍五入保留三位小数所致。

从表 4–1 中看到，指数值最高的北京为 0.209，远高于所有参评省（区、市）低碳响应与社会福利的平均值 0.148，最低的山西仅为 0.116，极差为 0.093；有 13 个省（区、市）指数值高于低碳响应与社会福利的平均值[①]。排在低碳响应与社会福利指数值前 10 位的省（市）依次是：北京、浙江、上海、湖南、青海、江苏、广东、海南、湖北和福建（如图 4–1 所示）。其中，低碳响应指标指数值排名前 10 位的省（区、市）依次是：湖北、湖南、四川、内蒙古、青海、河北、贵州、浙江、吉林和北京；社会福利指标指数值排名前 10 位的省（市）依次是：北京、上海、浙江、江苏、福建、广东、湖南、海南、青海和天津。

根据表 4–1 中各地区低碳响应与社会福利的指数值可绘制出图 4–1。其中，横轴为低碳响应与社会福利指数值，纵轴为省（区、市）名称。低碳响应与社会福利指数值

① 此处按照原始数据，排名第 13 位的广西低碳响应与社会福利指数值高于平均值 0.148。

用绿色条框表示，绿色条框越长，指数值越大；所有参评省（区、市）低碳响应与社会福利的平均值用垂直于横轴的虚线表示。由图 4-1 看出，北京、浙江等 13 个省（区、市）指数值高于该平均值，安徽、四川等 17 个省（区、市）指数值低于该平均值。

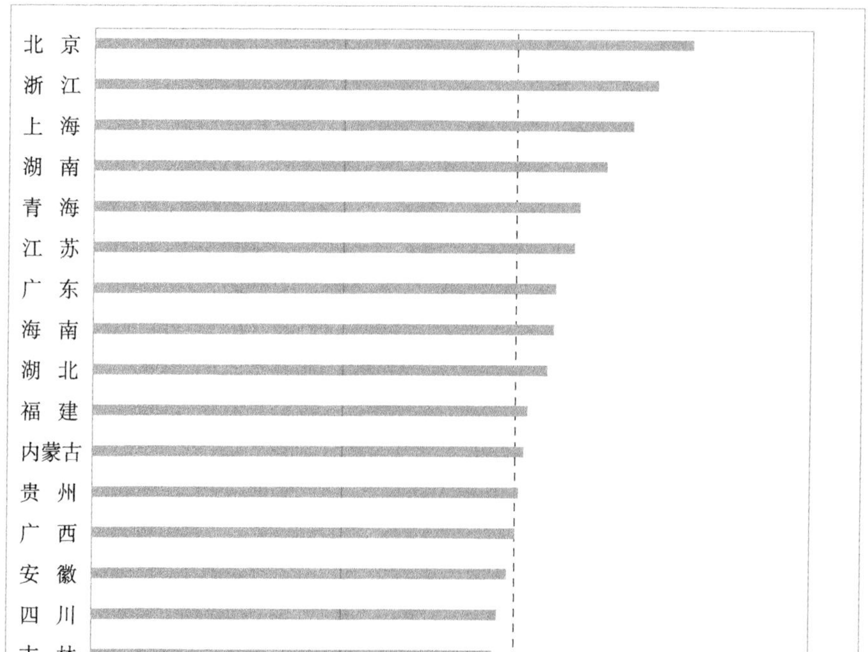

图 4-1　2020 年中国省际低碳响应与社会福利指数排名比较

注：本图根据表 4-1 制作，指数值由高到低排列，虚线表示所有参评省（区、市）低碳响应与社会福利指数的平均值。

1. 低碳响应与社会福利的区域间差异分析

（1）东西方向区域差异分析

从低碳响应与社会福利的东西方向区域分布来看，低碳响应与社会福利总体呈现东部最好、中西部较好、东北地区稍低的局面。从图 4–2 中可以看出，东部地区低碳响应与社会福利指数平均值最高，为 0.163；中部和西部次之，均低于所有参评省（区、市）低碳响应与社会福利的平均值，分别为 0.142 和 0.140；东北地区最低，为 0.138。从排名看，低碳响应与社会福利指数值全国排名前 10 位的省（市）中有 7 个来自东部地区，2 个来自中部地区，1 个来自西部地区；进入排名前 15 位的省（区、市）中，有 7 个来自东部地区，3 个来自中部地区，5 个来自西部地区。

具体来看，东部地区总体水平明显高于其他三大地区。东部 10 省（市）中，有 7 个排在全国前 10 位，依次是北京、浙江、上海、江苏、广东、海南和福建；其他 3 个省（市）天津、河北、山东依次排在第 17、24、25 位。中部总体水平较高。中部 6 省中，湖南、湖北依次位列第 4、9 位；安徽位列第 14 位；江西、河南和山西依次位列第 21、29、30 位。西部地区总体水平稍低于中部地区。西部 11 省（区、市）中，青海居全国第 5 位的水平；内蒙古、贵州、广西、四川和云南排在第 11—20 位；重庆和陕西排在第 21—25 位；其他 3 个省（区）排在第 26—30 位，依次是宁夏、甘肃和新疆。东北 3 省总体水平相对最低。其中，吉林、黑龙江、辽宁分列第 16、19、20 位。

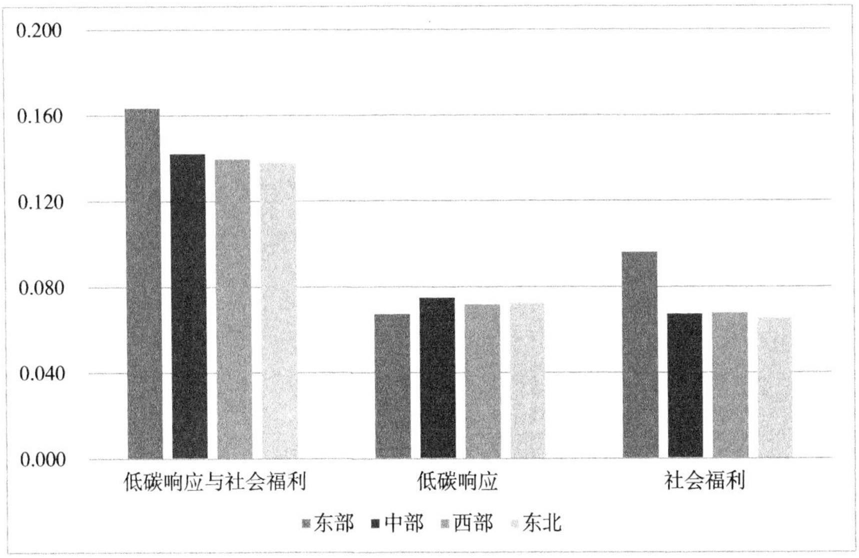

图 4–2　2020 年中国东西方向区域间低碳响应与社会福利对比图

注：本图中数据为四大区域中各省（区、市）低碳响应与社会福利指数的算术平均值。

就低碳响应与社会福利的两个分指标而言，东西方向区域间的差异也非常显著。

其中，社会福利指数的区域间差异较大，东部地区平均值为 0.096，明显高于全国平均水平及其他三个地区；其次是西部、中部、东北地区，社会福利指数平均值依次为 0.068、0.067 和 0.065[①]，均低于全国平均水平。低碳响应指数的区域间差异相对较小，中部、东北、西部地区水平相差较少，平均值依次为 0.075、0.073 和 0.072，均高于全国平均水平；东部地区水平相对较低，低碳响应指数平均值为 0.067，且低于全国平均水平。总体来看，东部地区的低碳响应与社会福利具有较明显的优势，而东北地区在该项指标上则相对逊色；低碳发展起步较晚且社会福利水平相对较低的中部、西部和东北地区，在低碳响应指标上有一定优势，而东部地区相较于其他地区而言，其自身政策响应的提升空间有限，低碳响应水平相对较低。

（2）南北方向区域差异分析

从低碳响应与社会福利的南北方向区域分布来看，低碳响应与社会福利总体呈现南方明显好于北方的局面。从图 4-3 中可以看出，南方地区低碳响应与社会福利指数平均值较高，为 0.157，且高于所有参评省（区、市）低碳响应与社会福利的平均值；北方地区低碳响应与社会福利指数平均值偏低，为 0.139，且低于所有参评省（区、市）低碳响应与社会福利的平均值。从排名看，低碳响应与社会福利指数值全国排名前 10 位的省（市）中有 8 个来自南方地区，2 个来自北方地区；进入排名前 15 位的省（区、市）中，有 12 个来自南方地区，3 个来自北方地区。

具体来看，南方总体水平明显高于北方地区。南方 15 省（区、市）中，有 8 个排在全国前 10 位，依次为浙江、上海、湖南、江苏、广东、海南、湖北和福建；5 个排在第 11—20 位，依次为贵州、广西、安徽、四川和云南；其他 2 个省（市）江西、重庆依次排在第 21、22 位。北方总体水平相对较低。北方 15 省（区、市）中，北京和青海两个省（市）排在全国前 10 位；5 个省（区、市）排在第 11—20 位，依次为内蒙古、吉林、天津、黑龙江和辽宁；其他 8 个省（区）均排在第 21—30 位，依次为陕西、河北、山东、宁夏、甘肃、新疆、河南和山西。

就低碳响应与社会福利的两个分指标而言，南北方向区域间的差异也较为显著。其中，社会福利指数的区域间差异较大，南方地区平均值为 0.084，明显高于北方地区平均水平 0.070，且明显高于全国平均水平。低碳响应指数的区域间差异相对较小，南方地区平均值为 0.073，高于北方地区平均水平 0.069，且稍高于全国平均水平。总体来看，南方地区的低碳响应与社会福利具有较明显的优势，而北方地区在该项指标上则相对逊色。

① 此处按照原始数据计算，平均值为 0.065，与表中数据存在差异。

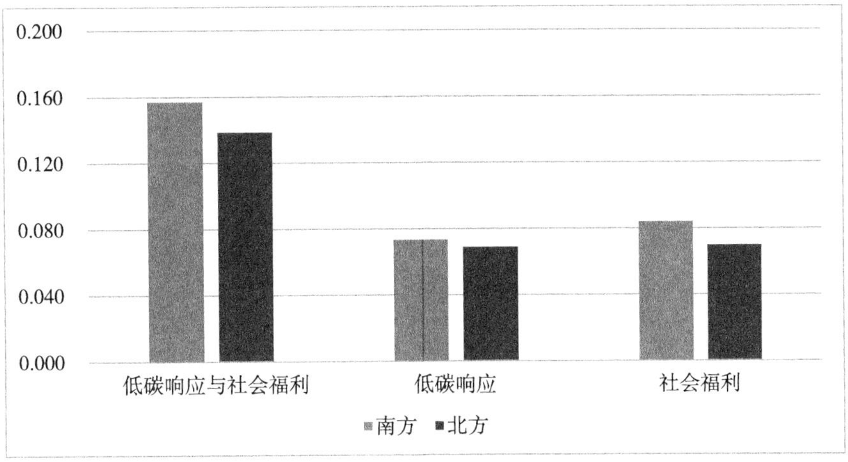

图 4–3　2020 年中国南北方向区域间低碳响应与社会福利对比图

注：本图中数据为南方、北方地区中各省（区、市）低碳响应与社会福利指数的算术平均值。

（3）经济圈区域差异分析

从低碳响应与社会福利的经济圈区域分布来看，低碳响应与社会福利总体呈现长三角经济圈最好、京津冀经济圈次之、成渝双城经济圈最低的局面。从图 4–4 中可以看出，长三角经济圈低碳响应与社会福利指数平均值最高，为 0.175，远高于所有参评省（区、市）低碳响应与社会福利的平均值；京津冀经济圈低碳响应与社会福利指数平均值较高，为 0.159，高于所有参评省（区、市）低碳响应与社会福利的平均值；成渝双城经济圈最低，为 0.137，低于所有参评省（区、市）低碳响应与社会福利的平均值。从排名看，低碳响应与社会福利指数值全国排名前 10 位的省（市）中有 3 个来自长三角经济圈，1 个来自京津冀经济圈；进入排名前 15 位的省（区、市）中，有 4 个来自长三角经济圈，1 个来自京津冀经济圈，1 个来自成渝双城经济圈。

具体来看，长三角经济圈总体水平明显高于其他两大经济圈。长三角经济圈 4 省（市）中，浙江、上海、江苏 3 个省（市）均排在全国前 10 位；安徽排在第 14 位。京津冀经济圈总体水平稍低于长三角经济圈。京津冀经济圈 3 省（市）中，北京排在全国第 1 位；天津排在全国第 17 位；河北排在全国第 24 位。成渝双城经济圈总体水平相对最低。其中，四川、重庆分列全国第 15、22 位。

就低碳响应与社会福利的两个分指标而言，经济圈间的差异也非常显著。其中，社会福利指数的区域间差异较大，长三角经济圈平均值为 0.105，明显高于全国平均水平及其他两大经济圈；其次是京津冀经济圈，其社会福利指数平均值为 0.087，稍高于全国平均水平；成渝双城经济圈平均值为 0.056①，远低于其他两大经济圈且低于全

① 此处按照原始数据计算，平均值为 0.056，与表中数据存在差异。

国平均水平。低碳响应指数的区域间差异相对较小，成渝双城经济圈最高，平均值为0.081，且高于全国平均水平，成渝双城经济圈的低碳发展追赶潜力较大；京津冀经济圈次之，平均值为0.072，稍高于全国平均水平；长三角经济圈最低，低碳响应指数平均值为0.069[①]，且稍低于全国平均水平，长三角经济圈低碳政策响应的提升空间相对有限。总体来看，长三角经济圈的低碳响应与社会福利具有较明显的优势，而成渝双城经济圈在该项指标上则相对逊色；低碳发展起步较晚且社会福利水平相对较低的成渝双城经济圈，正通过推行低碳政策，积极响应低碳发展，而对于低碳发展起步较早且社会福利水平较高的京津冀经济圈与长三角经济圈，两地低碳政策响应的提升空间相对有限，低碳响应指数水平相对较低。

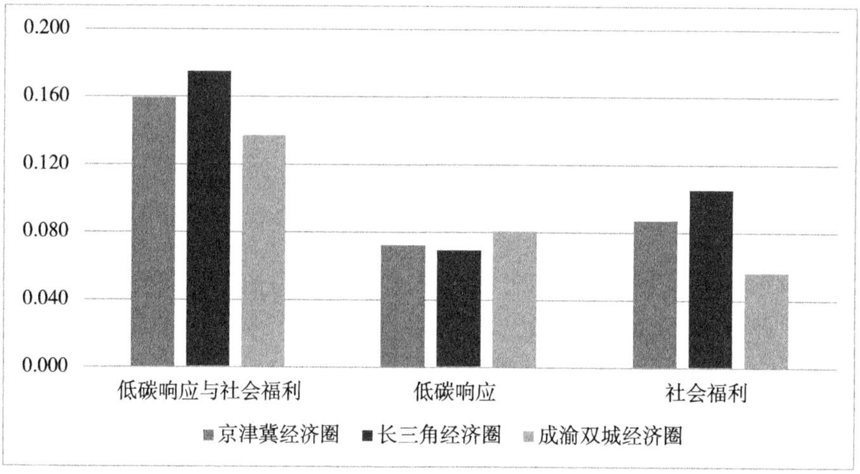

图 4–4　2020 年中国经济圈区域间低碳响应与社会福利对比图

注：本图中数据为三大经济圈中各省（区、市）低碳响应与社会福利指数的算术平均值。

2. 低碳响应与社会福利的区域内省际差异分析

（1）东西方向区域差异分析

从东西方向区域内各省（区、市）的情况看（如表 4–2 所示），东部地区低碳响应与社会福利指标指数值省际差异性明显，其中，北京、浙江、上海、江苏、广东、海南和福建 7 个省（市）排名在前 10 位，指数值均高于所有参评省（区、市）的平均值；天津、河北、山东依次位列第 17、24、25 名，指数值均低于所有参评省（区、市）的平均值；排名第 1 位的北京和排名最靠后的山东极差为 0.081[②]。

① 此处按照原始数据计算，平均值为 0.069，与表中数据存在差异。

② 此处按照原始数据计算，极差为 0.081，与表中数据存在差异。

中部地区低碳响应与社会福利指标指数值省际差异性较为明显，既存在全国排名第 4 位的湖南，又存在排名靠后的河南（第 29 位）和山西（第 30 位），排名最靠前的湖南和排名最靠后的山西相差 0.063；中部 6 省中，湖南和湖北的低碳响应与社会福利指数值高于所有参评省（区、市）的平均值，安徽、江西、河南和山西的指数值均低于所有参评省（区、市）的平均值。

西部地区低碳响应与社会福利指标指数值省际差异性也较为明显，既存在全国排名第 5 位的青海，又存在排名靠后的宁夏（第 26 位）、甘肃（第 27 位）和新疆（第 28 位），排名最靠前的青海和排名最靠后的新疆相差 0.051；西部 11 个省（区、市）中，青海排在全国前 10 位，内蒙古、贵州、广西、四川和云南 5 省（区）排在第 11—20 位，重庆、陕西、宁夏、甘肃和新疆 5 省（区、市）排在第 21—30 位；低碳响应与社会福利指标指数值高于所有参评省（区、市）平均值的省（区）有 4 个，依次为青海、内蒙古、贵州和广西。

东北地区低碳响应与社会福利指标指数值省际差异较小，吉林、黑龙江和辽宁低碳响应与社会福利指标指数值的排名位于全国中下游水平，均排在第 16—20 位，依次位列第 16、19、20 位，且指数值均低于所有参评省（区、市）的平均水平，排名最靠前的吉林和排名最靠后的辽宁极差为 0.006。

表 4–2　2020 年中国低碳响应与社会福利东西方向区域内部差异

<table>
<tr><th>区域</th><th>地区</th><th>指数值</th><th>排名</th><th>区域</th><th>地区</th><th>指数值</th><th>排名</th></tr>
<tr><td rowspan="10">东部</td><td>北京</td><td>0.209</td><td>1</td><td rowspan="11">西部</td><td>青海</td><td>0.170</td><td>5</td></tr>
<tr><td>浙江</td><td>0.197</td><td>2</td><td>内蒙古</td><td>0.151</td><td>11</td></tr>
<tr><td>上海</td><td>0.188</td><td>3</td><td>贵州</td><td>0.149</td><td>12</td></tr>
<tr><td>江苏</td><td>0.168</td><td>6</td><td>广西</td><td>0.148</td><td>13</td></tr>
<tr><td>广东</td><td>0.162</td><td>7</td><td>四川</td><td>0.142</td><td>15</td></tr>
<tr><td>海南</td><td>0.161</td><td>8</td><td>云南</td><td>0.140</td><td>18</td></tr>
<tr><td>福建</td><td>0.152</td><td>10</td><td>重庆</td><td>0.132</td><td>22</td></tr>
<tr><td>天津</td><td>0.140</td><td>17</td><td>陕西</td><td>0.132</td><td>23</td></tr>
<tr><td>河北</td><td>0.128</td><td>24</td><td>宁夏</td><td>0.127</td><td>26</td></tr>
<tr><td>山东</td><td>0.127</td><td>25</td><td>甘肃</td><td>0.126</td><td>27</td></tr>
<tr><td rowspan="6">中部</td><td>湖南</td><td>0.179</td><td>4</td><td>新疆</td><td>0.119</td><td>28</td></tr>
<tr><td>湖北</td><td>0.159</td><td>9</td><td rowspan="3">东北</td><td>吉林</td><td>0.141</td><td>16</td></tr>
<tr><td>安徽</td><td>0.145</td><td>14</td><td>黑龙江</td><td>0.139</td><td>19</td></tr>
<tr><td>江西</td><td>0.134</td><td>21</td><td>辽宁</td><td>0.135</td><td>20</td></tr>
<tr><td>河南</td><td>0.119</td><td>29</td><td></td><td></td><td></td><td></td></tr>
<tr><td>山西</td><td>0.116</td><td>30</td><td></td><td></td><td></td><td></td></tr>
</table>

注：本表根据表 4–1 整理。若出现指标值相同但排名不同的现象，是四舍五入保留三位小数所致。

（2）南北方向区域差异分析

从南北方向区域内各省（区、市）的情况看（如表 4–3 所示），北方地区低碳响应与社会福利指标指数值省际差异性明显，既存在全国排名第 1 位的北京，又存在排在所有参评省（区、市）第 23—30 位的陕西、河北、山东、宁夏、甘肃、新疆、河南和山西。除排名在全国前 15 位的北京、青海和内蒙古外，其余 12 个北方省（区、市）低碳响应与社会福利指标指数值均低于所有参评省（区、市）的平均值；排名第 1 位的北京和排名最靠后的山西极差为 0.093。

南方地区低碳响应与社会福利指标指数值省际差异相对较小。南方 15 个省（区、市）中，位于排名前 10 位的有 8 个，排在第 11—20 位的有 5 个，仅江西（第 21 位）和重庆（第 22 位）两个省（区、市）排在第 21—30 位；低碳响应与社会福利指标指数值高于所有参评省（区、市）平均值的省（区、市）有 10 个，依次为浙江、上海、湖南、江苏、广东、海南、湖北、福建、贵州和广西；排名最靠前的浙江和排名最靠后的重庆极差为 0.065。

表 4–3　2020 年中国低碳响应与社会福利南北方向区域内部差异

区域	地区	指数值	排名	区域	地区	指数值	排名
南方	浙江	0.197	2	北方	北京	0.209	1
	上海	0.188	3		青海	0.170	5
	湖南	0.179	4		内蒙古	0.151	11
	江苏	0.168	6		吉林	0.141	16
	广东	0.162	7		天津	0.140	17
	海南	0.161	8		黑龙江	0.139	19
	湖北	0.159	9		辽宁	0.135	20
	福建	0.152	10		陕西	0.132	23
	贵州	0.149	12		河北	0.128	24
	广西	0.148	13		山东	0.127	25
	安徽	0.145	14		宁夏	0.127	26
	四川	0.142	15		甘肃	0.126	27
	云南	0.140	18		新疆	0.119	28
	江西	0.134	21		河南	0.119	29
	重庆	0.132	22		山西	0.116	30

注：本表根据表 4–1 整理。若出现指标值相同但排名不同的现象，是四舍五入保留三位小数所致。

（3）经济圈区域差异分析

从三大经济圈内各省（市）的情况看（如表 4–4），京津冀经济圈低碳响应与社会福利指标指数值省际差异性明显，既存在全国排名第 1 位的北京，又存在排名靠后的河北（第 24 位）。京津冀经济圈内 3 省（市）中，除北京外，天津、河北低碳响应与社会福利指数值均低于所有参评省（区、市）的平均值；排名第 1 位的北京和排名最靠后的河北极差为 0.081。

长三角经济圈低碳响应与社会福利指标指数值省际差异相对较小。长三角经济圈内 4 省（市）中，浙江（第 2 位）、上海（第 3 位）、江苏（第 6 位）均位于全国前 10 位，低碳响应与社会福利指数值均高于所有参评省（区、市）的平均值；仅安徽（第 14 位）排在全国第 11—15 位；排名最靠前的浙江和排名最靠后的安徽相差 0.052。

成渝双城经济圈低碳响应与社会福利指标指数值省际差异最小。四川和重庆低碳响应与社会福利指标指数值的排名均位于全国中下游水平，依次位列第 15 和 22 位，且指数值均低于所有参评省（区、市）的平均水平，极差为 0.010。

表 4–4　2020 年中国低碳响应与社会福利经济圈区域内部差异

区域	地区	指数值	排名	区域	地区	指数值	排名
京津冀经济圈	北京	0.209	1	长三角经济圈	浙江	0.197	2
	天津	0.140	17		上海	0.188	3
	河北	0.128	24		江苏	0.168	6
成渝双城经济圈	四川	0.142	15		安徽	0.145	14
	重庆	0.132	22				

注：本表根据表 4–1 整理。若出现指标值相同但排名不同的现象，是四舍五入保留三位小数所致。

3. 低碳响应与社会福利对区域低碳发展的影响分析

低碳响应与社会福利是低碳发展指数的四大一级指标之一，在区域低碳发展指数中所占权重为 30%。低碳响应力度与社会福利水平的差异，直接影响着低碳发展水平的排序。表 4–5 中，差距列的值等于低碳发展指数排名减去对应的低碳响应与社会福利指数排名，数值为正表示该省（区、市）低碳响应与社会福利对其低碳发展的贡献为正，数值为负表示该省（区、市）低碳响应与社会福利对其低碳发展的贡献为负。

从测算结果可以发现，多数省（区、市）低碳响应与社会福利指数排序与低碳发展指数排序存在差异（表 4–5），名次差异在 5 位（含 5 位）以上的省（区、市）有 12 个，占比为 40%；排名差异 10 个位次及以上的省（区、市）有 6 个，依次是天津、重庆、山东、内蒙古、贵州和广西。内蒙古、贵州和广西 3 个省（区）因低碳响应与社会福利指数较高而明显拉升了低碳发展指数，可见经济发展水平欠佳且低碳发展起步较晚的地区展现出了明显的低碳发展追赶潜力。天津、重庆和山东 3 个省（市）低碳响应与社会福利指数值则相反，较为明显地拉低了低碳发展指数水平，可见经济发展水平较高且低碳发展起步较早的地区，其自身低碳政策响应和社会福利水平的提升空间相对有限。此外，低碳发展指数排名前 10 位的省（市）中，除北京、浙江、湖南、湖北外，其余 6 个省（市）的低碳响应与社会福利指数均相对较弱，从而影响了低碳发展指数的进一步提升；低碳发展指数排名后 10 位的省（区）中，有 5 个省（区）低碳响应与社会福利的排名在后 10 位。

表 4–5　2020 年中国省际低碳发展指数和低碳响应与社会福利指数排名差异比较

地区	低碳发展指数排名	低碳响应与社会福利排名	位次变化	地区	低碳发展指数排名	低碳响应与社会福利排名	位次变化
北京	1	1	0	陕西	16	23	–7
上海	2	3	–1	江西	17	21	–4
浙江	3	2	1	云南	18	18	0
江苏	4	6	–2	安徽	19	14	5
广东	5	7	–2	河南	20	29	–9
天津	6	17	–11	黑龙江	21	19	2
福建	7	10	–3	河北	22	24	–2
重庆	8	22	–14	辽宁	23	20	3
湖南	9	4	5	内蒙古	24	11	13
湖北	10	9	1	贵州	25	12	13
吉林	11	16	–5	广西	26	13	13
海南	12	8	4	山西	27	30	–3
青海	13	5	8	甘肃	28	27	1
四川	14	15	–1	宁夏	29	26	3
山东	15	25	–10	新疆	30	28	2

注：本表根据表 0–3 和表 4–1 整理。若出现指标值相同但排名不同的现象，是四舍五入保留三位小数所致。

从东西方向区域分布来看，东部地区 10 个省（市）中，北京的低碳响应与社会福利排名与其低碳发展指数排名相比没有变化；浙江和海南的低碳响应与社会福利排名均领先于其低碳发展指数排名，领先位次分别为 1 和 4；上海、江苏、广东、河北、福建、山东和天津共 7 个省（市）的低碳响应与社会福利排名均落后于其低碳发展指数排名，落后位次分别为 1、2、2、2、3、10 和 11。平均而言，东部地区低碳响应与社会福利排名落后于其低碳发展指数排名 2.6 位，较大幅度拉低了低碳发展水平。中部地区 6 个省中，湖北、湖南和安徽的低碳响应与社会福利排名均领先于其低碳发展指数排名，领先位次分别为 1、5 和 5；山西、江西和河南的低碳响应与社会福利排名均落后于其低碳发展指数排名，落后位次分别为 3、4 和 9。平均而言，中部地区低碳响应与社会福利排名落后于其低碳发展指数排名约 0.8 位，小幅度拉低了低碳发展水平。西部地区 11 个省（区、市）中，云南的低碳响应与社会福利排名与其低碳发展指数排名相比没有变化；甘肃、新疆、宁夏、青海、内蒙古、贵州和广西共 7 个省（区）的低碳响应与社会福利排名均领先于其低碳发展指数排名，领先位次分别为 1、2、3、8、13、13 和 13；四川、陕西和重庆的低碳响应与社会福利排名均落后于其低碳发展指数排名，落后位次分别为 1、7 和 14。平均而言，西部地区低碳响应与社会福利排名领先于其低碳发展指数排名约 2.8 位，较大幅度拉动了低碳发展水平。东北地区 3 个省中，黑龙江和辽宁的低碳响应与社会福利排名均领先于其低碳发展指数排名，领先位次分别为 2 和 3；吉林的低碳响应与社会福利排名落后于其低碳发展指数排名，落后位次为 5。平均而言，东北地区低碳响应与社会福利排名与其低碳发展指数排名相比变化为 0 位，低碳响应与社会福利发展水平和低碳发展水平持平。

从南北方向区域分布来看，南方地区 15 个省（区、市）中，云南的低碳响应与社会福利排名与其低碳发展指数排名相比没有变化；浙江、湖北、海南、湖南、安徽、贵州和广西共 7 个省（区）的低碳响应与社会福利排名均领先于其低碳发展指数排名，领先位次分别为 1、1、4、5、5、13 和 13；上海、四川、江苏、广东、福建、江西和重庆共 7 个省（市）的低碳响应与社会福利排名均落后于其低碳发展指数排名，落后位次分别为 1、1、2、2、3、4 和 14。平均而言，南方地区低碳响应与社会福利排名领先于其低碳发展指数排名 1 位，小幅度拉动了低碳发展水平。北方地区 15 个省（区、市）中，北京的低碳响应与社会福利排名与其低碳发展指数排名相比没有变化；甘肃、黑龙江、新疆、辽宁、宁夏、青海和内蒙古共 7 个省（区）的低碳响应与社会福利排名均领先于其低碳发展指数排名，领先位次分别为 1、2、2、3、3、8 和 13；河北、山西、吉林、陕西、河南、山东和天津共 7 个省（市）的低碳响应与社会福利排名均落后于其低碳发展指数排名，落后位次分别为 2、3、5、7、9、10 和 11。平均而言，北方地区低碳响应与社会福利排名落后于其低碳发展指数排名 1 位，小幅度拉低了低碳发展水平。

从经济圈区域分布来看，京津冀经济圈 3 个省（市）中，北京的低碳响应与社会福利排名与其低碳发展指数排名相比没有变化；河北和天津的低碳响应与社会福利排名均落后于其低碳发展指数排名，落后位次分别为 2 和 11。平均而言，京津冀经济圈低碳响应与社会福利排名落后于其低碳发展指数排名约 4.3 位，较大幅度拉低了低碳发展水平。长三角经济圈 4 个省（市）中，浙江和安徽的低碳响应与社会福利排名均领先于其低碳发展指数排名，领先位次分别为 1 和 5；上海、江苏的低碳响应与社会福利排名均落后于其低碳发展指数排名，落后位次分别为 1 和 2。平均而言，长三角经济圈低碳响应与社会福利排名领先于其低碳发展指数排名约 0.8 位，小幅度拉动了低碳发展水平。成渝双城经济圈的 2 个省（市）四川和重庆的低碳响应与社会福利排名均落后于其低碳发展指数排名，落后位次分别为 1 和 14。平均而言，成渝双城经济圈低碳响应与社会福利排名落后于其低碳发展指数排名 7.5 位，大幅度拉低了低碳发展水平。

二、省际低碳响应与社会福利比较分析

低碳响应与社会福利占省际低碳发展指数指标体系总权重的 30%，由低碳响应、社会福利 2 个二级指标构成，共 13 个三级指标。低碳响应指标下设 5 个三级指标，社会福利指标下设 8 个三级指标。其中正向指标 10 个，逆向指标 3 个。下面对低碳响应指标与社会福利指标进行区域比较分析。

1. 省际低碳响应指标测算结果及分析

低碳响应指标由“当年造林面积”“工业污染治理完成投资额增加”“可再生能源发电占比增加”“峰值目标先进性”“低碳制度创新”5 个三级指标构成。低碳响应指标占低碳响应与社会福利指数的权重为 38%，占低碳发展指数的 11.5%。各项指标的权重采用均权法确定，各占 2.3%（如表 4–6 所示）。

表 4–6　2020 年中国省际低碳响应三级指标、权重及指标属性

指标序号	指标	权重	指标属性
1	当年造林面积	2.3%	正
2	工业污染治理完成投资额增加	2.3%	正
3	可再生能源发电占比增加	2.3%	正
4	峰值目标先进性	2.3%	正
5	低碳制度创新	2.3%	正

注：本表内容由本报告课题组在 2021 年研讨会上讨论确定。

测算结果表明（如表 4–7 所示），低碳响应指数值最高的湖北为 0.090，指数值最低的山东为 0.053，极差为 0.037。共有 14 个省（区、市）指数值高于所有参评省（区、市）的平均值①。

按指数值高低，排在前 10 名的省（区、市）依次是：湖北、湖南、四川、内蒙古、

① 此处按照原始数据，排名第 14 位的陕西低碳响应指数值高于平均值 0.071。

青海、河北、贵州、浙江、吉林和北京；其中，西部省（区）4个，东部省（市）3个，中部省2个，东北省份1个。

排在第11—20位的省（区、市）依次是：重庆、广西、海南、陕西、辽宁、山西、安徽、黑龙江、江西和广东；其中，西部省（区、市）3个，中部省3个，东部省2个，东北省份2个。

排在后10位的省（区、市）依次是：云南、江苏、上海、河南、天津、宁夏、甘肃、福建、新疆和山东；其中，东部省（市）5个，西部省（区）4个、中部省1个。

表 4–7　2020 年中国省际低碳响应指标指数及排名

地区	指数值	排名	地区	指数值	排名
湖北	0.090	1	山西	0.070	16
湖南	0.089	2	安徽	0.070	17
四川	0.088	3	黑龙江	0.070	18
内蒙古	0.084	4	江西	0.067	19
青海	0.082	5	广东	0.067	20
河北	0.081	6	云南	0.065	21
贵州	0.081	7	江苏	0.064	22
浙江	0.080	8	上海	0.064	23
吉林	0.078	9	河南	0.063	24
北京	0.073	10	天津	0.062	25
重庆	0.073	11	宁夏	0.060	26
广西	0.073	12	甘肃	0.057	27
海南	0.072	13	福建	0.057	28
陕西	0.071	14	新疆	0.056	29
辽宁	0.070	15	山东	0.053	30

注：1. 以上数据及排名根据《中国统计年鉴 2021》《中国电力统计年鉴 2021》、各省（区、市）人民政府网站公开内容等测算。2. 为了便于后文进行比较分析，基于算术平均方法，课题组测算得到 30 个参评省（区、市）的低碳响应指标的平均水平为 0.071。3. 若出现指标值相同但排名不同的现象，是四舍五入保留三位小数所致。

（1）东西方向区域差异分析

从低碳响应的东西方向区域分布来看（如图 4–5 所示），东部地区低碳响应水平最低，区域内各省（市）指数值存在较为明显的差异。指数值较高的河北居于全国第6位，此外浙江和北京也位于前10位，海南、广东处在中间水平，但江苏、上海、天津、福建和山东均处于后10位，极差为0.029[①]。中部地区低碳响应水平最高，区域内省际

① 此处按照原始数据计算，极差为 0.029，与表中数据存在差异。

差异相对较大，呈现两端聚居的现象。湖北、湖南依次排在全国第 1、2 位，其余 4 个省指数值均处于排名后 15 位，且处于所有参评省（区、市）的平均值之下，指数值排名靠前的湖北和排名靠后的河南指数值极差为 0.027。西部地区低碳响应水平较低，平均水平排在中部和东北地区之后，区域内各省（区、市）低碳响应指标指数值差异明显。西部地区位于排名前 10 位的有 4 个，依次为四川、内蒙古、青海和贵州；排在第 11—20 位的有 3 个，依次为重庆、广西、陕西；排在第 21—30 位的有 4 个，依次为云南、宁夏、甘肃和新疆；排在全国第 3 位的四川和排在第 29 位的新疆指数值极差为 0.032。东北地区低碳响应水平较高，区域内省际指数值差异较小。吉林居于全国第 9 位，指数值显著高于东北地区其余两省，辽宁和黑龙江依次位列第 15 位和第 18 位，且均处于所有参评省（区、市）的平均值之下，极差为 0.009[①]。

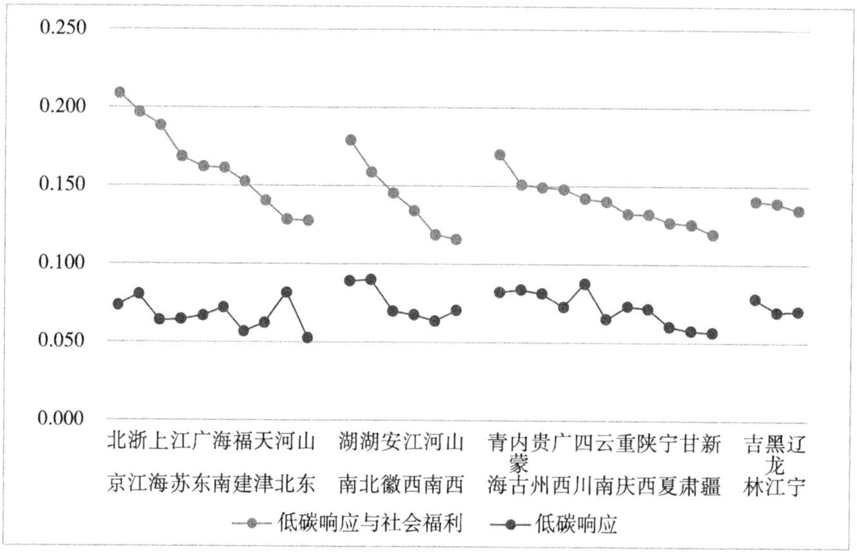

图 4-5　2020 年中国低碳响应指标和低碳响应与社会福利指数东西方向区域对比

注：本图从东部、中部、西部和东北地区划分的角度，根据低碳响应与社会福利指数大小自左到右排列。

（2）南北方向区域差异分析

从低碳响应的南北方向区域分布来看（如图 4-6 所示），南方地区低碳响应水平较高，区域内省际差异相对较大。南方 15 个省（区、市）中，位于全国排名前 10 位的有 5 个，依次为湖北、湖南、四川、贵州和浙江；排在第 11—20 位的有 6 个，依次为重庆、广西、海南、安徽、江西和广东；排在第 21—30 位的有 4 个，依次为云南、江苏、上海和福建。低碳响应指标指数值高于所有参评省（区、市）平均值的省（区、市）有 8 个，依次为湖北、湖南、四川、贵州、浙江、重庆、广西和海南；排名全国

① 此处按照原始数据计算，极差为 0.009，与表中数据存在差异。

第1位的湖北和排名第28位的福建指数值极差为0.033。北方地区低碳响应水平较低，区域内省际差异相对较小。北方15个省（区、市）中，位于全国排名前10位的有5个，依次为内蒙古、青海、河北、吉林和北京；排在第11—20位的有4个，依次为陕西、辽宁、山西和黑龙江；排在第21—30位的有6个，依次为河南、天津、宁夏、甘肃、新疆和山东。低碳响应指标指数值高于所有参评省（区、市）平均值的省（区、市）有6个，依次为内蒙古、青海、河北、吉林、北京和陕西；排名全国第4位的内蒙古和排名第30位的山东指数值极差为0.031。

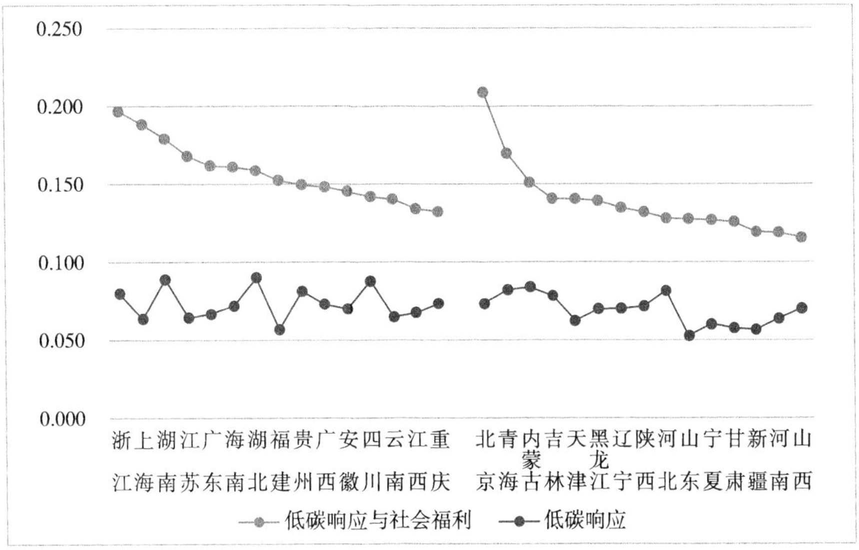

图4–6 2020年中国低碳响应指标和低碳响应与社会福利指数南北方向区域对比

注：本图从南方、北方地区划分的角度，根据低碳响应与社会福利指数大小自左到右排列。

（3）经济圈区域差异分析

从低碳响应的经济圈区域分布来看（如图4–7所示），京津冀经济圈的低碳响应水平相对较高，区域内各省（市）指数值存在明显差异。京津冀经济圈内河北、北京和天津3省（市）的低碳响应水平依次排在第6、10、25位，且除天津外，河北、北京的低碳响应指标指数值均高于所有参评省（区、市）的平均值；排名最靠前的河北和排名最靠后的天津极差为0.019。长三角经济圈的低碳响应水平相对较差，区域内低碳响应指数值省际差异相对较小。长三角经济圈内4省（市）中，除浙江（第8位）的低碳响应水平位于全国前10位外，安徽（第17位）、江苏（第22位）和上海（第23位）均位于全国后15名，且指数值均低于所有参评省（区、市）的平均值；排名最靠前的浙江和排名最靠后的上海相差0.016。成渝双城经济圈的低碳响应水平最高，区域内各省（市）之间的指数值差异最小。四川和重庆低碳响应指标指数值的排名均位于全国上游水平，依次位列第 3 和 11 位，且指数值均高于所有参评省（区、市）的平均值，极差为 0.015。

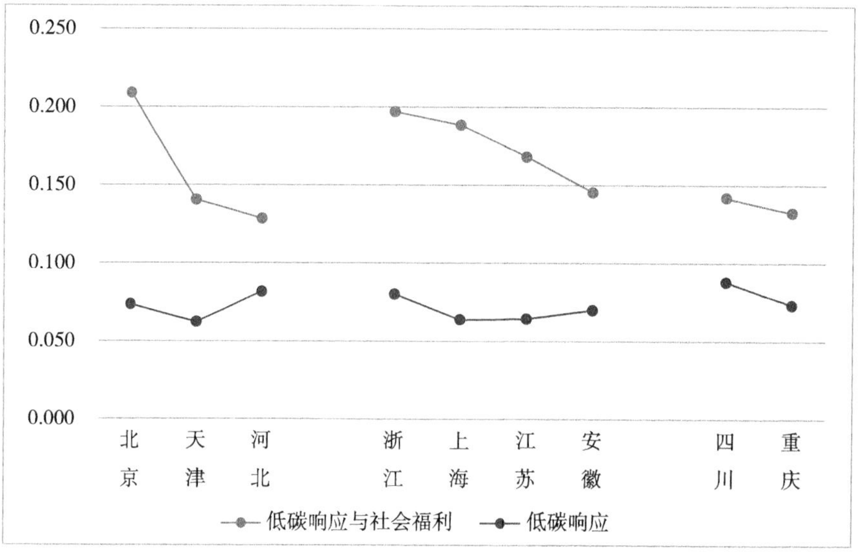

图 4–7　2020 年中国低碳响应指标和低碳响应与社会福利指数经济圈区域对比

注：本图从京津冀经济圈、长三角经济圈、成渝双城经济圈划分的角度，根据低碳响应与社会福利指数大小自左到右排列。

2. 省际社会福利指标测算结果及分析

社会福利指标由 8 个三级指标构成，分别是“省会城市空气质量达到及好于二级天数比例”“省会城市 PM2.5 年均浓度”“人均可支配收入”“万人公共汽电车拥有量”“人均拥有公共图书馆藏量”“预期寿命”“居民恩格尔系数”和“城镇登记失业率”。社会福利指标占低碳响应与社会福利指数的权重为 62%，占低碳发展指数的 18.5%。各项指标的权重采用均权法确定，各占 2.3%（见表 4–8）。

表 4–8　2020 年中国省际社会福利三级指标、权重及指标属性

指标序号	指标	权重	指标属性
1	省会城市空气质量达到及好于二级天数比例	2.3%	正
2	省会城市 PM2.5 年均浓度	2.3%	负
3	人均可支配收入	2.3%	正
4	万人公共汽电车拥有量	2.3%	正
5	人均拥有公共图书馆藏量	2.3%	正
6	预期寿命	2.3%	正
7	居民恩格尔系数	2.3%	负

续表

指标序号	指标	权重	指标属性
8	城镇登记失业率	2.3%	负

注：本表内容由本报告课题组在 2021 年研讨会上讨论确定。

测算结果表明（如表 4–9 所示），社会福利指数地区差异较大，极差为 0.090，大于低碳响应指数的地区差异。其中，指数值最高的是北京，为 0.136，指数值最低的山西为 0.046。有 10 个省（市）高于所有参评省（区、市）的平均值。

其中，排在前 10 位的省（市）依次是北京、上海、浙江、江苏、福建、广东、湖南、海南、青海和天津，其中除湖南为中部省、青海为西部省外，其他 8 个均为东部省（市），东部省（市）在社会福利指标指数值上的绝对优势更加突显。

排在第 11—20 位的依次是安徽、广西、云南、山东、黑龙江、湖北、甘肃、贵州、内蒙古和江西，其中，西部 5 个省（区），中部 3 个省，东部 1 个省，东北 1 个省。

排名后 10 位的依次为宁夏、辽宁、新疆、吉林、陕西、重庆、河南、四川、河北和山西，其中，西部省（区、市）5 个，中部省 2 个，东北省份 2 个，东部省 1 个。

表 4–9　2020 年中国省际社会福利指标指数及排名

地区	指数值	排名	地区	指数值	排名
北京	0.136	1	湖北	0.069	16
上海	0.125	2	甘肃	0.068	17
浙江	0.117	3	贵州	0.068	18
江苏	0.104	4	内蒙古	0.067	19
福建	0.096	5	江西	0.067	20
广东	0.095	6	宁夏	0.067	21
湖南	0.090	7	辽宁	0.065	22
海南	0.089	8	新疆	0.063	23
青海	0.088	9	吉林	0.062	24
天津	0.078	10	陕西	0.061	25
安徽	0.075	11	重庆	0.059	26
广西	0.075	12	河南	0.055	27
云南	0.075	13	四川	0.054	28
山东	0.075	14	河北	0.047	29
黑龙江	0.070	15	山西	0.046	30

注：1. 以上数据及排名根据《中国统计年鉴 2021》《中国电力统计年鉴 2021》、各省（区、市）人民政府网站公开内容等测算。2. 为了便于后文进行比较分析，基于算术平均方法，课题组测算得到 30 个参评省（区、市）的社会福利指标的平均水平为 0.077。3. 若出现指标值相同但排名不同的现象，是四舍五入保留三位小数所致。

（1）东西方向区域差异分析

从社会福利的东西方向区域分布来看（如图 4–8 所示），东部地区社会福利最具优势，但社会福利指标指数值区域内差异显著。除山东和河北外，东部地区各省（市）社会福利指数值均位于全国前 10 位，指数值排名第 1 位的北京和排名第 29 位的河北指数值极差为 0.089。中部地区社会福利水平相对较低，排在东部和西部地区之后，区域内各省社会福利指标指数值差异也较为明显。中部地区既存在社会福利水平全国排名第 7 位的湖南，又存在排名靠后的河南（第 27 位）和山西（第 30 位），安徽、湖北和江西依次位列全国第 11、16 和 20 位。除湖南外，中部地区其余省社会福利指标指数值均低于所有参评省（区、市）的平均值，极差为 0.044。西部地区社会福利水平较高，区域内各省（区、市）社会福利指标指数值差异相对东部和中部地区较小。西部地区位于排名前 10 位的有 1 个，为青海；排在第 11—20 位的有 5 个，依次为广西、云南、甘肃、贵州和内蒙古；排在第 21—30 位的有 5 个，依次为宁夏、新疆、陕西、重庆和四川；除青海外，西部地区其余省（区、市）社会福利指标指数值均低于所有参评省（区、市）的平均值；排在全国第 9 位的青海和排在第 28 位的四川指数值极差为 0.034。东北地区社会福利水平最低，区域内各省社会福利指标指数值差异相对较小。东北 3 省社会福利指标指数值均低于所有参评省（区、市）平均值，黑龙江指数值为 0.070，居全国第 15 位，而辽宁和吉林分列第 22、24 位，极差为 0.007[①]。

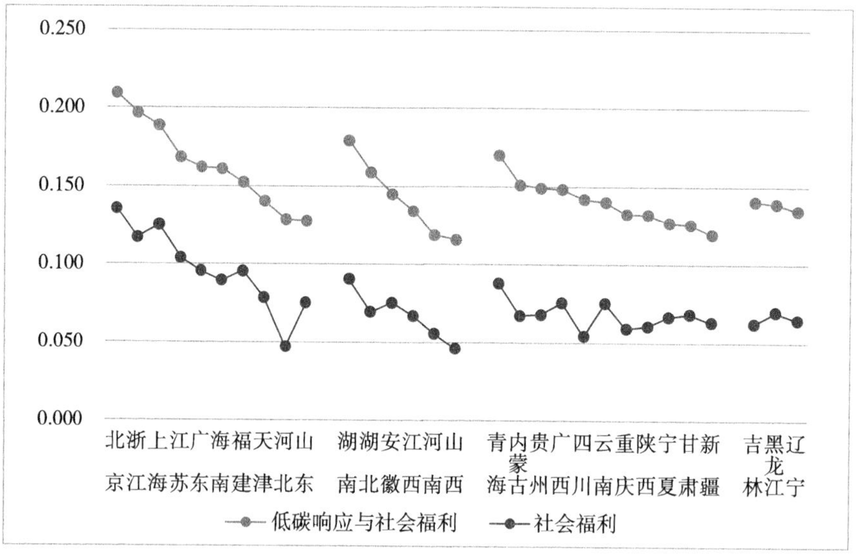

图 4–8　2020 年中国社会福利指标和低碳响应与社会福利指数东西方向区域对比

注：本图从东部、中部、西部和东北地区划分的角度，根据低碳响应与社会福利指数大小自左到右排列。

① 此处按照原始数据计算，极差为 0.007，与表中数据存在差异。

（2）南北方向区域差异分析

从社会福利的南北方向区域分布来看（如图 4–9 所示），南方地区社会福利水平较高，区域内省际差异相对较小。南方 15 个省（区、市）中，位于全国排名前 10 位的有 7 个，依次为上海、浙江、江苏、福建、广东、湖南和海南；排在第 11—20 位的有 6 个，依次为安徽、广西、云南、湖北、贵州和江西；仅有重庆和四川排在第 21—30 位。社会福利指标指数值高于所有参评省（区、市）平均值的省（市）有 7 个，分别为上海、浙江、江苏、福建、广东、湖南和海南；排名全国第 2 位的上海和排名第 28 位的四川指数值极差为 0.071。北方地区社会福利水平较低，区域内省际差异相对较大。北方 15 个省（区、市）中，位于全国排名前 10 位的有 3 个，依次为北京、青海和天津；排在第 11—20 位的有 4 个，依次为山东、黑龙江、甘肃和内蒙古；排在第 21—30 位的有 8 个，依次为宁夏、辽宁、新疆、吉林、陕西、河南、河北和山西。社会福利指标指数值高于所有参评省（区、市）平均值的省（市）有 3 个，分别为北京、青海和天津；排名全国第 1 位的北京和排名第 30 位的山西指数值极差为 0.090。

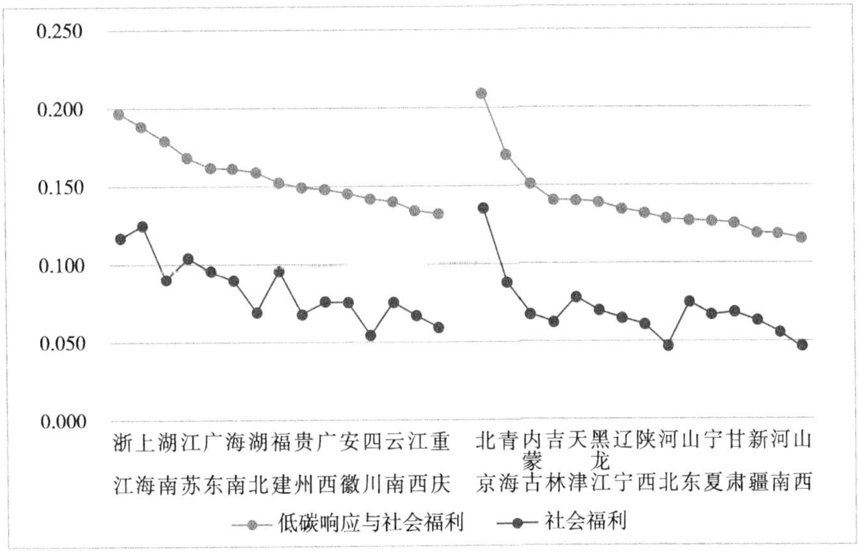

图 4–9　2020 年中国社会福利指标和低碳响应与社会福利指数南北方向区域对比

注：本图从南方、北方地区划分的角度，根据低碳响应与社会福利指数大小自左到右排列。

（3）经济圈区域差异分析

从社会福利的经济圈区域分布来看（如图 4–10 所示），京津冀经济圈的社会福利水平相对较高，但区域内各省（市）指数值存在明显差异。京津冀经济圈内河北、北京和天津 3 省（市）的社会福利水平依次排在第 1、10、29 位，且除河北外，北京、天津的社会福利指标指数值均高于所有参评省（区、市）的平均值；排名第 1 位的北京和排名最靠后的河北极差为 0.089。长三角经济圈的社会福利水平最高，区域内社会福利指数值省际差异相对较小。长三角经济圈内 4 省（市）中，除安徽的社会福利水平位列全国第 11 位，上海（第 2 位）、浙江（第 3 位）和江苏（第 4 位）均位于全国前 10 名，且指数值均高于所有参评省（区、市）的平均值；排名最靠前的上海和排名最靠后的安徽极差为 0.049[①]。成渝双城经济圈的社会福利水平相对最低，区域内各省（市）之间的指数值差异最小。重庆和四川社会福利指标指数值的排名均位于全国后 10 名，依次位列第 26 和 28 位，极差为 0.005。

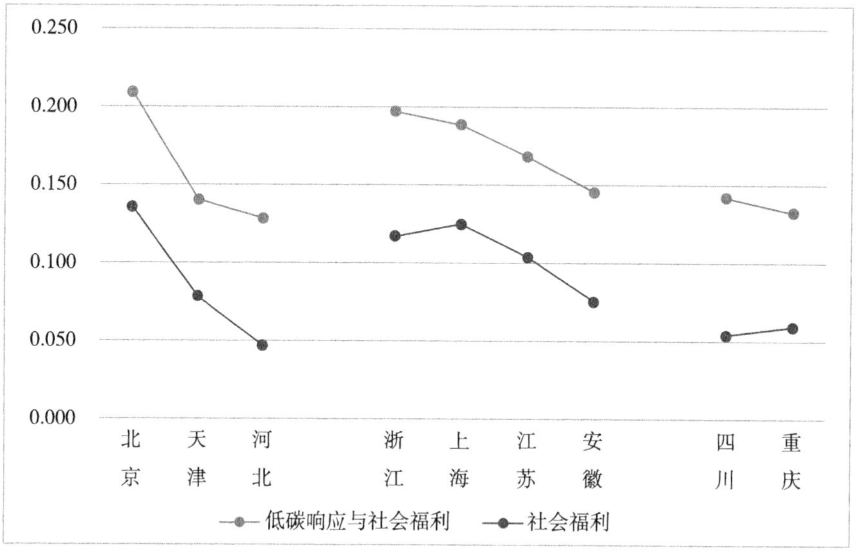

图 4-10 2020 年中国社会福利指标和低碳响应与社会福利指数经济圈区域对比

注：本图从京津冀经济圈、长三角经济圈、成渝双城经济圈划分的角度，根据低碳响应与社会福利指数大小自左到右排列。

① 此处按照原始数据计算，极差为 0.049，与表中数据存在差异。

第五章

新时代中国低碳发展战略研究

在科学合理设计中国省际低碳发展指标体系的基础上，本报告测算并分析了 2020 年中国除西藏、香港、澳门、台湾地区外 30 个省（区、市）的“低碳发展指数”，总结归纳了中国低碳发展的特征及制约因素，提出了促进中国低碳发展的政策建议。

一、中国低碳发展的特征

第一，中国低碳发展的区域差异明显。中国的低碳发展水平整体呈现东高西低、南高北低且东部和南方地区领先优势显著的特征。得益于雄厚的经济基础、强大的低碳驱动力、集约化的资源利用水平、较高的低碳增长效率和社会福利水平，东部和南方地区是全国低碳发展的优等生。例如，东西方向上，东部地区的低碳发展指数得分为 0.539，经济基础与低碳驱动指标得分为 0.140，西部地区的指标得分仅分别为 0.426 和 0.075；南方地区的低碳发展指数为 0.493，低碳响应与社会福利指标得分为 0.157，北方地区上述两指标得分仅为 0.450 和 0.139。

第二，低碳发展的同群效应显著。中国低碳发展指数较高的地区往往会在地理位置上形成一定的集聚，体现出高于其他区域的低碳发展优势。中国低碳发展指数综合排名前 10 的省（区、市）中，有 8 个位于四大经济圈。其中，2 个位于京津冀经济圈，3 个位于长三角经济带，1 个位于成渝双城经济圈，1 个位于粤港澳大湾区。经济圈内，地区之间通过构建有效的协调发展机制，在地区功能定位和分工的基础上，相互促进、共同高效地完成了经济圈内生产要素的自由流动和优化配置，合力为整个经济圈内的低碳发展添砖加瓦。

第三，低碳发展水平与经济发展高度相关。经济基础与低碳驱动夯实了低碳发展的地基，是低碳发展的定盘石。2020 年，经济基础与低碳驱动指数区域间差异呈现东高西低、南高北低的特征，且三大经济圈均优于全国平均水平，京津冀和长三角领先优势显著。一般来说，经济越发达地区，其经济基础与低碳驱动相对较高，它对低碳发展指数水平的贡献也相对较大；反之，经济相对落后地区，其经济基础与低碳驱动相对较低，它对低碳发展指数水平的贡献也相对较小，经济发展水平同低碳发展水平呈现出高度的正向相关关系。再一次说明低碳发展是既要低碳又要增长，是一种高质量发展。

第四，自然资产对低碳发展水平贡献较低。自然资产反映了自然环境及资源禀赋情况，是低碳发展所依赖的基本条件。2020年自然资产指数区域间差异呈现东北最佳、北方优于南方但差异不大，三大经济圈水平相近但均低于全国平均水平的特征。从省际来看，有不少自然资产较高的地区（如黑龙江），其低碳发展水平往往低于自然资产较低的地区（如广东），原因在于这些自然资产较高的地区尚未将资源环境禀赋优势转换为经济社会发展动力，尚未将“绿水青山”真正变成“金山银山”，最终阻碍了低碳发展水平的提升。

第五，低碳发展稍欠地区的追赶潜力巨大。低碳响应指数的区域分布呈现西高东低的总体特征，与中国整体的低碳发展水平分布格局互补，体现出未来强大的追赶潜力。近年来中西部及东北地区在可再生能源发展、生态环境修复、低碳发展工作规划等方面不断加大政策保障力度。例如省际低碳响应指标前10位省（区、市）中，共有4个西部地区省份、2个中部地区省份、1个东北地区省份，内蒙古、贵州、广西等省（区）的低碳响应能力明显拉高了自身的低碳发展水平。未来，这些地区应该进一步提升低碳响应能力，发挥制度优势，提高政策支持力度，平稳有序推动“减碳”。

第六，技术创新及能源转型是驱动低碳发展的重要密匙。在参与测评的30个省（区、市）中，19个省份的技术创新与能源转型显著拉动其低碳发展水平提升。能源燃烧是中国主要的二氧化碳排放源，占全部二氧化碳排放的88%左右，能源系统转型对实现“双碳”目标至关重要。而创新能够打破“边界”，融通各个领域，提升资源利用效率，是“减碳”的重要驱动力。要顺利实现脱钩，必须要坚持创新驱动，加快建成现代化的绿色低碳科技创新体系，推进产业绿色低碳转型。因此，技术创新及能源转型是驱动低碳发展的重要密匙。从这个角度看，部分低碳发展指数排名和技术创新、能源结构转型指标均处于全国中下游水平的地区，未来不仅可能面临着在低碳创新浪潮中落后的风险，还可能滑入全国低碳发展洼地。

二、中国低碳发展的制约因素

1. 经济增长与环境污染尚未实现完全脱钩

“十三五”期间，污染防治攻坚战取得关键进展，全国生态环境质量总体改善。但是，生态环境尚未根本好转，自然资源禀赋相对较少和污染排放数量较多是绿色发展的重要短板。生态足迹可以量化自然生态空间的占用，其基本思想是人类通过劳动得到大自然馈赠的各种产品和服务都基于具有生态功能的土地或水域，通过生态足迹可以描述一定时期、一定地区、一定人口的资源消费及剩余物排放所依赖的具有各种功能的各种类型国土空间，因而量化了对自然生态空间的占用。超过生态承载能力的生态占用就像超过财政收入的财政赤字一样在短期是可维持的，但最终会降低生态承载能力和服务功能。虽然近年来中国生态足迹增长有减缓的趋势，但是经济增长与环境污染尚未实现完全脱钩，如图 5–1 所示，如何减轻经济发展对自然资产和环境造成的压力，是亟待解决的现实问题之一。

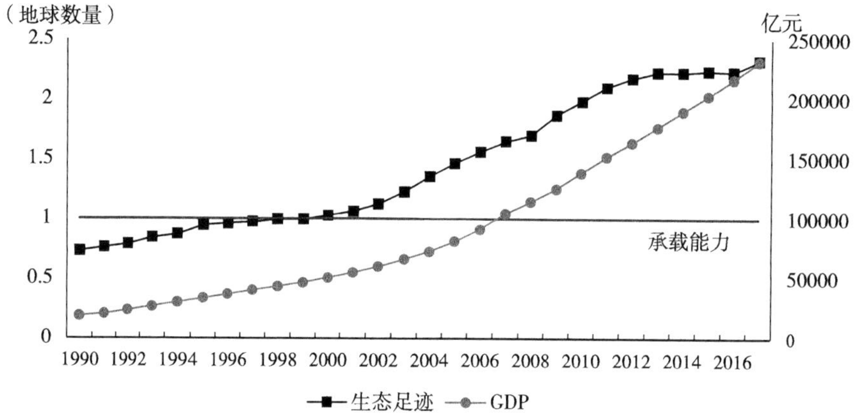

图 5–1　1990—2017 年中国生态足迹与人类发展的趋势变化图

注：生态足迹数据来源于 Global footprint network；GDP 数据来源于《中国统计年鉴》，以 1990 年不变价计算。

2. 碳达峰面临诸多挑战

作为全球最大的发展中国家，中国碳排放总量占全球碳排放总量的 1/3，排放量是美国的 2 倍、欧盟的 3 倍。从碳达峰到碳中和的时间，中国仅 30 年左右，而美国是 43 年，欧盟是 71 年。当前中国仍处于工业化和城市化发展阶段中后期，具有高碳的能源结构和产业结构，大部分工业行业仍然处于扩张时期，要素投入的增长不可避免。1998—2015 年期间，在减排意识逐渐增强的背景下中国二氧化碳排放量仍然增长了 60 亿吨，超过了美国 2015 年全国的排放量，其中 2005—2015 年增长了约 31 亿吨，整体减排形势仍然十分严峻。发展阶段的局限决定了中国无法沿袭发达国家自然达峰和减排的模式。同时，能源体系的变化往往具有时滞性，中国现有的 11.5 亿火电装机对于煤炭仍然有 30 ~ 50 年的锁定期。在用电需求大幅增加时，火电仍然是最安全可靠的能源供给方式，中国以煤为主的消费结构在短时间内难以改变。因此，中国要在经济社会快速发展过程中实现碳达峰、碳中和，面临着比发达国家时间更紧、幅度更大的减排要求。在短短 40 年内分别实现碳达峰和碳中和无疑是一种自我加压的主动行为。因此，既要控制排放，又要保增长，给“双碳”目标实现带来巨大的挑战。

3. 低碳科技创新水平亟待提高

实现长期深度脱碳或碳中和目标，需要有突破性技术支撑。但中国整体低碳科技创新水平仍亟待提升。一方面，绿色发明专利申请量在中国发明专利申请数量中占比不高。2020 年，中国国内发明专利申请数量为 13.45 万件，绿色发明专利申请数量为 6.11 万件，绿色专利申请数量仅占中国专利申请数量的 4.54%，绿色专利申请数量占比偏低。另一方面，由于激励机制等原因，中国低碳专利的创新主体是高校而非企业，2020 年中国 R&D 项目中高等学校主持项目占比高达 60.4%，企业主持项目占比为 33.5%。这可能会导致低碳专利的需求导向型、市场导向型特征不够突出，部分研究可能束之高阁，不能转化为现实生产力。

4. 低碳发展制度设计存在一定短板

当前，中国低碳发展面临许多来自制度设计方面的障碍，现存很多体制机制与低碳发展的理念尚未深度契合。首先，低碳发展过度依赖行政办法推进。近几年的环保督察，特点就是依靠“关停并转”等行政手段。依赖行政手段推进低碳发展优点在于短期内见效快，缺点是成本比较高，尤其是反弹现象也比较严重。其次，部分地区碳达峰制度安排存在一定的机会主义倾向。地方是落实国家碳达峰任务的责任主体，部分地方将碳达峰变成“攀高峰”。多个省份“十四五”产业发展规划包括新上、大上高碳项目的计划。这将延长达峰后的平台期，给实现 2060 年碳中和目标带来巨大压力，还会压缩未来 20 年至 30 年低碳技术的发展空间。最后，低碳监督机制不完善。公众是监督政府和企业行为以及参与环境保护的重要主体，但现行法律法规中缺乏对公众参与社会监督和环境保护的权利与义务的清晰界定，公众参与度不高，社会监督长期流于形式。

三、中国低碳发展的政策建议

1. 强化顶层设计，构建多元气候治理体系

首先，要强化顶层设计，发挥制度优势，推进高质量达峰行动方案，开展目标评价考核、加强过程评估和考核问责，健全环境治理领导责任体系。同时，借鉴欧盟的公平转型机制，由国家设立低碳转型或“碳中和”相关基金，通过专项资金，支持企业及其员工适应新经济结构，避免出现低碳转型导致贫困化等社会问题，推动公平转型。其次，要充分发挥市场配置资源的决定性作用，要加快完善全国统一用能权市场，

完善能源消费双控制度。鼓励对低碳技术企业实行所得税减免，对其低碳贡献予以合理补偿和激励。同时，实施低碳金融支持低碳发展专项政策，设立碳减排支持工具，引导商业银行按照市场化原则加大对碳减排投融资活动的支持，使市场释放明确的信号，引导资本投向低碳产业领域。第三，积极培育公民的环境意识、提高公众环境认知能力，提升公众参与环境保护的效果，应用区块链技术，积极探索碳普惠制度，激发全社会的自主低碳行为，营造绿色低碳生活新时尚。第四，加强应对气候变化的国际合作，积极推动绿色“一带一路”建设，引领国际绿色、低碳、循环发展潮流，推进新的国际规则和新的标准制定，推动疫情后世界经济绿色复苏，不断朝着人类命运共同体目标迈进。

2. 坚持创新驱动，大力推进产业低碳转型

首先，应加大研发投入，推动低碳技术实现重大突破，抓紧开展碳捕捉和碳封存技术研究，在先进脱碳技术竞争中抢占先机，打造核心竞争力，为构建新发展格局和高质量发展奠定基础。其次，大力淘汰落后产能、化解过剩产能、优化存量产能，严格控制高耗能行业新增产能，以低碳技术改造提升钢铁、石化、水泥、化工等传统高耗能行业，推动传统产业低碳化发展，为传统产业赋予低碳发展的新动能。第三，以低碳技术培育孵化新兴产业，发展壮大新一代信息技术、新能源、新材料、低碳环保等战略性新兴产业，运用物联网、云计算、大数据、人工智能、区块链等新技术，有效地采集能耗、物耗、排放数据，识别低碳发展风险，推动低碳产业链、低碳价值链、重大工程项目的全生命周期低碳管理，降低工业产业的能源消费和碳排放，逐步实现经济增长和碳排放的脱钩。第四，加快构建一批具有世界水平的区域性低碳产业链集群，形成高度集聚、上下游紧密协同、供应链集约高效的新产业生态，通过区域的垂直整合，加快形成具有全球竞争力的区域性完整产业链中心，实现中国产业链区域空间布局的系统整合优化。

3. 积极推动能源革命，构建清洁低碳、安全高效的能源体系

一方面，需要推进能源体系清洁低碳转型，稳步推进水电、核电、风电、太阳能、生物质能、氢能以及储能技术发展，加快构建适应高比例可再生能源发展的新型电力系统，完善清洁能源消纳长效机制，推动低碳能源替代高碳能源、可再生能源替代化石能源。另一方面，要以物联网、大数据、云计算、人工智能技术等先进技术手段作为能源供需两侧协调互动、互补互济的桥梁，促进产品、技术和服务的快速优化迭代，推动智能电网、微网、虚拟电厂等新业态的进一步发展，打通能源产供储销体系堵点，

加快提升能源产业链智能化水平，进一步提升可再生能源发电效率和成本竞争力。同时，以创新来推动传统化石能源企业转型，努力将国有化石能源企业打造成能源技术服务的供给商，而不是单纯的能源资源供给方，实现能源产品服务的低碳化，适应与引领“碳中和”目标的实现。

4. 立足双循环，筑牢低碳发展的经济基础

一方面，低碳发展应立足国内大循环。要充分发挥超大规模市场优势，形成需求牵引供给、供给创造需求，供需双轮驱动，确定低碳发展的着力方向，提高低碳发展的竞争力。在中国，衣、食、住、行（及通信）、用（生活用品及服务）占居民消费的76%，一个单位的低碳产品消费对经济拉动和资源环境绩效改进作用明显。因此，立足国内大循环的低碳发展应将推动形成低碳饮食、低碳建筑、低碳出行、低碳家用、低碳穿衣、低碳旅游等作为“十四五”及未来一个时期推动低碳消费的重点领域。优先提高相关领域低碳产品和服务的有效供给，同时，做好减量、再利用和循环。另一方面，新发展格局绝不是封闭的国内循环，而是开放的国内国际双循环，需要通过发挥内需潜力，使国内市场和国际市场更好联通，实现高水平对外开放。本土企业可以主动借助全球市场的竞争效应，积极依靠“竞争促进创新”和“竞争中学习效应”等机制渠道，实现全球市场竞争驱动型的中国产业链水平升级模式，提升我国在国际经济循环体系中的竞争力和地位，实现国内国际双循环相互促进。

5. 因地制宜，精准推进各区域低碳发展

首先，长三角、珠三角、京津冀、成渝双城经济圈等具有条件和具有潜力的地区应加速推进城市规模体系优化与空间结构调整，通过建设国际一流营商环境集聚全球优质要素，形成创新型低碳区域产业体系和区域创新共同体，加大区域低碳协同发展机制体制创新，成为中国参与国际分工和国际竞争的主要区域载体。其次是以东西互济的对外开放新格局促进中西部及东北地区的绿色发展。充分利用加大西部地区开放力度、东北振兴的政策优势，以地区产业分工与转移融合、要素流动与市场一体化、国内产业链重塑为支撑，有针对性地支持东部地区低碳基础技术研发和中西部、东北地区的低碳应用技术研发，重点关注生态修复、资源循环利用、污染防控等技术领域。第三，对于拥有丰富资源禀赋的西部地区和东北地区，要加大力度培育非资源型产业重点项目，合理规划非资源型产业布局，通过产业链条延伸、产业战略重组、发展新优势产业等方式逐渐降低对资源的依赖程度，因地制宜发展低碳特色产业，实现包容式低碳转型。最后是根据各地区产业结构、能源结构因地制宜制定碳达峰路线图

和时间表，东部沿海比较发达的地区应研究和规划率先达峰，这样才能为全国范围的达峰产生示范和引领效应。对低碳发展条件比较好的地区应当通过调整能源结构、改良技术、完成产业升级等多种手段，降低碳排放增速。对于低碳发展相对落后地区，应将碳排放空间盈余部分转让到碳市场中参与交易。

6. 大力推进自然碳汇和碳捕集，精准实现碳中和

碳中和不等同于碳的零排放，即使是清洁能源系统自身也不能实现真正的碳的零排放，只能做到非常低的排放。这样的二氧化碳排放就要通过自然碳汇和碳捕集来实现碳中和。中国碳汇每年预计仅有 7 亿～8 亿吨。按照最强减排路径分析，到 2055 年左右，中国能源生产、消费以及工业非能利用领域还有约 14 亿吨碳排放。因此，要实现碳中和除了增加自然碳汇还需要加快研发二氧化碳捕集与封存技术。一方面，要提升生态碳汇能力，强化国土空间规划和用途管控，全面加强森林、草原、湿地、荒漠生态系统保护，夯实绿色本底，筑牢生态屏障，有效发挥森林、草原、湿地、海洋、土壤、冻土的固碳作用，提升生态系统碳汇增量，充分发挥自然资产的价值。另一方面，积极研发和推广化石燃料碳捕集利用与封存、生物质碳捕集与封存、直接空气捕集等技术，提高碳捕集能力。自然碳汇和碳捕集能够解决碳中和“最后一公里”问题，精准实现全社会碳中和目标，推动经济高质量发展更上层楼。

附录一

省际低碳发展指数
指标解释及数据来源

1. 人均地区生产总值

国内生产总值（GDP）是指按市场价格计算的一个国家（或地区）所有常住单位在一定时期内生产活动的最终成果。对于一个地区来说，称为地区生产总值或地区GDP。计算公式为：

$$人均地区生产总值=\frac{地区生产总值}{（上年年末总人口数+当年年末总数人口）/2}$$

资料来源：国家统计局．中国统计年鉴 2021［M］．北京：中国统计出版社，2021.

2. 第一产业劳动生产率

第一产业劳动生产率是指一定时期内第一产业增加值与第一产业年平均就业人员数的比值。计算公式为：

$$第一产业劳动生产率=\frac{地区第一产业生产总值}{地区第一产业年末就业人口总数}$$

资料来源：国家统计局．中国统计年鉴 2021［M］．北京：中国统计出版社，2021.

3. 第二产业劳动生产率

第二产业劳动生产率是指一定时期内第二产业增加值与第二产业年平均就业人员数的比值。计算公式为：

$$第二产业劳动生产率=\frac{地区第二产业生产总值}{地区第二产业年末就业人口总数}$$

资料来源：国家统计局．中国统计年鉴 2021［M］．北京：中国统计出版社，2021.

4. 第三产业劳动生产率

第三产业劳动生产率是指一定时期内第三产业增加值与第三产业年平均就业人员数的比值。计算公式为：

$$第三产业劳动生产率=\frac{地区第三产业生产总值}{地区第三产业年末就业人口总数}$$

资料来源：国家统计局．中国统计年鉴 2021［M］．北京：中国统计出版社，2021.

5. 六大高耗能行业营业收入占比

六大高耗能行业营业收入占比是指工业企业中六大高耗能行业营业收入占全部工业企业营业收入的百分比。

六大高载能行业营业收入是指一定时期内石油加工、炼焦及核燃料加工业营业收入，化学原料及化学制品制造业营业收入，非金属矿物制品业营业收入，黑色金属冶炼及压延加工业营业收入，有色金属冶炼及压延加工业营业收入，电力热力的生产和供应业营业收入之和。

资料来源：国家统计局．中国工业统计年鉴 2020［M］．北京：中国统计出版社，2020．（受限于数据所得性，2020 年数据以 2019 年数据补齐）。

6. 城镇化率

城镇化率是指某地区年末（常住）城镇人口数与该地区年末人口总数的比重。计算公式为：

$$城镇化率=\frac{常住城镇人口数}{地区年末人口总数}$$

资料来源：国家统计局．中国统计年鉴 2021［M］．北京：中国统计出版社，2021．

7. 数字经济占地区增加值比重

数字经济占地区增加值比重是指一定时期内某地区数字经济规模与该地区生产总值的比值。计算公式为：

$$数字经济占地区增加值比重=\frac{数字经济规模}{地区生产总值}$$

资料来源：中国信息通信研究院．2020 数字经济发展白皮书［M］．北京：中国信息通信研究院，2020．

8. 技术市场成交额占地区生产总值比重

技术市场成交额占地区生产总值比重是指一定时期内某地区技术市场成交额与该地区生产总值之比。计算公式为：

$$技术市场成交额占地区生产总值比重=\frac{地区技术市场成交额}{地区生产总值}$$

资料来源：国家统计局．中国统计年鉴 2021［M］．北京：中国统计出版社，2021．

9. 高新技术产业营业收入占地区生产总值比重

高新技术产业营业收入占地区生产总值比重是指一定时期内某地区高技术产业营业收入与地区生产总值之比。计算公式为：

$$\text{高新技术产业营业收入占地区生产总值比重} = \frac{\text{地区高技术产业营业收入}}{\text{地区生产总值}}$$

资料来源：国家统计局．中国科技统计年鉴 2020［M］．北京：中国统计出版社，2020．（受限于数据所得性，2020 年数据以 2019 年数据补齐）。

10. 风电、水电、太阳能等可再生能源发电装机总量占比

风电、水电、太阳能等可再生能源发电装机总量占比的计算公式为：

$$\text{风电、水电、太阳能等可再生能源发电装机总量占比} = \frac{\text{风电、水电、太阳能等可再生能源的期末发电装机容量}}{\text{所有类型的期末发电装机容量}}$$

资料来源：中国电力企业联合会．中国电力统计年鉴 2021［M］．北京：中国统计出版社，2021．

11. 节能环保支出占财政支出比重

节能环保支出占财政支出比重的计算公式为：

$$\text{节能环保支出占财政支出比重} = \frac{\text{节能环保支出}}{\text{一般公共预算支出}}$$

资料来源：国家统计局．中国统计年鉴 2021［M］．北京：中国统计出版社，2021．

12. 对外贸易额占比

对外贸易额占比是指一定时期内该地区按收发货人所在地划分的贸易进出口总额与地区生产总值的比值。计算公式为：

$$\text{对外贸易额占比} = \frac{\text{贸易进出口总额（按收发货人所在地分）}}{\text{地区生产总值}}$$

资料来源：国家统计局．中国统计年鉴 2021［M］．北京：中国统计出版社，2021．

13. 每十万人口高等院校平均在校生数

每十万人口高等院校平均在校生数是指在某学年内每十万人口中平均有高等教育在校生人数，可反映人口中高等学校学生的相对规模情况。本指标中高等教育在校生总数统计为研究生、普通本专科和成人本专科学生的合计数。计算公式为：

$$每十万人口高等院校平均在校生数=\frac{高等教育在校生总数}{人口总数}\times 100000$$

资料来源：国家统计局．中国统计年鉴 2021［M］．北京：中国统计出版社，2021.

14. 省会城市大气自净能力

省会城市大气自净能力是指在某地区的省会城市内大气通风稀释及湿清除过程对大气污染物的清除能力。

资料来源：中国气象局.2020 年中国气候公报［M］．北京：中国气象报社，2020.

15. 省会城市日照时长

省会城市日照时长是指在某地区的省会城市内太阳在该地区地实际照射的时数。

资料来源：国家统计局．中国统计年鉴 2021［M］．北京：中国统计出版社，2021.

16. 省会城市月均气温处于 15~25 摄氏度之间的月份数占比

省会城市月均气温处于 15~25 摄氏度之间的月份数占比的计算公式为：

省会城市月均气温处于 15~25 摄氏度之间的月份数占比＝

$$\frac{省会城市月均气温处于15\sim25摄氏度之间的月份数}{12}$$

资料来源：国家统计局．中国统计年鉴 2021［M］．北京：中国统计出版社，2021.

17. 省会城市月总降雨量处于 30~300mm 之间的月份数占比

省会城市月总降雨量处于 30~300mm 之间的月份数占比的计算公式为：

省会城市月总降雨量处于 30~300mm 之间的月份数占比＝

$$\frac{省会城市月总降雨量处于30\sim300mm之间的月份数}{12}$$

资料来源：国家统计局．中国统计年鉴 2021［M］．北京：中国统计出版社，2021.

18. 人均水资源量

水资源总量是指评价区内降水形成的地表和地下产水总量，即地表产流量与降水入渗补给地下水量之和，不包括过境水量。

人均水资源量是指一定时期内一个地区个人平均拥有的地表和地下产水总量。计算公式为：

$$人均当地水资源量=\frac{该地区的水资源总量}{该地区年末总人数}$$

资料来源：国家统计局．中国统计年鉴 2021［M］．北京：中国统计出版社，2021．

19. 人均森林面积

森林面积是指由乔木树种构成，郁闭度 0.2 以上（含 0.2）的林地或冠幅宽度 10 米以上的林带的面积，即有林地面积。森林面积包括天然起源和人工起源的针叶林面积、阔叶林面积、针阔混交林面积和竹林面积，不包括灌木林地面积和疏林地面积。

人均森林面积是指一定时期内一个地区个人平均拥有的有林地面积。计算公式为：

$$人均森林面积=\frac{该地区森林面积}{该地区年末总人数}$$

资料来源：国家统计局．中国统计年鉴 2021［M］．北京：中国统计出版社，2021．

20. 人均湿地面积

湿地是指天然或人工、长久或暂时性的沼泽地、泥炭地或水域地带，包括静止或流动、淡水、半咸水、咸水体，低潮时水深不超过 6 米的水域以及海岸地带地区的珊瑚滩和海草床、滩涂、红树林、河口、河流、淡水沼泽、沼泽森林、湖泊、盐沼及盐湖。

人均湿地面积是指一定时期内一个地区个人平均拥有的湿地面积。计算公式为：

$$人均湿地面积=\frac{该地区湿地面积}{该地区年末总人数}$$

资料来源：国家统计局．中国统计年鉴 2021［M］．北京：中国统计出版社，2021．

国家统计局．中国统计年鉴 2020［M］．北京：中国统计出版社，2020．

（受限于数据所得性，湿地面积的 2020 年数据以 2019 年数据补齐）。

21. 人均国家级自然保护区面积

自然保护区是指对有代表性的自然生态系统、珍稀濒危野生动植物物种的天然分布区、水源涵养区、有特殊意义的自然历史遗迹等保护对象所在的陆地、陆地水体或海域，依法划出一定面积进行特殊保护和管理的区域。以县及县以上各级人民政府正式批准建立的自然保护区为准（包括“六五”以前由部门或“革委会”批准且现仍存在的自然保护区）。风景名胜区、文物保护区不计在内。

人均国家级自然保护区面积是指一定时期内一个地区个人平均拥有的自然保护区面积。计算公式为：

$$人均国家级自然保护区面积=\frac{该地区国家级自然保护区面积}{该地区年末总人数}$$

资料来源：国家统计局．中国统计年鉴 2021［M］．北京：中国统计出版社，2021．

22. 建成区绿化覆盖率

建成区绿化覆盖率是指城市建成区绿地面积占建成区面积的百分比。

建成区绿地面积：指报告期末建成区用作园林和绿化的各种绿地面积，包括公园绿地、生产绿地、防护绿地、附属绿地和其他绿地的面积。

计算公式为：

$$建成区绿化覆盖率=\frac{建成区内所有植被的垂直投影面积}{建成区面积}\times 100\%$$

资料来源：国家统计局．中国统计年鉴 2021［M］．北京：中国统计出版社，2021．

23. 森林火灾次数

森林火灾次数是指发生在城市市区外的一切森林、林木和林地的火灾次数。

资料来源：中国统计年鉴 2021［M］．国家统计局，北京：中国统计出版社，2021．

24. 突发环境事件次数

突发环境事件次数是指突然发生，造成或可能造成重大人员伤亡、重大财产损失和对全国或者某一地区的经济社会稳定、政治安定构成重大威胁和损害，有重大社会影响的涉及公共安全的环境事件。

资料来源：国家统计局．中国统计年鉴 2021［M］．北京：中国统计出版社，2021．

25. 煤炭消费总量

煤炭消费总量是指国民经济各行业和居民家庭在一定时期内消费的煤炭资源的总量。

资料来源：国家统计局.中国统计年鉴2020[M].北京：中国统计出版社，2020.(受限于数据所得性，2020 年数据以 2019 年数据补齐)。

26. 火电装机容量占比

火电装机容量占比的计算公式为：

$$火电装机容量占比=\frac{发电装机容量（火电）}{发电装机容量（合计）}$$

资料来源：中国电力企业联合会.中国电力统计年鉴 2021 [M].北京：中国统计出版社，2021.

27. 单位建成区面积二氧化硫排放量

单位建成区面积二氧化硫排放量的计算公式为：

$$单位建成区面积二氧化硫排放量=\frac{二氧化硫排放量}{建成区面积}$$

资料来源：国家统计局.中国统计年鉴 2021 [M].北京：中国统计出版社，2021.

28. 单位建成区面积化学需氧量排放量

单位建成区面积化学需氧量排放量的计算公式为：

$$单位建成区面积化学需氧量排放量=\frac{化学需氧量排放量}{建成区面积}$$

资料来源：国家统计局.中国统计年鉴 2021 [M].北京：中国统计出版社，2021.

29. 单位建成区面积氮氧化物排放量

单位建成区面积氮氧化物排放量的计算公式为：

$$单位建成区面积氮氧化物排放量=\frac{氮氧化物排放量}{建成区面积}$$

资料来源：国家统计局.中国统计年鉴 2021 [M].北京：中国统计出版社，2021.

30. 单位建成区面积氨氮排放量

单位建成区面积氨氮排放量的计算公式为：

$$单位建成区面积氨氮排放量=\frac{氨氮排放量}{建成区面积}$$

资料来源：国家统计局．中国统计年鉴 2021［M］．北京：中国统计出版社，2021．

31. 单位耕地面积化肥施用量

农用化肥施用量指本年内实际用于农业生产的化肥数量，包括氮肥、磷肥、钾肥和复合肥。化肥施用量要求按折纯量计算数量。折纯量是指把氮肥、磷肥、钾肥分别按含氮、含五氧化二磷、含氧化钾的百分之百成分进行折算后的数量。复合肥按其所含主要成分折算。计算公式为：

$$折纯量=实物量\times某种化肥有效成分含量的百分比$$

耕地面积指经过开垦用以种植农作物并经常进行耕耘的土地面积。包括种有作物的土地面积、休闲地、新开荒地和抛荒未满三年的土地面积。单位耕地面积化肥施用量的计算公式为：

$$单位耕地面积化肥施用量=\frac{农用化肥施用量}{耕地面积}$$

资料来源：国家统计局．中国统计年鉴 2021［M］．北京：中国统计出版社，2021．
国家统计局．中国统计年鉴 2020［M］．北京：中国统计出版社，2020．
（受限于数据所得性，2020 年耕地面积数据以 2019 年数据补齐）。

32. 人均公路交通氮氧化物排放量

人均公路交通氮氧化物排放量的计算公式为：

$$人均公路交通氮氧化物排放量=\frac{公路交通氮氧化物排放量}{年末人口数}$$

资料来源：国家统计局，生态环境部．中国环境统计年鉴 2020［M］．北京：中国环境科学出版社，2020．

（受限于数据所得性，2020 年公路交通氮氧化物排放量数据以 2019 年数据补齐）。

33. 工业固体废物综合利用率

工业固体废物综合利用率是指工业固体废物综合利用量占工业固体废物产生量（包括综合利用往年贮存量）的百分率。计算公式为：

$$\text{工业固体废物综合利用率} = \frac{\text{工业固体废物综合利用量}}{\text{工业固体废物产生量} + \text{综合利用往年贮存用量}} \times 100\%$$

其中，工业固体废物产生量是指报告期内企业在生产过程中产生的固体状、半固体状和高浓度液体状废弃物的总量，包括危险废物、冶炼废渣、粉煤灰、炉渣、煤矸石、尾矿、放射性废物和其他废物等；不包括矿山开采的剥离废石和掘进废石（煤矸石和呈酸性或碱性的废石除外）。酸性或碱性废石指采掘的废石其流经水、雨淋水的 pH 值小于 4 或 pH 值大于 10.5 者。工业固体废物综合利用量是指报告期内企业通过回收、加工、循环、交换等方式，从固体废物中提取或者使其转化为可以利用的资源、能源和其他原材料的固体废物量（包括当年利用往年的工业固体废物贮存量），如用作农业肥料、生产建筑材料、筑路等。综合利用量由原产生固体废物的单位统计。

资料来源：国家统计局 . 中国统计年鉴 2021 [M]. 北京：中国统计出版社，2021.

34. 工业用水重复利用率

工业用水重复利用率是指在一定时期内，生产过程中使用的重复利用水量与总用水量之比。计算公式为：

$$\text{工业用水重复利用率} = \frac{\text{重复利用水量}}{\text{生产中取用的新水量} + \text{重复利用水量}} \times 100\%$$

资料来源：国家统计局 . 中国统计年鉴 2020 [M]. 北京：中国统计出版社，2020.（受限于数据所得性，2020 年数据以 2019 年数据补齐）。

35. 单位工业增加值能耗

单位工业增加值能耗是指工业企业能源使用量与工业增加值的比值。计算公式为：

$$\text{单位工业增加值能耗} = \frac{\text{地区能耗总量（按标准煤计算）}}{\text{工业增加值}}$$

资料来源：国家统计局 . 中国统计年鉴 2020 [M]. 北京：中国统计出版社，2020.（受限于数据所得性，2020 年数据以 2019 年数据补齐）。

36. 单位工业增加值水耗

工业增加值是指工业企业在报告期内以货币表现的工业生产活动的最终成果。

工业用水量是指工矿企业在生产过程中用于制造、加工、冷却、空调、净化、洗涤等方面的用水，按新水取用量计，不包括企业内部的重复利用水量。

单位工业增加值水耗是指一定时期内工业用水量与工业增加值的比值。计算公式为：

$$\text{单位工业增加值水耗} = \frac{\text{工业用水总量}}{\text{工业增加值}}$$

资料来源：国家统计局 . 中国统计年鉴 2020［M］. 北京：中国统计出版社，2020.（受限于数据所得性，2020 年数据以 2019 年数据补齐）。

37. 能源消费弹性系数

能源消费弹性系数是一个反映能源消费增长速度与国民经济增长速度之间关系的指标。计算公式为：

$$\text{能源消费弹性系数} = \frac{\text{能源消费总量年均增长速度}}{\text{地区生产总值年均增长速度}}$$

资料来源：国家统计局 . 中国统计年鉴 2020［M］. 北京：中国统计出版社，2020.（受限于数据所得性，2020 年数据以 2019 年数据补齐）。

38. 单位地区生产总值能耗

能源消费总量是指一定时期内全国（地区）各行业和居民生活消费的各种能源的核算能源消费总量指标。能源消费总量分为三部分，即终端能源消费量、能源加工转换损失量和损失量。

单位地区生产总值能耗是指一定时期内该地区能耗总量与地区生产总值的比值，反映的是该地区每增加一单位地区生产总值所带来的能源使用的增加量。计算公式：

$$\text{单位地区生产总值能耗} = \frac{\text{地区能源消费总量（按标准煤计算）}}{\text{地区生产总值}}$$

资料来源：国家统计局 . 中国统计年鉴 2020［M］. 北京：中国统计出版社，2020.（受限于数据所得性，2020 年数据以 2019 年数据补齐）。

39. 单位地区生产总值电力消费量

单位地区生产总值电力消费量的计算公式为：

$$单位地区生产总值电力消费量=\frac{电力消费总量}{地区生产总值}$$

资料来源：国家统计局.中国统计年鉴 2021［M］.北京：中国统计出版社，2021.

40. 人均居民生活用水量

人均居民生活用水量的计算公式为：

$$人均居民生活用水量=\frac{生活用水量}{该地区年末人口数}$$

资料来源：国家统计局.中国统计年鉴 2021［M］.北京：中国统计出版社，2021.

41. 人均居民生活用电量

人均居民生活用电量的计算公式为：

$$人均居民生活用电量=\frac{生活用电量}{该地区年末人口数}$$

资料来源：中国电力企业联合会.中国电力统计年鉴 2021［M］.北京；中国统计出版社，2021.

42. 单位地区生产总值二氧化硫排放量

二氧化硫排放量分为工业二氧化硫排放量和生活及其他二氧化硫排放量，其中工业二氧化硫排放量是指报告期内企业在燃料燃烧和生产工艺过程中排入大气的二氧化硫总量，计算公式为：

$$\begin{aligned}&工业二氧化硫排放量=\\&\quad 燃料燃烧过程中二氧化硫排放量+生产工艺过程中二氧化硫排放量\end{aligned}$$

生活及其他二氧化硫排放量是以生活及其他煤炭消费量和其含硫量为基础，根据以下公式计算：

$$生活及其他二氧化硫排放量=生活及其他煤炭消费量\times 含硫量\times 0.8\times 2$$

单位地区生产总值二氧化硫排放量是指一定时期内某地区二氧化硫排放量与地区生产总值的比值。计算公式为：

$$单位地区生产总值二氧化硫排放量=\frac{二氧化硫排放量}{地区生产总值}$$

资料来源：国家统计局．中国统计年鉴 2021［M］．北京：中国统计出版社，2021.

43. 单位地区生产总值化学需氧量排放量

化学需氧量（COD）是指用化学氧化剂氧化水中有机污染物时所需的氧量。COD 值越高，表示水中有机污染物污染越重。化学需氧量排放量主要来自工业废水和生活污水。其中，生活污水中化学需氧量（COD）排放量是指城镇居民每年排放的生活污水中的 COD 的量。用人均系数法测算。测算公式为：

城镇生活污水中 COD 排放量＝

$$城镇生活污水中COD产生系数\times市镇非农业人口\times365$$

单位地区生产总值化学需氧量排放量是指一定时期内该地区化学需氧量排放量与地区生产总值的比值。计算公式为：

$$单位地区生产总值化学需氧量排放量=\frac{化学需氧量排放量}{地区生产总值}$$

资料来源：国家统计局．中国统计年鉴 2021［M］．北京：中国统计出版社，2021.

44. 单位地区生产总值氮氧化物排放量

单位地区生产总值氮氧化物排放量是指一定时期内该地区氮氧化物排放量与地区生产总值的比值。计算公式为：

$$单位地区生产总值氮氧化物排放量=\frac{氮氧化物排放量}{地区生产总值}$$

资料来源：国家统计局．中国统计年鉴 2021［M］．北京：中国统计出版社，2021.

45. 单位地区生产总值氨氮排放量

单位地区生产总值氨氮排放量是指一定时期内该地区氨氮排放量与地区生产总值的比值。计算公式为：

$$单位地区生产总值氨氮排放量=\frac{氨氮排放量}{地区生产总值}$$

资料来源：国家统计局．中国统计年鉴 2021［M］．北京：中国统计出版社，2021.

46. 碳生产率

碳生产率的计算公式为：

$$碳生产率=\frac{地区生产总值}{二氧化碳排放量}$$

资料来源：CEADS 数据库，其中二氧化碳排放量选用该数据库中范围 2 口径，包括地区边界内产生的所有直接二氧化碳排放和区域边界内消耗的电 / 热有关但在其边界外产生的间接排放（受限于数据所得性，2020 年数据以 2019 年数据补齐）。

47. 工业二氧化硫排放量减少率

工业二氧化硫排放量减少率的计算公式为：

工业二氧化硫排放量减少率 =

$$\frac{（当年工业二氧化硫排放量-上年工业二氧化硫排放量）}{上年工业二氧化硫排放量}$$

资料来源：国家统计局，生态环境部 . 中国环境统计年鉴 2020 [M]. 北京：中国环境科学出版社，2020.

（受限于数据所得性，2020 年数据以 2019 年数据补齐）。

48. 工业废水化学需氧量排放量减少率

工业废水化学需氧量排放量减少率的计算公式为：

工业废水化学需氧量排放量减少率 =

$$\frac{（当年工业废水化学需氧量排放量-上年工业废水化学需氧量排放量）}{上年工业废水化学需氧量排放量}$$

资料来源：国家统计局，生态环境部 . 中国环境统计年鉴 2020 [M]. 北京：中国环境科学出版社，2020.

（受限于数据所得性，2020 年数据以 2019 年数据补齐）。

49. 工业氮氧化物排放量减少率

工业氮氧化物排放量减少率的计算公式为：

工业氮氧化物排放量减少率 =

$$\frac{（当年工业氮氧化物排放量-上年工业氮氧化物排放量）}{上年工业氮氧化物排放量}$$

资料来源：国家统计局，生态环境部．中国环境统计年鉴 2020［M］．北京：中国环境科学出版社，2020.

（受限于数据所得性，2020 年数据以 2019 年数据补齐）。

50. 工业废水氨氮排放量减少率

工业废水氨氮排放量减少率的计算公式为：

$$工业废水氨氮排放量减少率=\frac{（当年工业氨氮排放量-上年工业氨氮排放量）}{上年工业氨氮排放量}$$

资料来源：国家统计局，生态环境部．中国环境统计年鉴 2020［M］．北京：中国环境科学出版社，2020.

（受限于数据所得性，2020 年数据以 2019 年数据补齐）。

51. 当年造林面积

当年造林面积是指当年在宜林荒山荒地、宜林沙荒地、无立木林地、疏林地和退耕地等其他宜林地上通过人工措施形成或恢复的森林、林木、灌木林的面积。

资料来源：国家统计局．中国统计年鉴 2021［M］．北京：中国统计出版社，2021.

52. 工业污染治理完成投资额增加

工业污染治理完成投资额增加的计算公式为：

工业污染治理完成投资额增加＝

当年工业污染治理完成投资额-上年工业污染治理完成投资额

资料来源：国家统计局．中国统计年鉴 2021［M］．北京：中国统计出版社，2021.

53. 可再生能源发电占比增加

可再生能源发电占比增加＝当年水力、风力、太阳能发电量占总发电量比重－上年水力、风力、太阳能发电量占总发电量比重

资料来源：中国电力企业联合会．中国电力统计年鉴 2021［M］．北京：中国统计出版社，2021.

54. 峰值目标先进性

峰值目标先进性是指地方政府碳达峰目标的先进性。

若该地方政府在十四五规划中提到碳达峰目标或明确提到碳达峰年份，则该指标为 1；反之，则该指标为 0。

资料来源：各省人民政府网站。

55. 低碳制度创新

低碳制度创新是指地方政府低碳发展的制度创新。

在温室气体排放管理平台及统计核算制度，碳排放总量控制、碳交易及其评价考核制度，重大项目碳评价制度、低碳产品标准标识认证、低碳技术推广等方面，已开展了相关工作或已列入上年度政府工作报告的，每项得 0.2 分，满分为 1 分。

资料来源：各省人民政府网站。

56. 省会城市空气质量达到及好于二级天数比例

城市空气质量等级是据城市空气环境质量标准和各项污染物的生态环境效应及其对人体健康的影响，所确定的污染指数分级以及相应的污染物浓度限值。计算公式为：

省会城市空气质量达到及好于二级天数比例 =

$$\frac{\text{空气质量达到及好于二级天数}}{\text{当年天数}}\times 100\%$$

资料来源：国家统计局．中国统计年鉴 2021［M］．北京：中国统计出版社，2021．

57. 省会城市 PM2.5 年均浓度

省会城市 PM2.5 年均浓度是指每立方米空气中空气动力学直径小于或等于 2.5 微米的颗粒物含量的年平均值。

资料来源：国家统计局．中国统计年鉴 2021［M］．北京：中国统计出版社，2021．

58. 人均可支配收入

居民可用于最终消费支出和储蓄的总和，即居民可用于自由支配的收入。按照收入的来源，可支配收入包含四项：工资性收入、经营性净收入、财产性净收入和转移性净收入。

资料来源：国家统计局．中国统计年鉴 2021［M］．北京：中国统计出版社，2021．

59. 万人公共汽电车拥有量

万人公共汽电车拥有量的计算公式为：

$$万人公共汽电车拥有量=\frac{公共汽电车总量}{地区城市人口总数}\times 10000$$

资料来源：国家统计局．中国统计年鉴 2021［M］. 北京：中国统计出版社，2021.

60. 人均拥有公共图书馆藏量

人均拥有公共图书馆藏量的计算公式为：

$$人均拥有公共图书馆藏量=\frac{公共图书馆已编目的视听文献资料数量之和}{地区年末人口总数}$$

资料来源：国家统计局．中国统计年鉴 2021［M］. 北京：中国统计出版社，2021.

61. 预期寿命

预期寿命是指若当前的分年龄死亡率保持不变，同一时期出生的人预期能继续生存的平均年数。

资料来源：网络。

62. 居民恩格尔系数

居民恩格尔系数的计算公式为：

$$居民恩格尔系数=\frac{人均食品烟酒消费支出}{人均消费支出}\times 100\%$$

资料来源：国家统计局．中国统计年鉴 2021［M］. 北京：中国统计出版社，2021.

63. 城镇登记失业率

城镇登记失业率是指城镇登记失业人员与城镇单位就业人员（扣除使用的农村劳动力、聘用的离退休人员、港澳台及外方人员）、城镇单位中的不在岗职工、城镇私营业主、个体户主、城镇私营企业和个体就业人员、城镇登记失业人员之和的比。

资料来源：国家统计局．中国统计年鉴 2021［M］. 北京：中国统计出版社，2021.

附录二

省际低碳发展“体检”表

2021 中国省际低碳发展指数采用 2020 年数据进行测度，省际低碳发展“体检”表包含了 30 个参评省（区、市）63 个低碳发展三级指标的指标序号、指标名称、单位、指标属性、30 省区测评均值、2020 年该省（区、市）指标数值、2020 年该省（区、市）指标排名、数据来源等多项内容。其中，指标序号、指标名称、单位、指标属性、30 省区测评均值及数据来源这六项内容在每个省际“低碳发展体检”表中都是相同的，反映的是整个中国省际低碳发展指数 63 个低碳发展三级指标的具体情况；2020 年该省（区、市）指标数值、2020 年该省（区、市）指标排名这两项内容在每个表中均不同，反映每个参评省（区、市）三级指标的原始数据及其相应的排名；若某项缺省则用 NA 表示。省际低碳发展“体检”表全面地反映了每个参评省（区、市）在低碳发展各个方面的具体表现。

北京低碳发展“体检”表

序号	指标名称	单位	指标属性	2020 年测评均值	2020 年北京数值	2020 年北京排名	数据来源
1	人均地区生产总值	元 / 人	正	71401.348	164889.470	1	中国统计
2	第一产业劳动生产率	万元 / 人	正	0.096	3.843	22	中国统计
3	第二产业劳动生产率	万元 / 人	正	0.364	29.466	2	中国统计
4	第三产业劳动生产率	万元 / 人	正	0.540	32.143	1	中国统计
5	六大高耗能行业营业收入占比	%	逆	0.413	0.306	10	工业年鉴
6	城镇化率	%	正	0.647	0.876	2	中国统计
7	数字经济占地区增加值比重	%	正	0.355（估测值）	0.559（估测值）	1（估测值）	数字经济白皮书
8	技术市场成交额占地区生产总值比重	%	正	0.025	0.175	1	中国统计
9	高新技术产业营业收入占地区生产总值比重	%	正	0.111	0.162	7	科技年鉴
10	风电、水电、太阳能等可再生能源发电装机总量占比	%	正	0.405	0.137	28	电力年鉴
11	节能环保支出占财政支出比重	%	正	0.029	0.033	7	中国统计
12	对外贸易额占比	%	正	0.232	0.646	2	中国统计
13	每十万人口高等院校平均在校生数	人	正	3108.151	5393.482	1	中国统计
14	省会城市大气自净能力	吨 / 天 / 平方公里	正	3.433（估测值）	3.500（估测值）	8（估测值）	气候公报
15	省会城市日照时长	小时	正	2089.327	2441.400	11	中国统计

续表

序号	指标名称	单位	指标属性	2020 年测评均值	2020 年北京数值	2020 年北京排名	数据来源
16	省会城市月均气温处于 15–25 摄氏度之间的月份数占比	%	正	0.383	0.250	26	中国统计
17	省会城市月总降雨量处于 30–300mm 之间的月份数占比	%	正	0.558	0.500	15	中国统计
18	人均水资源量	立方米 / 人	正	2415.444	117.835	29	中国统计
19	人均森林面积	公顷 / 人	正	0.213	0.033	26	中国统计
20	人均湿地面积	公顷 / 人	正	0.044	0.000	30	中国统计
21	人均国家级自然保护区面积	公顷 / 人	正	0.165	0.001	30	中国统计
22	建成区绿化覆盖率	%	正	41.436	48.960	1	中国统计
23	森林火灾次数	次	逆	38.367	9.000	8	中国统计
24	突发环境事件次数	次	逆	6.933	8.000	18	中国统计
25	煤炭消费总量	万吨	逆	15408.917	182.800	1	能源年鉴
26	火电装机容量占比	%	逆	57.365	86.322	28	电力年鉴
27	单位建成区面积二氧化硫排放量	吨 / 平方公里	逆	67.327	1.171	1	中国统计
28	单位建成区面积化学需氧量排放量	吨 / 平方公里	逆	441.368	35.568	1	中国统计
29	单位建成区面积氮氧化物排放量	吨 / 平方公里	逆	234.430	57.517	1	中国统计
30	单位建成区面积氨氮排放量	吨 / 平方公里	逆	16.270	1.884	1	中国统计
31	单位耕地面积化肥施用量	万吨 / 千公顷	逆	0.050	0.065	23	中国统计
32	人均公路交通氮氧化物排放量	吨 / 万人	逆	45.698	39.771	12	环境年鉴
33	工业固体废物综合利用率	%	正	0.626	0.465	22	中国统计
34	工业用水重复利用率	%	正	80.820	23.600	30	能源年鉴
35	单位工业增加值能耗	吨 / 万元	逆	2.327	1.734	14	能源年鉴
36	单位工业增加值水耗	立方米 / 万元	逆	39.667	7.777	1	能源年鉴
37	能源消费弹性系数	NA	逆	0.531	0.203	5	能源年鉴
38	单位地区生产总值能耗	吨 / 万元	逆	0.672	0.208	1	能源年鉴
39	单位地区生产总值电力消费量	千瓦时 / 万元	逆	953.608	315.767	1	中国统计
40	人均居民生活用水量	吨	逆	60.513	78.575	25	中国统计

续表

序号	指标名称	单位	指标属性	2020 年测评均值	2020 年北京数值	2020 年北京排名	数据来源
41	人均居民生活用电量	千瓦时	逆	757.721	1277.880	30	电力年鉴
42	单位地区生产总值二氧化硫排放量	吨 / 亿元	逆	5.267	0.049	1	中国统计
43	单位地区生产总值化学需氧量排放量	吨 / 亿元	逆	33.239	1.484	1	中国统计
44	单位地区生产总值氮氧化物排放量	吨 / 亿元	逆	16.703	2.400	1	中国统计
45	单位地区生产总值氨氮排放量	吨 / 亿元	逆	1.099	0.079	2	中国统计
46	碳生产率	百元 / 吨	正	92.190	224.253	1	中国统计
47	工业二氧化硫排放量减少率	%	正	10.709	15.950	9	环境年鉴
48	工业废水化学需氧量排放量减少率	%	正	6.119	4.101	17	环境年鉴
49	工业氮氧化物排放量减少率	%	正	6.864	2.163	22	环境年鉴
50	工业废水氨氮排放量减少率	%	正	12.269	−31.429	30	环境年鉴
51	当年造林面积	公顷	正	226974.800	41762.000	27	中国统计
52	工业污染治理完成投资额增加	万元	正	−53700.703	−2185.540	10	中国统计
53	可再生能源发电占比增加	%	正	0.975	0.701	17	电力年鉴
54	峰值目标先进性	NA	正	1.000	1.000	1	手工整理
55	低碳制度创新	NA	正	0.807	1.000	1	手工整理
56	省会城市空气质量达到及好于二级天数比例	%	正	82.368	75.410	24	中国统计
57	省会城市 PM2.5 年均浓度	微克 / 立方米	逆	37.267	38.000	17	中国统计
58	人均可支配收入	元	正	32431.129	69433.540	2	中国统计
59	万人公共汽电车拥有量	标台	正	12.664	17.016	2	中国统计
60	人均拥有公共图书馆藏量	册	正	0.889	1.431	4	中国统计
61	预期寿命	岁	正	77.463	82.430	2	手工整理
62	居民恩格尔系数	%	逆	30.157	21.525	1	中国统计
63	城镇登记失业率	%	逆	3.302	2.560	4	中国统计

年鉴说明：中国统计——《中国统计年鉴 2021》；工业年鉴——《中国工业统计年鉴 2020》；科技年鉴——《中国科技统计年鉴 2020》；电力年鉴——《中国电力统计年鉴 2021》；能源年鉴——《中国能源统计年鉴 2020》；环境年鉴——《中国环境统计年鉴 2020》；气候公报——《2020 年中国气候公报》；数字经济白皮书——《2021 中国数字经济发展白皮书》；手工整理——手工查阅资料、计算整理。

天津低碳发展“体检”表

序号	指标名称	单位	指标属性	2020 年测评均值	2020 年天津数值	2020 年天津排名	数据来源
1	人均地区生产总值	元 / 人	正	71401.348	101614.210	5	中国统计

续表

序号	指标名称	单位	指标属性	2020 年测评均值	2020 年天津数值	2020 年天津排名	数据来源
2	第一产业劳动生产率	万元 / 人	正	0.096	5.838	7	中国统计
3	第二产业劳动生产率	万元 / 人	正	0.364	21.738	10	中国统计
4	第三产业劳动生产率	万元 / 人	正	0.540	23.255	4	中国统计
5	六大高耗能行业营业收入占比	%	逆	0.413	0.363	16	工业年鉴
6	城镇化率	%	正	0.647	0.847	3	中国统计
7	数字经济占地区增加值比重	%	正	0.355（估测值）	0.490（估测值）	3（估测值）	数字经济白皮书
8	技术市场成交额占地区生产总值比重	%	正	0.025	0.077	2	中国统计
9	高新技术产业营业收入占地区生产总值比重	%	正	0.111	0.193	5	科技年鉴
10	风电、水电、太阳能等可再生能源发电装机总量占比	%	正	0.405	0.130	29	电力年鉴
11	节能环保支出占财政支出比重	%	正	0.029	0.019	27	中国统计
12	对外贸易额占比	%	正	0.232	0.523	5	中国统计
13	每十万人口高等院校平均在校生数	人	正	3108.151	4430.301	2	中国统计
14	省会城市大气自净能力	吨 / 天 / 平方公里	正	3.433（估测值）	2.500（估测值）	21（估测值）	气候公报
15	省会城市日照时长	小时	正	2089.327	2566.100	9	中国统计
16	省会城市月均气温处于 15–25 摄氏度之间的月份数占比	%	正	0.383	0.250	26	中国统计
17	省会城市月总降雨量处于 30–300mm 之间的月份数占比	%	正	0.558	0.417	21	中国统计
18	人均水资源量	立方米 / 人	正	2415.444	95.960	30	中国统计
19	人均森林面积	公顷 / 人	正	0.213	0.010	29	中国统计
20	人均湿地面积	公顷 / 人	正	0.044	0.002	18	中国统计
21	人均国家级自然保护区面积	公顷 / 人	正	0.165	0.002	28	中国统计
22	建成区绿化覆盖率	%	正	41.436	37.592	26	中国统计
23	森林火灾次数	次	逆	38.367	0.000	1	中国统计
24	突发环境事件次数	次	逆	6.933	1.000	4	中国统计
25	煤炭消费总量	万吨	逆	15408.917	3766.110	4	能源年鉴
26	火电装机容量占比	%	逆	57.365	87.011	29	电力年鉴
27	单位建成区面积二氧化硫排放量	吨 / 平方公里	逆	67.327	8.713	3	中国统计

续表

序号	指标名称	单位	指标属性	2020 年测评均值	2020 年天津数值	2020 年天津排名	数据来源
28	单位建成区面积化学需氧量排放量	吨 / 平方公里	逆	441.368	133.598	3	中国统计
29	单位建成区面积氮氧化物排放量	吨 / 平方公里	逆	234.430	99.962	3	中国统计
30	单位建成区面积氨氮排放量	吨 / 平方公里	逆	16.270	2.192	2	中国统计
31	单位耕地面积化肥施用量	万吨 / 千公顷	逆	0.050	0.046	15	中国统计
32	人均公路交通氮氧化物排放量	吨 / 万人	逆	45.698	45.033	16	环境年鉴
33	工业固体废物综合利用率	%	正	0.626	0.995	1	中国统计
34	工业用水重复利用率	%	正	80.820	94.800	4	能源年鉴
35	单位工业增加值能耗	吨 / 万元	逆	2.327	1.885	16	能源年鉴
36	单位工业增加值水耗	立方米 / 万元	逆	39.667	12.579	2	能源年鉴
37	能源消费弹性系数	NA	逆	0.531	0.700	24	能源年鉴
38	单位地区生产总值能耗	吨 / 万元	逆	0.672	0.584	19	能源年鉴
39	单位地区生产总值电力消费量	千瓦时 / 万元	逆	953.608	621.284	10	中国统计
40	人均居民生活用水量	吨	逆	60.513	47.590	8	中国统计
41	人均居民生活用电量	千瓦时	逆	757.721	909.860	23	电力年鉴
42	单位地区生产总值二氧化硫排放量	吨 / 亿元	逆	5.267	0.724	3	中国统计
43	单位地区生产总值化学需氧量排放量	吨 / 亿元	逆	33.239	11.101	4	中国统计
44	单位地区生产总值氮氧化物排放量	吨 / 亿元	逆	16.703	8.306	10	中国统计
45	单位地区生产总值氨氮排放量	吨 / 亿元	逆	1.099	0.182	3	中国统计
46	碳生产率	百元 / 吨	正	92.190	77.989	18	中国统计
47	工业二氧化硫排放量减少率	%	正	10.709	3.889	24	环境年鉴
48	工业废水化学需氧量排放量减少率	%	正	6.119	6.599	12	环境年鉴
49	工业氮氧化物排放量减少率	%	正	6.864	7.456	13	环境年鉴
50	工业废水氨氮排放量减少率	%	正	12.269	14.685	13	环境年鉴
51	当年造林面积	公顷	正	226974.800	2535.000	30	中国统计
52	工业污染治理完成投资额增加	万元	正	−53700.703	−51433.380	18	中国统计
53	可再生能源发电占比增加	%	正	0.975	0.571	19	电力年鉴
54	峰值目标先进性	NA	正	1.000	1.000	1	手工整理
55	低碳制度创新	NA	正	0.807	0.800	9	手工整理

续表

序号	指标名称	单位	指标属性	2020 年测评均值	2020 年天津数值	2020 年天津排名	数据来源
56	省会城市空气质量达到及好于二级天数比例	%	正	82.368	66.940	26	中国统计
57	省会城市 PM2.5 年均浓度	微克 / 立方米	逆	37.267	48.000	25	中国统计
58	人均可支配收入	元	正	32431.129	43854.094	4	中国统计
59	万人公共汽电车拥有量	标台	正	12.664	11.543	21	中国统计
60	人均拥有公共图书馆藏量	册	正	0.889	1.569	2	中国统计
61	预期寿命	岁	正	77.463	81.910	3	手工整理
62	居民恩格尔系数	%	逆	30.157	29.921	17	中国统计
63	城镇登记失业率	%	逆	3.302	3.620	20	中国统计

年鉴说明：中国统计——《中国统计年鉴 2021》；工业年鉴——《中国工业统计年鉴 2020》；科技年鉴——《中国科技统计年鉴 2020》；电力年鉴——《中国电力统计年鉴 2021》；能源年鉴——《中国能源统计年鉴 2020》；环境年鉴——《中国环境统计年鉴 2020》；气候公报——《2020 年中国气候公报》；数字经济白皮书——《2021 中国数字经济发展白皮书》；手工整理——手工查阅资料、计算整理。

河北低碳发展“体检”表

序号	指标名称	单位	指标属性	2020 年测评均值	2020 年河北数值	2020 年河北排名	数据来源
1	人均地区生产总值	元 / 人	正	71401.348	48564.000	26	中国统计
2	第一产业劳动生产率	万元 / 人	正	0.096	4.761	11	中国统计
3	第二产业劳动生产率	万元 / 人	正	0.364	11.612	29	中国统计
4	第三产业劳动生产率	万元 / 人	正	0.540	11.115	21	中国统计
5	六大高耗能行业营业收入占比	%	逆	0.413	0.532	22	工业年鉴
6	城镇化率	%	正	0.647	0.601	21	中国统计
7	数字经济占地区增加值比重	%	正	0.355（估测值）	0.334（估测值）	15（估测值）	数字经济白皮书
8	技术市场成交额占地区生产总值比重	%	正	0.025	0.015	17	中国统计
9	高新技术产业营业收入占地区生产总值比重	%	正	0.111	0.044	25	科技年鉴
10	风电、水电、太阳能等可再生能源发电装机总量占比	%	正	0.405	0.463	9	电力年鉴

续表

序号	指标名称	单位	指标属性	2020 年测评均值	2020 年河北数值	2020 年河北排名	数据来源
11	节能环保支出占财政支出比重	%	正	0.029	0.056	1	中国统计
12	对外贸易额占比	%	正	0.232	0.123	17	中国统计
13	每十万人口高等院校平均在校生数	人	正	3108.151	2699.527	21	中国统计
14	省会城市大气自净能力	吨 / 天 / 平方公里	正	3.433（估测值）	4.500（估测值）	2（估测值）	气候公报
15	省会城市日照时长	小时	正	2089.327	2338.700	14	中国统计
16	省会城市月均气温处于15–25 摄氏度之间的月份数占比	%	正	0.383	0.250	26	中国统计
17	省会城市月总降雨量处于 30–300mm 之间的月份数占比	%	正	0.558	0.500	15	中国统计
18	人均水资源量	立方米 / 人	正	2415.444	196.231	27	中国统计
19	人均森林面积	公顷 / 人	正	0.213	0.067	23	中国统计
20	人均湿地面积	公顷 / 人	正	0.044	0.002	19	中国统计
21	人均国家级自然保护区面积	公顷 / 人	正	0.165	0.004	22	中国统计
22	建成区绿化覆盖率	%	正	41.436	42.918	8	中国统计
23	森林火灾次数	次	逆	38.367	11.000	10	中国统计
24	突发环境事件次数	次	逆	6.933	2.000	7	中国统计
25	煤炭消费总量	万吨	逆	15408.917	28738.440	27	能源年鉴
26	火电装机容量占比	%	逆	57.365	53.685	9	电力年鉴
27	单位建成区面积二氧化硫排放量	吨 / 平方公里	逆	67.327	72.324	20	中国统计
28	单位建成区面积化学需氧量排放量	吨 / 平方公里	逆	441.368	569.719	24	中国统计
29	单位建成区面积氮氧化物排放量	吨 / 平方公里	逆	234.430	344.167	27	中国统计
30	单位建成区面积氨氮排放量	吨 / 平方公里	逆	16.270	14.417	15	中国统计
31	单位耕地面积化肥施用量	万吨 / 千公顷	逆	0.050	0.047	16	中国统计
32	人均公路交通氮氧化物排放量	吨 / 万人	逆	45.698	71.668	29	环境年鉴

续表

序号	指标名称	单位	指标属性	2020 年测评均值	2020 年河北数值	2020 年河北排名	数据来源
33	工业固体废物综合利用率	%	正	0.626	0.554	15	中国统计
34	工业用水重复利用率	%	正	80.820	94.800	4	能源年鉴
35	单位工业增加值能耗	吨 / 万元	逆	2.327	2.877	21	能源年鉴
36	单位工业增加值水耗	立方米 / 万元	逆	39.667	16.622	5	能源年鉴
37	能源消费弹性系数	NA	逆	0.531	0.164	4	能源年鉴
38	单位地区生产总值能耗	吨 / 万元	逆	0.672	0.927	24	能源年鉴
39	单位地区生产总值电力消费量	千瓦时 / 万元	逆	953.608	1086.534	24	中国统计
40	人均居民生活用水量	吨	逆	60.513	36.174	1	中国统计
41	人均居民生活用电量	千瓦时	逆	757.721	742.810	19	电力年鉴
42	单位地区生产总值二氧化硫排放量	吨 / 亿元	逆	5.267	4.467	19	中国统计
43	单位地区生产总值化学需氧量排放量	吨 / 亿元	逆	33.239	35.191	18	中国统计
44	单位地区生产总值氮氧化物排放量	吨 / 亿元	逆	16.703	21.259	22	中国统计
45	单位地区生产总值氨氮排放量	吨 / 亿元	逆	1.099	0.891	15	中国统计
46	碳生产率	百元 / 吨	正	92.190	35.263	26	中国统计
47	工业二氧化硫排放量减少率	%	正	10.709	13.993	13	环境年鉴
48	工业废水化学需氧量排放量减少率	%	正	6.119	−1.753	27	环境年鉴
49	工业氮氧化物排放量减少率	%	正	6.864	22.638	1	环境年鉴
50	工业废水氨氮排放量减少率	%	正	12.269	4.968	23	环境年鉴
51	当年造林面积	公顷	正	226974.800	446772.000	3	中国统计
52	工业污染治理完成投资额增加	万元	正	−53700.703	−244534.950	28	中国统计
53	可再生能源发电占比增加	%	正	0.975	2.504	6	电力年鉴
54	峰值目标先进性	NA	正	1.000	1.000	1	手工整理
55	低碳制度创新	NA	正	0.807	1.000	1	手工整理

续表

序号	指标名称	单位	指标属性	2020 年测评均值	2020 年河北数值	2020 年河北排名	数据来源
56	省会城市空气质量达到及好于二级天数比例	%	正	82.368	56.011	30	中国统计
57	省会城市 PM2.5 年均浓度	微克 / 立方米	逆	37.267	58.000	30	中国统计
58	人均可支配收入	元	正	32431.129	27135.937	17	中国统计
59	万人公共汽电车拥有量	标台	正	12.664	13.287	11	中国统计
60	人均拥有公共图书馆藏量	册	正	0.889	0.460	28	中国统计
61	预期寿命	岁	正	77.463	76.170	22	手工整理
62	居民恩格尔系数	%	逆	30.157	27.679	8	中国统计
63	城镇登记失业率	%	逆	3.302	3.460	19	中国统计

年鉴说明：中国统计——《中国统计年鉴 2021》；工业年鉴——《中国工业统计年鉴 2020》；科技年鉴——《中国科技统计年鉴 2020》；电力年鉴——《中国电力统计年鉴 2021》；能源年鉴——《中国能源统计年鉴 2020》；环境年鉴——《中国环境统计年鉴 2020》；气候公报——《2020 年中国气候公报》；数字经济白皮书——《2021 中国数字经济发展白皮书》；手工整理——手工查阅资料、计算整理。

山西低碳发展“体检”表

序号	指标名称	单位	指标属性	2020 年测评均值	2020 年山西数值	2020 年山西排名	数据来源
1	人均地区生产总值	元 / 人	正	71401.348	50527.920	25	中国统计
2	第一产业劳动生产率	万元 / 人	正	0.096	2.233	29	中国统计
3	第二产业劳动生产率	万元 / 人	正	0.364	17.524	16	中国统计
4	第三产业劳动生产率	万元 / 人	正	0.540	10.308	27	中国统计
5	六大高耗能行业营业收入占比	%	逆	0.413	0.454	20	工业年鉴
6	城镇化率	%	正	0.647	0.625	17	中国统计
7	数字经济占地区增加值比重	%	正	0.355（估测值）	0.247（估测值）	26（估测值）	数字经济白皮书
8	技术市场成交额占地区生产总值比重	%	正	0.025	0.003	27	中国统计
9	高新技术产业营业收入占地区生产总值比重	%	正	0.111	0.072	18	科技年鉴
10	风电、水电、太阳能等可再生能源发电装机总量占比	%	正	0.405	0.338	16	电力年鉴

续表

序号	指标名称	单位	指标属性	2020年测评均值	2020年山西数值	2020年山西排名	数据来源
11	节能环保支出占财政支出比重	%	正	0.029	0.051	2	中国统计
12	对外贸易额占比	%	正	0.232	0.085	25	中国统计
13	每十万人口高等院校平均在校生数	人	正	3108.151	2688.380	24	中国统计
14	省会城市大气自净能力	吨/天/平方公里	正	3.433（估测值）	3.500（估测值）	8（估测值）	气候公报
15	省会城市日照时长	小时	正	2089.327	3103.200	3	中国统计
16	省会城市月均气温处于15–25摄氏度之间的月份数占比	%	正	0.383	0.417	8	中国统计
17	省会城市月总降雨量处于30–300mm之间的月份数占比	%	正	0.558	0.333	26	中国统计
18	人均水资源量	立方米/人	正	2415.444	329.755	25	中国统计
19	人均森林面积	公顷/人	正	0.213	0.092	20	中国统计
20	人均湿地面积	公顷/人	正	0.044	0.002	20	中国统计
21	人均国家级自然保护区面积	公顷/人	正	0.165	0.004	21	中国统计
22	建成区绿化覆盖率	%	正	41.436	43.876	4	中国统计
23	森林火灾次数	次	逆	38.367	17.000	16	中国统计
24	突发环境事件次数	次	逆	6.933	17.000	28	中国统计
25	煤炭消费总量	万吨	逆	15408.917	51331.610	30	能源年鉴
26	火电装机容量占比	%	逆	57.365	66.243	20	电力年鉴
27	单位建成区面积二氧化硫排放量	吨/平方公里	逆	67.327	126.697	25	中国统计
28	单位建成区面积化学需氧量排放量	吨/平方公里	逆	441.368	489.126	19	中国统计
29	单位建成区面积氮氧化物排放量	吨/平方公里	逆	234.430	444.619	29	中国统计
30	单位建成区面积氨氮排放量	吨/平方公里	逆	16.270	12.962	13	中国统计
31	单位耕地面积化肥施用量	万吨/千公顷	逆	0.050	0.028	7	中国统计
32	人均公路交通氮氧化物排放量	吨/万人	逆	45.698	60.610	25	环境年鉴

续表

序号	指标名称	单位	指标属性	2020 年测评均值	2020 年山西数值	2020 年山西排名	数据来源
33	工业固体废物综合利用率	%	正	0.626	0.402	28	中国统计
34	工业用水重复利用率	%	正	80.820	94.500	6	能源年鉴
35	单位工业增加值能耗	吨 / 万元	逆	2.327	3.169	23	能源年鉴
36	单位工业增加值水耗	立方米 / 万元	逆	39.667	20.508	7	能源年鉴
37	能源消费弹性系数	NA	逆	0.531	0.527	16	能源年鉴
38	单位地区生产总值能耗	吨 / 万元	逆	0.672	1.225	26	能源年鉴
39	单位地区生产总值电力消费量	千瓦时 / 万元	逆	953.608	1326.767	25	中国统计
40	人均居民生活用水量	吨	逆	60.513	41.829	4	中国统计
41	人均居民生活用电量	千瓦时	逆	757.721	659.380	11	电力年鉴
42	单位地区生产总值二氧化硫排放量	吨 / 亿元	逆	5.267	9.095	23	中国统计
43	单位地区生产总值化学需氧量排放量	吨 / 亿元	逆	33.239	35.113	17	中国统计
44	单位地区生产总值氮氧化物排放量	吨 / 亿元	逆	16.703	31.918	29	中国统计
45	单位地区生产总值氨氮排放量	吨 / 亿元	逆	1.099	0.930	16	中国统计
46	碳生产率	百元 / 吨	正	92.190	34.020	27	中国统计
47	工业二氧化硫排放量减少率	%	正	10.709	17.631	8	环境年鉴
48	工业废水化学需氧量排放量减少率	%	正	6.119	6.679	11	环境年鉴
49	工业氮氧化物排放量减少率	%	正	6.864	8.233	12	环境年鉴
50	工业废水氨氮排放量减少率	%	正	12.269	16.047	12	环境年鉴
51	当年造林面积	公顷	正	226974.800	272071.000	11	中国统计
52	工业污染治理完成投资额增加	万元	正	–53700.703	–141124.171	26	中国统计
53	可再生能源发电占比增加	%	正	0.975	1.576	8	电力年鉴
54	峰值目标先进性	NA	正	1.000	1.000	1	手工整理
55	低碳制度创新	NA	正	0.807	0.800	9	手工整理

续表

序号	指标名称	单位	指标属性	2020 年测评均值	2020 年山西数值	2020 年山西排名	数据来源
56	省会城市空气质量达到及好于二级天数比例	%	正	82.368	61.202	28	中国统计
57	省会城市 PM2.5 年均浓度	微克 / 立方米	逆	37.267	54.000	29	中国统计
58	人均可支配收入	元	正	32431.129	25213.671	22	中国统计
59	万人公共汽电车拥有量	标台	正	12.664	11.006	25	中国统计
60	人均拥有公共图书馆藏量	册	正	0.889	0.617	20	中国统计
61	预期寿命	岁	正	77.463	74.920	26	手工整理
62	居民恩格尔系数	%	逆	30.157	27.728	9	中国统计
63	城镇登记失业率	%	逆	3.302	3.110	11	中国统计

年鉴说明：中国统计——《中国统计年鉴 2021》；工业年鉴——《中国工业统计年鉴 2020》；科技年鉴——《中国科技统计年鉴 2020》；电力年鉴——《中国电力统计年鉴 2021》；能源年鉴——《中国能源统计年鉴 2020》；环境年鉴——《中国环境统计年鉴 2020》；气候公报——《2020 年中国气候公报》；数字经济白皮书——《2021 中国数字经济发展白皮书》；手工整理——手工查阅资料、计算整理。

内蒙古低碳发展“体检”表

序号	指标名称	单位	指标属性	2020 年测评均值	2020 年内蒙古数值	2020 年内蒙古排名	数据来源
1	人均地区生产总值	元 / 人	正	71401.348	72062.350	11	中国统计
2	第一产业劳动生产率	万元 / 人	正	0.096	4.571	14	中国统计
3	第二产业劳动生产率	万元 / 人	正	0.364	32.550	1	中国统计
4	第三产业劳动生产率	万元 / 人	正	0.540	14.399	11	中国统计
5	六大高耗能行业营业收入占比	%	逆	0.413	0.576	26	工业年鉴
6	城镇化率	%	正	0.647	0.675	10	中国统计
7	数字经济占地区增加值比重	%	正	0.355（估测值）	0.247（估测值）	26（估测值）	数字经济白皮书
8	技术市场成交额占地区生产总值比重	%	正	0.025	0.002	28	中国统计
9	高新技术产业营业收入占地区生产总值比重	%	正	0.111	0.021	29	科技年鉴
10	风电、水电、太阳能等可再生能源发电装机总量占比	%	正	0.405	0.360	15	电力年鉴

续表

序号	指标名称	单位	指标属性	2020 年测评均值	2020 年内蒙古数值	2020 年内蒙古排名	数据来源
11	节能环保支出占财政支出比重	%	正	0.029	0.028	15	中国统计
12	对外贸易额占比	%	正	0.232	0.061	26	中国统计
13	每十万人口高等院校平均在校生数	人	正	3108.151	2126.567	29	中国统计
14	省会城市大气自净能力	吨 / 天 / 平方公里	正	3.433（估测值）	5.500（估测值）	1（估测值）	气候公报
15	省会城市日照时长	小时	正	2089.327	2817.800	5	中国统计
16	省会城市月均气温处于 15–25 摄氏度之间的月份数占比	%	正	0.383	0.333	16	中国统计
17	省会城市月总降雨量处于 30–300mm 之间的月份数占比	%	正	0.558	0.333	26	中国统计
18	人均水资源量	立方米 / 人	正	2415.444	2091.739	15	中国统计
19	人均森林面积	公顷 / 人	正	0.213	1.088	1	中国统计
20	人均湿地面积	公顷 / 人	正	0.044	0.159	2	中国统计
21	人均国家级自然保护区面积	公顷 / 人	正	0.165	0.181	4	中国统计
22	建成区绿化覆盖率	%	正	41.436	40.452	24	中国统计
23	森林火灾次数	次	逆	38.367	91.000	27	中国统计
24	突发环境事件次数	次	逆	6.933	2.000	7	中国统计
25	煤炭消费总量	万吨	逆	15408.917	49035.950	29	能源年鉴
26	火电装机容量占比	%	逆	57.365	64.034	19	电力年鉴
27	单位建成区面积二氧化硫排放量	吨 / 平方公里	逆	67.327	217.042	30	中国统计
28	单位建成区面积化学需氧量排放量	吨 / 平方公里	逆	441.368	561.535	23	中国统计
29	单位建成区面积氮氧化物排放量	吨 / 平方公里	逆	234.430	376.844	28	中国统计
30	单位建成区面积氨氮排放量	吨 / 平方公里	逆	16.270	11.014	10	中国统计
31	单位耕地面积化肥施用量	万吨 / 千公顷	逆	0.050	0.018	4	中国统计
32	人均公路交通氮氧化物排放量	吨 / 万人	逆	45.698	64.251	27	环境年鉴

续表

序号	指标名称	单位	指标属性	2020 年测评均值	2020 年内蒙古数值	2020 年内蒙古排名	数据来源
33	工业固体废物综合利用率	%	正	0.626	0.352	30	中国统计
34	工业用水重复利用率	%	正	80.820	88.700	15	能源年鉴
35	单位工业增加值能耗	吨 / 万元	逆	2.327	4.643	27	能源年鉴
36	单位工业增加值水耗	立方米 / 万元	逆	39.667	26.747	11	能源年鉴
37	能源消费弹性系数	NA	逆	0.531	1.899	30	能源年鉴
38	单位地区生产总值能耗	吨 / 万元	逆	0.672	1.473	29	能源年鉴
39	单位地区生产总值电力消费量	千瓦时 / 万元	逆	953.608	2246.567	28	中国统计
40	人均居民生活用水量	吨	逆	60.513	48.277	10	中国统计
41	人均居民生活用电量	千瓦时	逆	757.721	639.590	8	电力年鉴
42	单位地区生产总值二氧化硫排放量	吨 / 亿元	逆	5.267	15.780	29	中国统计
43	单位地区生产总值化学需氧量排放量	吨 / 亿元	逆	33.239	40.828	22	中国统计
44	单位地区生产总值氮氧化物排放量	吨 / 亿元	逆	16.703	27.399	27	中国统计
45	单位地区生产总值氨氮排放量	吨 / 亿元	逆	1.099	0.801	10	中国统计
46	碳生产率	百元 / 吨	正	92.190	26.764	29	中国统计
47	工业二氧化硫排放量减少率	%	正	10.709	2.037	26	环境年鉴
48	工业废水化学需氧量排放量减少率	%	正	6.119	15.718	4	环境年鉴
49	工业氮氧化物排放量减少率	%	正	6.864	−12.242	30	环境年鉴
50	工业废水氨氮排放量减少率	%	正	12.269	11.094	17	环境年鉴
51	当年造林面积	公顷	正	226974.800	649981.000	1	中国统计
52	工业污染治理完成投资额增加	万元	正	−53700.703	−99993.863	24	中国统计
53	可再生能源发电占比增加	%	正	0.975	0.754	16	电力年鉴
54	峰值目标先进性	NA	正	1.000	1.000	1	手工整理
55	低碳制度创新	NA	正	0.807	0.800	9	手工整理

续表

序号	指标名称	单位	指标属性	2020 年测评均值	2020 年内蒙古数值	2020 年内蒙古排名	数据来源
56	省会城市空气质量达到及好于二级天数比例	%	正	82.368	80.328	20	中国统计
57	省会城市 PM2.5 年均浓度	微克 / 立方米	逆	37.267	40.000	18	中国统计
58	人均可支配收入	元	正	32431.129	31497.315	10	中国统计
59	万人公共汽电车拥有量	标台	正	12.664	11.511	22	中国统计
60	人均拥有公共图书馆藏量	册	正	0.889	0.852	12	中国统计
61	预期寿命	岁	正	77.463	77.340	16	手工整理
62	居民恩格尔系数	%	逆	30.157	28.726	12	中国统计
63	城镇登记失业率	%	逆	3.302	3.800	25	中国统计

年鉴说明：中国统计——《中国统计年鉴 2021》；工业年鉴——《中国工业统计年鉴 2020》；科技年鉴——《中国科技统计年鉴 2020》；电力年鉴——《中国电力统计年鉴 2021》；能源年鉴——《中国能源统计年鉴 2020》；环境年鉴——《中国环境统计年鉴 2020》；气候公报——《2020 年中国气候公报》；数字经济白皮书——《2021 中国数字经济发展白皮书》；手工整理——手工查阅资料、计算整理。

辽宁低碳发展“体检”表

序号	指标名称	单位	指标属性	2020 年测评均值	2020 年辽宁数值	2020 年辽宁排名	数据来源
1	人均地区生产总值	元 / 人	正	71401.348	58872.390	15	中国统计
2	第一产业劳动生产率	万元 / 人	正	0.096	3.621	24	中国统计
3	第二产业劳动生产率	万元 / 人	正	0.364	18.953	13	中国统计
4	第三产业劳动生产率	万元 / 人	正	0.540	12.164	15	中国统计
5	六大高耗能行业营业收入占比	%	逆	0.413	0.556	24	工业年鉴
6	城镇化率	%	正	0.647	0.721	7	中国统计
7	数字经济占地区增加值比重	%	正	0.355（估测值）	0.360（估测值）	14（估测值）	数字经济白皮书
8	技术市场成交额占地区生产总值比重	%	正	0.025	0.025	11	中国统计
9	高新技术产业营业收入占地区生产总值比重	%	正	0.111	0.077	17	科技年鉴
10	风电、水电、太阳能等可再生能源发电装机总量占比	%	正	0.405	0.292	22	电力年鉴

续表

序号	指标名称	单位	指标属性	2020 年测评均值	2020 年辽宁数值	2020 年辽宁排名	数据来源
11	节能环保支出占财政支出比重	%	正	0.029	0.016	29	中国统计
12	对外贸易额占比	%	正	0.232	0.262	9	中国统计
13	每十万人口高等院校平均在校生数	人	正	3108.151	3486.542	8	中国统计
14	省会城市大气自净能力	吨 / 天 / 平方公里	正	3.433（估测值）	4.500（估测值）	2（估测值）	气候公报
15	省会城市日照时长	小时	正	2089.327	2705.500	7	中国统计
16	省会城市月均气温处于 15–25 摄氏度之间的月份数占比	%	正	0.383	0.333	16	中国统计
17	省会城市月总降雨量处于 30–300mm 之间的月份数占比	%	正	0.558	0.417	21	中国统计
18	人均水资源量	立方米 / 人	正	2415.444	930.849	21	中国统计
19	人均森林面积	公顷 / 人	正	0.213	0.134	16	中国统计
20	人均湿地面积	公顷 / 人	正	0.044	0.007	9	中国统计
21	人均国家级自然保护区面积	公顷 / 人	正	0.165	0.021	10	中国统计
22	建成区绿化覆盖率	%	正	41.436	41.727	14	中国统计
23	森林火灾次数	次	逆	38.367	11.000	10	中国统计
24	突发环境事件次数	次	逆	6.933	5.000	12	中国统计
25	煤炭消费总量	万吨	逆	15408.917	18710.780	22	能源年鉴
26	火电装机容量占比	%	逆	57.365	63.071	18	电力年鉴
27	单位建成区面积二氧化硫排放量	吨 / 平方公里	逆	67.327	75.721	21	中国统计
28	单位建成区面积化学需氧量排放量	吨 / 平方公里	逆	441.368	457.713	16	中国统计
29	单位建成区面积氮氧化物排放量	吨 / 平方公里	逆	234.430	212.648	22	中国统计
30	单位建成区面积氨氮排放量	吨 / 平方公里	逆	16.270	6.799	5	中国统计
31	单位耕地面积化肥施用量	万吨 / 千公顷	逆	0.050	0.027	6	中国统计
32	人均公路交通氮氧化物排放量	吨 / 万人	逆	45.698	63.890	26	环境年鉴

续表

序号	指标名称	单位	指标属性	2020 年测评均值	2020 年辽宁数值	2020 年辽宁排名	数据来源
33	工业固体废物综合利用率	%	正	0.626	0.450	25	中国统计
34	工业用水重复利用率	%	正	80.820	95.000	3	能源年鉴
35	单位工业增加值能耗	吨 / 万元	逆	2.327	2.949	22	能源年鉴
36	单位工业增加值水耗	立方米 / 万元	逆	39.667	22.727	8	能源年鉴
37	能源消费弹性系数	NA	逆	0.531	1.163	28	能源年鉴
38	单位地区生产总值能耗	吨 / 万元	逆	0.672	0.953	25	能源年鉴
39	单位地区生产总值电力消费量	千瓦时 / 万元	逆	953.608	964.764	23	中国统计
40	人均居民生活用水量	吨	逆	60.513	59.688	16	中国统计
41	人均居民生活用电量	千瓦时	逆	757.721	732.860	18	电力年鉴
42	单位地区生产总值二氧化硫排放量	吨 / 亿元	逆	5.267	8.218	22	中国统计
43	单位地区生产总值化学需氧量排放量	吨 / 亿元	逆	33.239	49.673	25	中国统计
44	单位地区生产总值氮氧化物排放量	吨 / 亿元	逆	16.703	23.078	25	中国统计
45	单位地区生产总值氨氮排放量	吨 / 亿元	逆	1.099	0.738	8	中国统计
46	碳生产率	百元 / 吨	正	92.190	42.716	25	中国统计
47	工业二氧化硫排放量减少率	%	正	10.709	19.282	6	环境年鉴
48	工业废水化学需氧量排放量减少率	%	正	6.119	5.214	16	环境年鉴
49	工业氮氧化物排放量减少率	%	正	6.864	−2.280	27	环境年鉴
50	工业废水氨氮排放量减少率	%	正	12.269	20.970	7	环境年鉴
51	当年造林面积	公顷	正	226974.800	158008.000	19	中国统计
52	工业污染治理完成投资额增加	万元	正	−53700.703	−23526.937	15	中国统计
53	可再生能源发电占比增加	%	正	0.975	1.307	12	电力年鉴
54	峰值目标先进性	NA	正	1.000	1.000	1	手工整理
55	低碳制度创新	NA	正	0.807	0.800	9	手工整理

续表

序号	指标名称	单位	指标属性	2020 年测评均值	2020 年辽宁数值	2020 年辽宁排名	数据来源
56	省会城市空气质量达到及好于二级天数比例	%	正	82.368	78.415	21	中国统计
57	省会城市 PM2.5 年均浓度	微克 / 立方米	逆	37.267	42.000	21	中国统计
58	人均可支配收入	元	正	32431.129	32738.277	9	中国统计
59	万人公共汽电车拥有量	标台	正	12.664	12.298	16	中国统计
60	人均拥有公共图书馆藏量	册	正	0.889	1.064	8	中国统计
61	预期寿命	岁	正	77.463	78.860	6	手工整理
62	居民恩格尔系数	%	逆	30.157	29.557	15	中国统计
63	城镇登记失业率	%	逆	3.302	4.610	30	中国统计

年鉴说明：中国统计——《中国统计年鉴 2021》；工业年鉴——《中国工业统计年鉴 2020》；科技年鉴——《中国科技统计年鉴 2020》；电力年鉴——《中国电力统计年鉴 2021》；能源年鉴——《中国能源统计年鉴 2020》；环境年鉴——《中国环境统计年鉴 2020》；气候公报——《2020 年中国气候公报》；数字经济白皮书——《2021 中国数字经济发展白皮书》；手工整理——手工查阅资料、计算整理。

吉林低碳发展“体检”表

序号	指标名称	单位	指标属性	2020 年测评均值	2020 年吉林数值	2020 年吉林排名	数据来源
1	人均地区生产总值	元 / 人	正	71401.348	50799.750	24	中国统计
2	第一产业劳动生产率	万元 / 人	正	0.096	3.290	27	中国统计
3	第二产业劳动生产率	万元 / 人	正	0.364	23.512	7	中国统计
4	第三产业劳动生产率	万元 / 人	正	0.540	10.632	25	中国统计
5	六大高耗能行业营业收入占比	%	逆	0.413	0.210	3	工业年鉴
6	城镇化率	%	正	0.647	0.626	16	中国统计
7	数字经济占地区增加值比重	%	正	0.355（估测值）	0.386（估测值）	11（估测值）	数字经济白皮书
8	技术市场成交额占地区生产总值比重	%	正	0.025	0.038	6	中国统计
9	高新技术产业营业收入占地区生产总值比重	%	正	0.111	0.050	21	科技年鉴
10	风电、水电、太阳能等可再生能源发电装机总量占比	%	正	0.405	0.435	12	电力年鉴

续表

序号	指标名称	单位	指标属性	2020 年测评均值	2020 年吉林数值	2020 年吉林排名	数据来源
11	节能环保支出占财政支出比重	%	正	0.029	0.032	10	中国统计
12	对外贸易额占比	%	正	0.232	0.104	23	中国统计
13	每十万人口高等院校平均在校生数	人	正	3108.151	3706.871	5	中国统计
14	省会城市大气自净能力	吨 / 天 / 平方公里	正	3.433（估测值）	4.500（估测值）	2（估测值）	气候公报
15	省会城市日照时长	小时	正	2089.327	2538.000	10	中国统计
16	省会城市月均气温处于 15–25 摄氏度之间的月份数占比	%	正	0.383	0.417	8	中国统计
17	省会城市月总降雨量处于 30–300mm 之间的月份数占比	%	正	0.558	0.500	15	中国统计
18	人均水资源量	立方米 / 人	正	2415.444	2418.816	12	中国统计
19	人均森林面积	公顷 / 人	正	0.213	0.327	5	中国统计
20	人均湿地面积	公顷 / 人	正	0.044	0.010	8	中国统计
21	人均国家级自然保护区面积	公顷 / 人	正	0.165	0.051	7	中国统计
22	建成区绿化覆盖率	%	正	41.436	40.396	25	中国统计
23	森林火灾次数	次	逆	38.367	19.000	17	中国统计
24	突发环境事件次数	次	逆	6.933	0.000	1	中国统计
25	煤炭消费总量	万吨	逆	15408.917	8730.650	13	能源年鉴
26	火电装机容量占比	%	逆	57.365	56.498	14	电力年鉴
27	单位建成区面积二氧化硫排放量	吨 / 平方公里	逆	67.327	43.681	12	中国统计
28	单位建成区面积化学需氧量排放量	吨 / 平方公里	逆	441.368	359.236	10	中国统计
29	单位建成区面积氮氧化物排放量	吨 / 平方公里	逆	234.430	128.398	10	中国统计
30	单位建成区面积氨氮排放量	吨 / 平方公里	逆	16.270	6.139	4	中国统计
31	单位耕地面积化肥施用量	万吨 / 千公顷	逆	0.050	0.030	8	中国统计
32	人均公路交通氮氧化物排放量	吨 / 万人	逆	45.698	48.011	19	环境年鉴

续表

序号	指标名称	单位	指标属性	2020 年测评均值	2020 年吉林数值	2020 年吉林排名	数据来源
33	工业固体废物综合利用率	%	正	0.626	0.515	18	中国统计
34	工业用水重复利用率	%	正	80.820	83.200	20	能源年鉴
35	单位工业增加值能耗	吨 / 万元	逆	2.327	2.130	17	能源年鉴
36	单位工业增加值水耗	立方米 / 万元	逆	39.667	42.117	19	能源年鉴
37	能源消费弹性系数	NA	逆	0.531	0.629	22	能源年鉴
38	单位地区生产总值能耗	吨 / 万元	逆	0.672	0.608	20	能源年鉴
39	单位地区生产总值电力消费量	千瓦时 / 万元	逆	953.608	653.870	14	中国统计
40	人均居民生活用水量	吨	逆	60.513	55.434	14	中国统计
41	人均居民生活用电量	千瓦时	逆	757.721	581.480	5	电力年鉴
42	单位地区生产总值二氧化硫排放量	吨 / 亿元	逆	5.267	5.556	20	中国统计
43	单位地区生产总值化学需氧量排放量	吨 / 亿元	逆	33.239	45.690	23	中国统计
44	单位地区生产总值氮氧化物排放量	吨 / 亿元	逆	16.703	16.331	20	中国统计
45	单位地区生产总值氨氮排放量	吨 / 亿元	逆	1.099	0.781	9	中国统计
46	碳生产率	百元 / 吨	正	92.190	59.677	21	中国统计
47	工业二氧化硫排放量减少率	%	正	10.709	−10.487	29	环境年鉴
48	工业废水化学需氧量排放量减少率	%	正	6.119	11.798	7	环境年鉴
49	工业氮氧化物排放量减少率	%	正	6.864	−4.539	29	环境年鉴
50	工业废水氨氮排放量减少率	%	正	12.269	22.251	5	环境年鉴
51	当年造林面积	公顷	正	226974.800	123892.000	22	中国统计
52	工业污染治理完成投资额增加	万元	正	−53700.703	−59708.280	19	中国统计
53	可再生能源发电占比增加	%	正	0.975	3.198	5	电力年鉴
54	峰值目标先进性	NA	正	1.000	1.000	1	手工整理
55	低碳制度创新	NA	正	0.807	1.000	1	手工整理

续表

序号	指标名称	单位	指标属性	2020 年测评均值	2020 年吉林数值	2020 年吉林排名	数据来源
56	省会城市空气质量达到及好于二级天数比例	%	正	82.368	83.333	16	中国统计
57	省会城市 PM2.5 年均浓度	微克 / 立方米	逆	37.267	42.000	21	中国统计
58	人均可支配收入	元	正	32431.129	25751.034	20	中国统计
59	万人公共汽电车拥有量	标台	正	12.664	10.072	26	中国统计
60	人均拥有公共图书馆藏量	册	正	0.889	0.938	10	中国统计
61	预期寿命	岁	正	77.463	76.180	21	手工整理
62	居民恩格尔系数	%	逆	30.157	28.997	13	中国统计
63	城镇登记失业率	%	逆	3.302	3.420	18	中国统计

年鉴说明：中国统计——《中国统计年鉴 2021》；工业年鉴——《中国工业统计年鉴 2020》；科技年鉴——《中国科技统计年鉴 2020》；电力年鉴——《中国电力统计年鉴 2021》；能源年鉴——《中国能源统计年鉴 2020》；环境年鉴——《中国环境统计年鉴 2020》；气候公报——《2020 年中国气候公报》；数字经济白皮书——《2021 中国数字经济发展白皮书》；手工整理——手工查阅资料、计算整理。

黑龙江低碳发展“体检”表

序号	指标名称	单位	指标属性	2020 年测评均值	2020 年黑龙江数值	2020 年黑龙江排名	数据来源
1	人均地区生产总值	元 / 人	正	71401.348	42634.610	29	中国统计
2	第一产业劳动生产率	万元 / 人	正	0.096	6.391	5	中国统计
3	第二产业劳动生产率	万元 / 人	正	0.364	14.515	25	中国统计
4	第三产业劳动生产率	万元 / 人	正	0.540	9.751	30	中国统计
5	六大高耗能行业营业收入占比	%	逆	0.413	0.341	13	工业年鉴
6	城镇化率	%	正	0.647	0.656	11	中国统计
7	数字经济占地区增加值比重	%	正	0.355（估测值）	0.386（估测值）	11（估测值）	数字经济白皮书
8	技术市场成交额占地区生产总值比重	%	正	0.025	0.019	14	中国统计
9	高新技术产业营业收入占地区生产总值比重	%	正	0.111	0.031	28	科技年鉴
10	风电、水电、太阳能等可再生能源发电装机总量占比	%	正	0.405	0.315	20	电力年鉴

续表

序号	指标名称	单位	指标属性	2020年测评均值	2020年黑龙江数值	2020年黑龙江排名	数据来源
11	节能环保支出占财政支出比重	%	正	0.029	0.040	3	中国统计
12	对外贸易额占比	%	正	0.232	0.112	20	中国统计
13	每十万人口高等院校平均在校生数	人	正	3108.151	2695.244	22	中国统计
14	省会城市大气自净能力	吨/天/平方公里	正	3.433（估测值）	4.500（估测值）	2（估测值）	气候公报
15	省会城市日照时长	小时	正	2089.327	3421.400	1	中国统计
16	省会城市月均气温处于15–25摄氏度之间的月份数占比	%	正	0.383	0.417	8	中国统计
17	省会城市月总降雨量处于30–300mm之间的月份数占比	%	正	0.558	0.500	15	中国统计
18	人均水资源量	立方米/人	正	2415.444	4419.234	2	中国统计
19	人均森林面积	公顷/人	正	0.213	0.628	3	中国统计
20	人均湿地面积	公顷/人	正	0.044	0.110	3	中国统计
21	人均国家级自然保护区面积	公顷/人	正	0.165	0.123	5	中国统计
22	建成区绿化覆盖率	%	正	41.436	36.876	28	中国统计
23	森林火灾次数	次	逆	38.367	50.000	21	中国统计
24	突发环境事件次数	次	逆	6.933	1.000	4	中国统计
25	煤炭消费总量	万吨	逆	15408.917	14142.640	19	能源年鉴
26	火电装机容量占比	%	逆	57.365	68.524	23	电力年鉴
27	单位建成区面积二氧化硫排放量	吨/平方公里	逆	67.327	78.384	22	中国统计
28	单位建成区面积化学需氧量排放量	吨/平方公里	逆	441.368	816.507	29	中国统计
29	单位建成区面积氮氧化物排放量	吨/平方公里	逆	234.430	162.918	14	中国统计
30	单位建成区面积氨氮排放量	吨/平方公里	逆	16.270	13.227	14	中国统计
31	单位耕地面积化肥施用量	万吨/千公顷	逆	0.050	0.013	2	中国统计
32	人均公路交通氮氧化物排放量	吨/万人	逆	45.698	47.331	17	环境年鉴

续表

序号	指标名称	单位	指标属性	2020 年测评均值	2020 年黑龙江数值	2020 年黑龙江排名	数据来源
33	工业固体废物综合利用率	%	正	0.626	0.468	21	中国统计
34	工业用水重复利用率	%	正	80.820	63.500	26	能源年鉴
35	单位工业增加值能耗	吨 / 万元	逆	2.327	3.484	25	能源年鉴
36	单位工业增加值水耗	立方米 / 万元	逆	39.667	58.488	24	能源年鉴
37	能源消费弹性系数	NA	逆	0.531	0.371	8	能源年鉴
38	单位地区生产总值能耗	吨 / 万元	逆	0.672	0.853	22	能源年鉴
39	单位地区生产总值电力消费量	千瓦时 / 万元	逆	953.608	740.227	17	中国统计
40	人均居民生活用水量	吨	逆	60.513	46.990	7	中国统计
41	人均居民生活用电量	千瓦时	逆	757.721	606.320	6	电力年鉴
42	单位地区生产总值二氧化硫排放量	吨 / 亿元	逆	5.267	10.454	26	中国统计
43	单位地区生产总值化学需氧量排放量	吨 / 亿元	逆	33.239	108.892	30	中国统计
44	单位地区生产总值氮氧化物排放量	吨 / 亿元	逆	16.703	21.727	23	中国统计
45	单位地区生产总值氨氮排放量	吨 / 亿元	逆	1.099	1.764	26	中国统计
46	碳生产率	百元 / 吨	正	92.190	49.657	24	中国统计
47	工业二氧化硫排放量减少率	%	正	10.709	8.416	18	环境年鉴
48	工业废水化学需氧量排放量减少率	%	正	6.119	9.088	9	环境年鉴
49	工业氮氧化物排放量减少率	%	正	6.864	3.739	18	环境年鉴
50	工业废水氨氮排放量减少率	%	正	12.269	4.049	26	环境年鉴
51	当年造林面积	公顷	正	226974.800	121280.000	23	中国统计
52	工业污染治理完成投资额增加	万元	正	−53700.703	8955.171	7	中国统计
53	可再生能源发电占比增加	%	正	0.975	1.060	14	电力年鉴
54	峰值目标先进性	NA	正	1.000	1.000	1	手工整理
55	低碳制度创新	NA	正	0.807	0.800	9	手工整理

续表

序号	指标名称	单位	指标属性	2020 年测评均值	2020 年黑龙江数值	2020 年黑龙江排名	数据来源
56	省会城市空气质量达到及好于二级天数比例	%	正	82.368	82.787	18	中国统计
57	省会城市 PM2.5 年均浓度	微克 / 立方米	逆	37.267	47.000	23	中国统计
58	人均可支配收入	元	正	32431.129	24901.973	23	中国统计
59	万人公共汽电车拥有量	标台	正	12.664	13.987	8	中国统计
60	人均拥有公共图书馆藏量	册	正	0.889	0.740	14	中国统计
61	预期寿命	岁	正	77.463	77.500	14	手工整理
62	居民恩格尔系数	%	逆	30.157	30.998	21	中国统计
63	城镇登记失业率	%	逆	3.302	3.370	17	中国统计

年鉴说明：中国统计——《中国统计年鉴 2021》；工业年鉴——《中国工业统计年鉴 2020》；科技年鉴——《中国科技统计年鉴 2020》；电力年鉴——《中国电力统计年鉴 2021》；能源年鉴——《中国能源统计年鉴 2020》；环境年鉴——《中国环境统计年鉴 2020》；气候公报——《2020 年中国气候公报》；数字经济白皮书——《2021 中国数字经济发展白皮书》；手工整理——手工查阅资料、计算整理。

上海低碳发展“体检”表

序号	指标名称	单位	指标属性	2020 年测评均值	2020 年上海数值	2020 年上海排名	数据来源
1	人均地区生产总值	元 / 人	正	71401.348	155768.080	2	中国统计
2	第一产业劳动生产率	万元 / 人	正	0.096	3.836	23	中国统计
3	第二产业劳动生产率	万元 / 人	正	0.364	22.968	8	中国统计
4	第三产业劳动生产率	万元 / 人	正	0.540	31.488	2	中国统计
5	六大高耗能行业营业收入占比	%	逆	0.413	0.226	4	工业年鉴
6	城镇化率	%	正	0.647	0.893	1	中国统计
7	数字经济占地区增加值比重	%	正	0.355（估测值）	0.551（估测值）	2（估测值）	数字经济白皮书
8	技术市场成交额占地区生产总值比重	%	正	0.025	0.041	4	中国统计
9	高新技术产业营业收入占地区生产总值比重	%	正	0.111	0.192	6	科技年鉴
10	风电、水电、太阳能等可再生能源发电装机总量占比	%	正	0.405	0.082	30	电力年鉴

续表

序号	指标名称	单位	指标属性	2020 年测评均值	2020 年上海数值	2020 年上海排名	数据来源
11	节能环保支出占财政支出比重	%	正	0.029	0.022	25	中国统计
12	对外贸易额占比	%	正	0.232	0.901	1	中国统计
13	每十万人口高等院校平均在校生数	人	正	3108.151	3721.664	4	中国统计
14	省会城市大气自净能力	吨 / 天 / 平方公里	正	3.433（估测值）	3.500（估测值）	8（估测值）	气候公报
15	省会城市日照时长	小时	正	2089.327	1829.900	15	中国统计
16	省会城市月均气温处于15–25 摄氏度之间的月份数占比	%	正	0.383	0.417	8	中国统计
17	省会城市月总降雨量处于 30–300mm 之间的月份数占比	%	正	0.558	0.667	9	中国统计
18	人均水资源量	立方米 / 人	正	2415.444	235.862	26	中国统计
19	人均森林面积	公顷 / 人	正	0.213	0.004	30	中国统计
20	人均湿地面积	公顷 / 人	正	0.044	0.003	14	中国统计
21	人均国家级自然保护区面积	公顷 / 人	正	0.165	0.003	25	中国统计
22	建成区绿化覆盖率	%	正	41.436	37.316	27	中国统计
23	森林火灾次数	次	逆	38.367	0.000	1	中国统计
24	突发环境事件次数	次	逆	6.933	0.000	1	中国统计
25	煤炭消费总量	万吨	逆	15408.917	4238.280	5	能源年鉴
26	火电装机容量占比	%	逆	57.365	91.795	30	电力年鉴
27	单位建成区面积二氧化硫排放量	吨 / 平方公里	逆	67.327	4.396	2	中国统计
28	单位建成区面积化学需氧量排放量	吨 / 平方公里	逆	441.368	58.869	2	中国统计
29	单位建成区面积氮氧化物排放量	吨 / 平方公里	逆	234.430	129.117	11	中国统计
30	单位建成区面积氨氮排放量	吨 / 平方公里	逆	16.270	2.410	3	中国统计
31	单位耕地面积化肥施用量	万吨 / 千公顷	逆	0.050	0.043	14	中国统计
32	人均公路交通氮氧化物排放量	吨 / 万人	逆	45.698	49.009	21	环境年鉴

续表

序号	指标名称	单位	指标属性	2020 年测评均值	2020 年上海数值	2020 年上海排名	数据来源
33	工业固体废物综合利用率	%	正	0.626	0.941	3	中国统计
34	工业用水重复利用率	%	正	80.820	89.800	12	能源年鉴
35	单位工业增加值能耗	吨 / 万元	逆	2.327	1.223	7	能源年鉴
36	单位工业增加值水耗	立方米 / 万元	逆	39.667	61.578	25	能源年鉴
37	能源消费弹性系数	NA	逆	0.531	0.352	6	能源年鉴
38	单位地区生产总值能耗	吨 / 万元	逆	0.672	0.307	2	能源年鉴
39	单位地区生产总值电力消费量	千瓦时 / 万元	逆	953.608	407.229	2	中国统计
40	人均居民生活用水量	吨	逆	60.513	94.847	30	中国统计
41	人均居民生活用电量	千瓦时	逆	757.721	1035.190	27	电力年鉴
42	单位地区生产总值二氧化硫排放量	吨 / 亿元	逆	5.267	0.141	2	中国统计
43	单位地区生产总值化学需氧量排放量	吨 / 亿元	逆	33.239	1.883	2	中国统计
44	单位地区生产总值氮氧化物排放量	吨 / 亿元	逆	16.703	4.130	2	中国统计
45	单位地区生产总值氨氮排放量	吨 / 亿元	逆	1.099	0.077	1	中国统计
46	碳生产率	百元 / 吨	正	92.190	142.043	5	中国统计
47	工业二氧化硫排放量减少率	%	正	10.709	33.259	1	环境年鉴
48	工业废水化学需氧量排放量减少率	%	正	6.119	1.284	24	环境年鉴
49	工业氮氧化物排放量减少率	%	正	6.864	17.376	6	环境年鉴
50	工业废水氨氮排放量减少率	%	正	12.269	26.140	3	环境年鉴
51	当年造林面积	公顷	正	226974.800	5444.000	29	中国统计
52	工业污染治理完成投资额增加	万元	正	−53700.703	−208666.166	27	中国统计
53	可再生能源发电占比增加	%	正	0.975	0.370	21	电力年鉴
54	峰值目标先进性	NA	正	1.000	1.000	1	手工整理
55	低碳制度创新	NA	正	0.807	1.000	1	手工整理

续表

序号	指标名称	单位	指标属性	2020 年测评均值	2020 年上海数值	2020 年上海排名	数据来源
56	省会城市空气质量达到及好于二级天数比例	%	正	82.368	87.158	11	中国统计
57	省会城市 PM2.5 年均浓度	微克 / 立方米	逆	37.267	32.000	9	中国统计
58	人均可支配收入	元	正	32431.129	72232.400	1	中国统计
59	万人公共汽电车拥有量	标台	正	12.664	9.208	30	中国统计
60	人均拥有公共图书馆藏量	册	正	0.889	3.254	1	中国统计
61	预期寿命	岁	正	77.463	83.670	1	手工整理
62	居民恩格尔系数	%	逆	30.157	26.389	2	中国统计
63	城镇登记失业率	%	逆	3.302	3.670	23	中国统计

年鉴说明：中国统计——《中国统计年鉴 2021》；工业年鉴——《中国工业统计年鉴 2020》；科技年鉴——《中国科技统计年鉴 2020》；电力年鉴——《中国电力统计年鉴 2021》；能源年鉴——《中国能源统计年鉴 2020》；环境年鉴——《中国环境统计年鉴 2020》；气候公报——《2020 年中国气候公报》；数字经济白皮书——《2021 中国数字经济发展白皮书》；手工整理——手工查阅资料、计算整理。

江苏低碳发展“体检”表

序号	指标名称	单位	指标属性	2020 年测评均值	2020 年江苏数值	2020 年江苏排名	数据来源
1	人均地区生产总值	元 / 人	正	71401.348	121230.950	3	中国统计
2	第一产业劳动生产率	万元 / 人	正	0.096	6.721	3	中国统计
3	第二产业劳动生产率	万元 / 人	正	0.364	22.750	9	中国统计
4	第三产业劳动生产率	万元 / 人	正	0.540	23.727	3	中国统计
5	六大高耗能行业营业收入占比	%	逆	0.413	0.290	8	工业年鉴
6	城镇化率	%	正	0.647	0.734	5	中国统计
7	数字经济占地区增加值比重	%	正	0.355（估测值）	0.430（估测值）	7（估测值）	数字经济白皮书
8	技术市场成交额占地区生产总值比重	%	正	0.025	0.020	13	中国统计
9	高新技术产业营业收入占地区生产总值比重	%	正	0.111	0.233	2	科技年鉴
10	风电、水电、太阳能等可再生能源发电装机总量占比	%	正	0.405	0.247	26	电力年鉴

续表

序号	指标名称	单位	指标属性	2020 年测评均值	2020 年江苏数值	2020 年江苏排名	数据来源
11	节能环保支出占财政支出比重	%	正	0.029	0.025	22	中国统计
12	对外贸易额占比	%	正	0.232	0.433	6	中国统计
13	每十万人口高等院校平均在校生数	人	正	3108.151	3652.848	6	中国统计
14	省会城市大气自净能力	吨 / 天 / 平方公里	正	3.433（估测值）	2.500（估测值）	21（估测值）	气候公报
15	省会城市日照时长	小时	正	2089.327	1703.300	18	中国统计
16	省会城市月均气温处于 15–25 摄氏度之间的月份数占比	%	正	0.383	0.333	16	中国统计
17	省会城市月总降雨量处于 30–300mm 之间的月份数占比	%	正	0.558	0.917	1	中国统计
18	人均水资源量	立方米 / 人	正	2415.444	641.331	22	中国统计
19	人均森林面积	公顷 / 人	正	0.213	0.018	28	中国统计
20	人均湿地面积	公顷 / 人	正	0.044	0.005	10	中国统计
21	人均国家级自然保护区面积	公顷 / 人	正	0.165	0.004	23	中国统计
22	建成区绿化覆盖率	%	正	41.436	43.471	6	中国统计
23	森林火灾次数	次	逆	38.367	2.000	3	中国统计
24	突发环境事件次数	次	逆	6.933	12.000	26	中国统计
25	煤炭消费总量	万吨	逆	15408.917	24902.050	26	能源年鉴
26	火电装机容量占比	%	逆	57.365	71.250	26	电力年鉴
27	单位建成区面积二氧化硫排放量	吨 / 平方公里	逆	67.327	23.530	8	中国统计
28	单位建成区面积化学需氧量排放量	吨 / 平方公里	逆	441.368	252.322	7	中国统计
29	单位建成区面积氮氧化物排放量	吨 / 平方公里	逆	234.430	101.318	4	中国统计
30	单位建成区面积氨氮排放量	吨 / 平方公里	逆	16.270	10.848	9	中国统计
31	单位耕地面积化肥施用量	万吨 / 千公顷	逆	0.050	0.069	24	中国统计
32	人均公路交通氮氧化物排放量	吨 / 万人	逆	45.698	52.292	23	环境年鉴

续表

序号	指标名称	单位	指标属性	2020 年测评均值	2020 年江苏数值	2020 年江苏排名	数据来源
33	工业固体废物综合利用率	%	正	0.626	0.915	4	中国统计
34	工业用水重复利用率	%	正	80.820	88.000	16	能源年鉴
35	单位工业增加值能耗	吨 / 万元	逆	2.327	0.874	2	能源年鉴
36	单位工业增加值水耗	立方米 / 万元	逆	39.667	66.701	26	能源年鉴
37	能源消费弹性系数	NA	逆	0.531	0.462	11	能源年鉴
38	单位地区生产总值能耗	吨 / 万元	逆	0.672	0.326	5	能源年鉴
39	单位地区生产总值电力消费量	千瓦时 / 万元	逆	953.608	620.528	9	中国统计
40	人均居民生活用水量	吨	逆	60.513	75.142	24	中国统计
41	人均居民生活用电量	千瓦时	逆	757.721	941.570	26	电力年鉴
42	单位地区生产总值二氧化硫排放量	吨 / 亿元	逆	5.267	1.097	7	中国统计
43	单位地区生产总值化学需氧量排放量	吨 / 亿元	逆	33.239	11.758	5	中国统计
44	单位地区生产总值氮氧化物排放量	吨 / 亿元	逆	16.703	4.721	3	中国统计
45	单位地区生产总值氨氮排放量	吨 / 亿元	逆	1.099	0.506	4	中国统计
46	碳生产率	百元 / 吨	正	92.190	108.531	12	中国统计
47	工业二氧化硫排放量减少率	%	正	10.709	9.795	16	环境年鉴
48	工业废水化学需氧量排放量减少率	%	正	6.119	3.338	18	环境年鉴
49	工业氮氧化物排放量减少率	%	正	6.864	8.735	10	环境年鉴
50	工业废水氨氮排放量减少率	%	正	12.269	6.943	21	环境年鉴
51	当年造林面积	公顷	正	226974.800	51644.000	26	中国统计
52	工业污染治理完成投资额增加	万元	正	–53700.703	–68588.279	20	中国统计
53	可再生能源发电占比增加	%	正	0.975	1.146	13	电力年鉴
54	峰值目标先进性	NA	正	1.000	1.000	1	手工整理
55	低碳制度创新	NA	正	0.807	0.800	9	手工整理

续表

序号	指标名称	单位	指标属性	2020 年测评均值	2020 年江苏数值	2020 年江苏排名	数据来源
56	省会城市空气质量达到及好于二级天数比例	%	正	82.368	83.060	17	中国统计
57	省会城市 PM2.5 年均浓度	微克 / 立方米	逆	37.267	31.000	8	中国统计
58	人均可支配收入	元	正	32431.129	43390.351	5	中国统计
59	万人公共汽电车拥有量	标台	正	12.664	15.610	3	中国统计
60	人均拥有公共图书馆藏量	册	正	0.889	1.244	5	中国统计
61	预期寿命	岁	正	77.463	78.780	8	手工整理
62	居民恩格尔系数	%	逆	30.157	27.677	7	中国统计
63	城镇登记失业率	%	逆	3.302	3.200	13	中国统计

年鉴说明：中国统计——《中国统计年鉴 2021》；工业年鉴——《中国工业统计年鉴 2020》；科技年鉴——《中国科技统计年鉴 2020》；电力年鉴——《中国电力统计年鉴 2021》；能源年鉴——《中国能源统计年鉴 2020》；环境年鉴——《中国环境统计年鉴 2020》；气候公报——《2020 年中国气候公报》；数字经济白皮书——《2021 中国数字经济发展白皮书》；手工整理——手工查阅资料、计算整理。

浙江低碳发展“体检”表

序号	指标名称	单位	指标属性	2020 年测评均值	2020 年浙江数值	2020 年浙江排名	数据来源
1	人均地区生产总值	元 / 人	正	71401.348	100620.320	6	中国统计
2	第一产业劳动生产率	万元 / 人	正	0.096	10.429	1	中国统计
3	第二产业劳动生产率	万元 / 人	正	0.364	15.610	22	中国统计
4	第三产业劳动生产率	万元 / 人	正	0.540	18.411	5	中国统计
5	六大高耗能行业营业收入占比	%	逆	0.413	0.279	6	工业年鉴
6	城镇化率	%	正	0.647	0.722	6	中国统计
7	数字经济占地区增加值比重	%	正	0.355（估测值）	0.468（估测值）	5（估测值）	数字经济白皮书
8	技术市场成交额占地区生产总值比重	%	正	0.025	0.022	12	中国统计
9	高新技术产业营业收入占地区生产总值比重	%	正	0.111	0.130	10	科技年鉴
10	风电、水电、太阳能等可再生能源发电装机总量占比	%	正	0.405	0.283	24	电力年鉴

续表

序号	指标名称	单位	指标属性	2020 年测评均值	2020 年浙江数值	2020 年浙江排名	数据来源
11	节能环保支出占财政支出比重	%	正	0.029	0.022	26	中国统计
12	对外贸易额占比	%	正	0.232	0.524	4	中国统计
13	每十万人口高等院校平均在校生数	人	正	3108.151	2704.007	19	中国统计
14	省会城市大气自净能力	吨 / 天 / 平方公里	正	3.433（估测值）	3.500（估测值）	8（估测值）	气候公报
15	省会城市日照时长	小时	正	2089.327	1607.800	24	中国统计
16	省会城市月均气温处于 15–25 摄氏度之间的月份数占比	%	正	0.383	0.417	8	中国统计
17	省会城市月总降雨量处于 30–300mm 之间的月份数占比	%	正	0.558	0.833	3	中国统计
18	人均水资源量	立方米 / 人	正	2415.444	1598.692	18	中国统计
19	人均森林面积	公顷 / 人	正	0.213	0.094	19	中国统计
20	人均湿地面积	公顷 / 人	正	0.044	0.003	15	中国统计
21	人均国家级自然保护区面积	公顷 / 人	正	0.165	0.002	27	中国统计
22	建成区绿化覆盖率	%	正	41.436	42.222	10	中国统计
23	森林火灾次数	次	逆	38.367	21.000	18	中国统计
24	突发环境事件次数	次	逆	6.933	10.000	21	中国统计
25	煤炭消费总量	万吨	逆	15408.917	13676.900	17	能源年鉴
26	火电装机容量占比	%	逆	57.365	62.690	17	电力年鉴
27	单位建成区面积二氧化硫排放量	吨 / 平方公里	逆	67.327	16.305	5	中国统计
28	单位建成区面积化学需氧量排放量	吨 / 平方公里	逆	441.368	168.574	4	中国统计
29	单位建成区面积氮氧化物排放量	吨 / 平方公里	逆	234.430	122.669	8	中国统计
30	单位建成区面积氨氮排放量	吨 / 平方公里	逆	16.270	12.162	11	中国统计
31	单位耕地面积化肥施用量	万吨 / 千公顷	逆	0.050	0.054	19	中国统计
32	人均公路交通氮氧化物排放量	吨 / 万人	逆	45.698	40.165	13	环境年鉴

续表

序号	指标名称	单位	指标属性	2020年测评均值	2020年浙江数值	2020年浙江排名	数据来源
33	工业固体废物综合利用率	%	正	0.626	0.990	2	中国统计
34	工业用水重复利用率	%	正	80.820	85.800	17	能源年鉴
35	单位工业增加值能耗	吨/万元	逆	2.327	0.994	4	能源年鉴
36	单位工业增加值水耗	立方米/万元	逆	39.667	18.117	6	能源年鉴
37	能源消费弹性系数	NA	逆	0.531	0.487	13	能源年鉴
38	单位地区生产总值能耗	吨/万元	逆	0.672	0.359	6	能源年鉴
39	单位地区生产总值电力消费量	千瓦时/万元	逆	953.608	747.524	18	中国统计
40	人均居民生活用水量	吨	逆	60.513	73.280	23	中国统计
41	人均居民生活用电量	千瓦时	逆	757.721	1071.580	28	电力年鉴
42	单位地区生产总值二氧化硫排放量	吨/亿元	逆	5.267	0.797	4	中国统计
43	单位地区生产总值化学需氧量排放量	吨/亿元	逆	33.239	8.237	3	中国统计
44	单位地区生产总值氮氧化物排放量	吨/亿元	逆	16.703	5.994	6	中国统计
45	单位地区生产总值氨氮排放量	吨/亿元	逆	1.099	0.594	5	中国统计
46	碳生产率	百元/吨	正	92.190	123.037	8	中国统计
47	工业二氧化硫排放量减少率	%	正	10.709	10.646	15	环境年鉴
48	工业废水化学需氧量排放量减少率	%	正	6.119	6.040	14	环境年鉴
49	工业氮氧化物排放量减少率	%	正	6.864	7.083	14	环境年鉴
50	工业废水氨氮排放量减少率	%	正	12.269	17.548	9	环境年鉴
51	当年造林面积	公顷	正	226974.800	119926.000	24	中国统计
52	工业污染治理完成投资额增加	万元	正	−53700.703	164446.544	1	中国统计
53	可再生能源发电占比增加	%	正	0.975	−0.862	25	电力年鉴
54	峰值目标先进性	NA	正	1.000	1.000	1	手工整理
55	低碳制度创新	NA	正	0.807	1.000	1	手工整理

续表

序号	指标名称	单位	指标属性	2020 年测评均值	2020 年浙江数值	2020 年浙江排名	数据来源
56	省会城市空气质量达到及好于二级天数比例	%	正	82.368	91.257	8	中国统计
57	省会城市 PM2.5 年均浓度	微克 / 立方米	逆	37.267	30.000	7	中国统计
58	人均可支配收入	元	正	32431.129	52397.403	3	中国统计
59	万人公共汽电车拥有量	标台	正	12.664	14.754	5	中国统计
60	人均拥有公共图书馆藏量	册	正	0.889	1.528	3	中国统计
61	预期寿命	岁	正	77.463	79.470	4	手工整理
62	居民恩格尔系数	%	逆	30.157	28.510	10	中国统计
63	城镇登记失业率	%	逆	3.302	2.790	8	中国统计

年鉴说明：中国统计——《中国统计年鉴 2021》；工业年鉴——《中国工业统计年鉴 2020》；科技年鉴——《中国科技统计年鉴 2020》；电力年鉴——《中国电力统计年鉴 2021》；能源年鉴——《中国能源统计年鉴 2020》；环境年鉴——《中国环境统计年鉴 2020》；气候公报——《2020 年中国气候公报》；数字经济白皮书——《2021 中国数字经济发展白皮书》；手工整理——手工查阅资料、计算整理。

安徽低碳发展“体检”表

序号	指标名称	单位	指标属性	2020 年测评均值	2020 年安徽数值	2020 年安徽排名	数据来源
1	人均地区生产总值	元 / 人	正	71401.348	63426.470	13	中国统计
2	第一产业劳动生产率	万元 / 人	正	0.096	3.908	20	中国统计
3	第二产业劳动生产率	万元 / 人	正	0.364	15.364	24	中国统计
4	第三产业劳动生产率	万元 / 人	正	0.540	14.080	12	中国统计
5	六大高耗能行业营业收入占比	%	逆	0.413	0.341	14	工业年鉴
6	城镇化率	%	正	0.647	0.583	23	中国统计
7	数字经济占地区增加值比重	%	正	0.355（估测值）	0.306（估测值）	20（估测值）	数字经济白皮书
8	技术市场成交额占地区生产总值比重	%	正	0.025	0.017	16	中国统计
9	高新技术产业营业收入占地区生产总值比重	%	正	0.111	0.104	13	科技年鉴
10	风电、水电、太阳能等可再生能源发电装机总量占比	%	正	0.405	0.289	23	电力年鉴

续表

序号	指标名称	单位	指标属性	2020 年测评均值	2020 年安徽数值	2020 年安徽排名	数据来源
11	节能环保支出占财政支出比重	%	正	0.029	0.026	20	中国统计
12	对外贸易额占比	%	正	0.232	0.141	16	中国统计
13	每十万人口高等院校平均在校生数	人	正	3108.151	2702.147	20	中国统计
14	省会城市大气自净能力	吨 / 天 / 平方公里	正	3.433（估测值）	2.500（估测值）	21（估测值）	气候公报
15	省会城市日照时长	小时	正	2089.327	1818.000	16	中国统计
16	省会城市月均气温处于 15–25 摄氏度之间的月份数占比	%	正	0.383	0.333	16	中国统计
17	省会城市月总降雨量处于 30–300mm 之间的月份数占比	%	正	0.558	0.667	9	中国统计
18	人均水资源量	立方米 / 人	正	2415.444	2099.533	14	中国统计
19	人均森林面积	公顷 / 人	正	0.213	0.065	24	中国统计
20	人均湿地面积	公顷 / 人	正	0.044	0.001	25	中国统计
21	人均国家级自然保护区面积	公顷 / 人	正	0.165	0.002	26	中国统计
22	建成区绿化覆盖率	%	正	41.436	42.007	11	中国统计
23	森林火灾次数	次	逆	38.367	8.000	6	中国统计
24	突发环境事件次数	次	逆	6.933	10.000	21	中国统计
25	煤炭消费总量	万吨	逆	15408.917	16699.740	20	能源年鉴
26	火电装机容量占比	%	逆	57.365	71.149	25	电力年鉴
27	单位建成区面积二氧化硫排放量	吨 / 平方公里	逆	67.327	45.050	13	中国统计
28	单位建成区面积化学需氧量排放量	吨 / 平方公里	逆	441.368	492.144	20	中国统计
29	单位建成区面积氮氧化物排放量	吨 / 平方公里	逆	234.430	192.648	20	中国统计
30	单位建成区面积氨氮排放量	吨 / 平方公里	逆	16.270	18.389	19	中国统计
31	单位耕地面积化肥施用量	万吨 / 千公顷	逆	0.050	0.052	18	中国统计
32	人均公路交通氮氧化物排放量	吨 / 万人	逆	45.698	48.916	20	环境年鉴

续表

序号	指标名称	单位	指标属性	2020 年测评均值	2020 年安徽数值	2020 年安徽排名	数据来源
33	工业固体废物综合利用率	%	正	0.626	0.858	5	中国统计
34	工业用水重复利用率	%	正	80.820	92.600	9	能源年鉴
35	单位工业增加值能耗	吨 / 万元	逆	2.327	1.240	8	能源年鉴
36	单位工业增加值水耗	立方米 / 万元	逆	39.667	76.196	29	能源年鉴
37	能源消费弹性系数	NA	逆	0.531	0.577	17	能源年鉴
38	单位地区生产总值能耗	吨 / 万元	逆	0.672	0.374	7	能源年鉴
39	单位地区生产总值电力消费量	千瓦时 / 万元	逆	953.608	627.704	12	中国统计
40	人均居民生活用水量	吨	逆	60.513	57.496	15	中国统计
41	人均居民生活用电量	千瓦时	逆	757.721	668.710	12	电力年鉴
42	单位地区生产总值二氧化硫排放量	吨 / 亿元	逆	5.267	2.807	14	中国统计
43	单位地区生产总值化学需氧量排放量	吨 / 亿元	逆	33.239	30.662	15	中国统计
44	单位地区生产总值氮氧化物排放量	吨 / 亿元	逆	16.703	12.002	17	中国统计
45	单位地区生产总值氨氮排放量	吨 / 亿元	逆	1.099	1.146	20	中国统计
46	碳生产率	百元 / 吨	正	92.190	98.826	14	中国统计
47	工业二氧化硫排放量减少率	%	正	10.709	4.715	21	环境年鉴
48	工业废水化学需氧量排放量减少率	%	正	6.119	2.261	22	环境年鉴
49	工业氮氧化物排放量减少率	%	正	6.864	3.473	19	环境年鉴
50	工业废水氨氮排放量减少率	%	正	12.269	10.951	18	环境年鉴
51	当年造林面积	公顷	正	226974.800	151465.000	20	中国统计
52	工业污染治理完成投资额增加	万元	正	–53700.703	–26946.066	16	中国统计
53	可再生能源发电占比增加	%	正	0.975	1.341	11	电力年鉴
54	峰值目标先进性	NA	正	1.000	1.000	1	手工整理
55	低碳制度创新	NA	正	0.807	0.800	9	手工整理

续表

序号	指标名称	单位	指标属性	2020 年测评均值	2020 年安徽数值	2020 年安徽排名	数据来源
56	省会城市空气质量达到及好于二级天数比例	%	正	82.368	84.973	13	中国统计
57	省会城市 PM2.5 年均浓度	微克 / 立方米	逆	37.267	36.000	14	中国统计
58	人均可支配收入	元	正	32431.129	28103.186	13	中国统计
59	万人公共汽电车拥有量	标台	正	12.664	13.018	13	中国统计
60	人均拥有公共图书馆藏量	册	正	0.889	0.581	24	中国统计
61	预期寿命	岁	正	77.463	77.300	17	手工整理
62	居民恩格尔系数	%	逆	30.157	33.270	24	中国统计
63	城镇登记失业率	%	逆	3.302	2.830	9	中国统计

年鉴说明：中国统计——《中国统计年鉴 2021》；工业年鉴——《中国工业统计年鉴 2020》；科技年鉴——《中国科技统计年鉴 2020》；电力年鉴——《中国电力统计年鉴 2021》；能源年鉴——《中国能源统计年鉴 2020》；环境年鉴——《中国环境统计年鉴 2020》；气候公报——《2020 年中国气候公报》；数字经济白皮书——《2021 中国数字经济发展白皮书》；手工整理——手工查阅资料、计算整理。

福建低碳发展“体检”表

序号	指标名称	单位	指标属性	2020 年测评均值	2020 年福建数值	2020 年福建排名	数据来源
1	人均地区生产总值	元 / 人	正	71401.348	105818.000	4	中国统计
2	第一产业劳动生产率	万元 / 人	正	0.096	8.459	2	中国统计
3	第二产业劳动生产率	万元 / 人	正	0.364	28.274	3	中国统计
4	第三产业劳动生产率	万元 / 人	正	0.540	17.906	6	中国统计
5	六大高耗能行业营业收入占比	%	逆	0.413	0.267	5	工业年鉴
6	城镇化率	%	正	0.647	0.688	9	中国统计
7	数字经济占地区增加值比重	%	正	0.355（估测值）	0.450（估测值）	6（估测值）	数字经济白皮书
8	技术市场成交额占地区生产总值比重	%	正	0.025	0.004	24	中国统计
9	高新技术产业营业收入占地区生产总值比重	%	正	0.111	0.149	9	科技年鉴
10	风电、水电、太阳能等可再生能源发电装机总量占比	%	正	0.405	0.317	19	电力年鉴

续表

序号	指标名称	单位	指标属性	2020 年测评均值	2020 年福建数值	2020 年福建排名	数据来源
11	节能环保支出占财政支出比重	%	正	0.029	0.030	11	中国统计
12	对外贸易额占比	%	正	0.232	0.321	7	中国统计
13	每十万人口高等院校平均在校生数	人	正	3108.151	2866.262	16	中国统计
14	省会城市大气自净能力	吨 / 天 / 平方公里	正	3.433（估测值）	3.500（估测值）	8（估测值）	气候公报
15	省会城市日照时长	小时	正	2089.327	1662.400	21	中国统计
16	省会城市月均气温处于 15–25 摄氏度之间的月份数占比	%	正	0.383	0.417	8	中国统计
17	省会城市月总降雨量处于 30–300mm 之间的月份数占比	%	正	0.558	0.667	9	中国统计
18	人均水资源量	立方米 / 人	正	2415.444	1832.490	16	中国统计
19	人均森林面积	公顷 / 人	正	0.213	0.195	13	中国统计
20	人均湿地面积	公顷 / 人	正	0.044	0.005	11	中国统计
21	人均国家级自然保护区面积	公顷 / 人	正	0.165	0.005	19	中国统计
22	建成区绿化覆盖率	%	正	41.436	44.634	3	中国统计
23	森林火灾次数	次	逆	38.367	55.000	23	中国统计
24	突发环境事件次数	次	逆	6.933	6.000	16	中国统计
25	煤炭消费总量	万吨	逆	15408.917	8718.320	12	能源年鉴
26	火电装机容量占比	%	逆	57.365	54.583	10	电力年鉴
27	单位建成区面积二氧化硫排放量	吨 / 平方公里	逆	67.327	47.822	14	中国统计
28	单位建成区面积化学需氧量排放量	吨 / 平方公里	逆	441.368	378.004	12	中国统计
29	单位建成区面积氮氧化物排放量	吨 / 平方公里	逆	234.430	156.675	13	中国统计
30	单位建成区面积氨氮排放量	吨 / 平方公里	逆	16.270	27.633	28	中国统计
31	单位耕地面积化肥施用量	万吨 / 千公顷	逆	0.050	0.108	29	中国统计
32	人均公路交通氮氧化物排放量	吨 / 万人	逆	45.698	32.238	6	环境年鉴

续表

序号	指标名称	单位	指标属性	2020年测评均值	2020年福建数值	2020年福建排名	数据来源
33	工业固体废物综合利用率	%	正	0.626	0.665	14	中国统计
34	工业用水重复利用率	%	正	80.820	82.600	21	能源年鉴
35	单位工业增加值能耗	吨/万元	逆	2.327	0.876	3	能源年鉴
36	单位工业增加值水耗	立方米/万元	逆	39.667	35.774	16	能源年鉴
37	能源消费弹性系数	NA	逆	0.531	0.588	19	能源年鉴
38	单位地区生产总值能耗	吨/万元	逆	0.672	0.324	4	能源年鉴
39	单位地区生产总值电力消费量	千瓦时/万元	逆	953.608	565.554	6	中国统计
40	人均居民生活用水量	吨	逆	60.513	79.300	27	中国统计
41	人均居民生活用电量	千瓦时	逆	757.721	1214.500	29	电力年鉴
42	单位地区生产总值二氧化硫排放量	吨/亿元	逆	5.267	1.795	9	中国统计
43	单位地区生产总值化学需氧量排放量	吨/亿元	逆	33.239	14.190	7	中国统计
44	单位地区生产总值氮氧化物排放量	吨/亿元	逆	16.703	5.882	5	中国统计
45	单位地区生产总值氨氮排放量	吨/亿元	逆	1.099	1.037	18	中国统计
46	碳生产率	百元/吨	正	92.190	156.562	2	中国统计
47	工业二氧化硫排放量减少率	%	正	10.709	−16.037	30	环境年鉴
48	工业废水化学需氧量排放量减少率	%	正	6.119	−4.185	29	环境年鉴
49	工业氮氧化物排放量减少率	%	正	6.864	−2.987	28	环境年鉴
50	工业废水氨氮排放量减少率	%	正	12.269	18.037	8	环境年鉴
51	当年造林面积	公顷	正	226974.800	204315.000	17	中国统计
52	工业污染治理完成投资额增加	万元	正	−53700.703	48120.688	5	中国统计
53	可再生能源发电占比增加	%	正	0.975	−4.755	30	电力年鉴
54	峰值目标先进性	NA	正	1.000	1.000	1	手工整理
55	低碳制度创新	NA	正	0.807	0.600	25	手工整理

续表

序号	指标名称	单位	指标属性	2020 年测评均值	2020 年福建数值	2020 年福建排名	数据来源
56	省会城市空气质量达到及好于二级天数比例	%	正	82.368	99.454	2	中国统计
57	省会城市 PM2.5 年均浓度	微克 / 立方米	逆	37.267	21.000	2	中国统计
58	人均可支配收入	元	正	32431.129	37202.428	7	中国统计
59	万人公共汽电车拥有量	标台	正	12.664	14.175	6	中国统计
60	人均拥有公共图书馆藏量	册	正	0.889	1.109	7	中国统计
61	预期寿命	岁	正	77.463	78.330	10	手工整理
62	居民恩格尔系数	%	逆	30.157	33.372	25	中国统计
63	城镇登记失业率	%	逆	3.302	3.820	26	中国统计

年鉴说明：中国统计——《中国统计年鉴 2021》；工业年鉴——《中国工业统计年鉴 2020》；科技年鉴——《中国科技统计年鉴 2020》；电力年鉴——《中国电力统计年鉴 2021》；能源年鉴——《中国能源统计年鉴 2020》；环境年鉴——《中国环境统计年鉴 2020》；气候公报——《2020 年中国气候公报》；数字经济白皮书——《2021 中国数字经济发展白皮书》；手工整理——手工查阅资料、计算整理。

江西低碳发展“体检”表

序号	指标名称	单位	指标属性	2020 年测评均值	2020 年江西数值	2020 年江西排名	数据来源
1	人均地区生产总值	元 / 人	正	71401.348	56871.060	17	中国统计
2	第一产业劳动生产率	万元 / 人	正	0.096	4.927	9	中国统计
3	第二产业劳动生产率	万元 / 人	正	0.364	14.452	26	中国统计
4	第三产业劳动生产率	万元 / 人	正	0.540	11.867	18	中国统计
5	六大高耗能行业营业收入占比	%	逆	0.413	0.406	17	工业年鉴
6	城镇化率	%	正	0.647	0.604	18	中国统计
7	数字经济占地区增加值比重	%	正	0.355（估测值）	0.320（估测值）	18（估测值）	数字经济白皮书
8	技术市场成交额占地区生产总值比重	%	正	0.025	0.009	19	中国统计
9	高新技术产业营业收入占地区生产总值比重	%	正	0.111	0.204	4	科技年鉴
10	风电、水电、太阳能等可再生能源发电装机总量占比	%	正	0.405	0.442	10	电力年鉴

续表

序号	指标名称	单位	指标属性	2020 年测评均值	2020 年江西数值	2020 年江西排名	数据来源
11	节能环保支出占财政支出比重	%	正	0.029	0.033	8	中国统计
12	对外贸易额占比	%	正	0.232	0.157	14	中国统计
13	每十万人口高等院校平均在校生数	人	正	3108.151	3424.186	10	中国统计
14	省会城市大气自净能力	吨 / 天 / 平方公里	正	3.433（估测值）	2.500（估测值）	21（估测值）	气候公报
15	省会城市日照时长	小时	正	2089.327	1396.500	26	中国统计
16	省会城市月均气温处于 15–25 摄氏度之间的月份数占比	%	正	0.383	0.417	8	中国统计
17	省会城市月总降雨量处于 30–300mm 之间的月份数占比	%	正	0.558	0.833	3	中国统计
18	人均水资源量	立方米 / 人	正	2415.444	3731.267	6	中国统计
19	人均森林面积	公顷 / 人	正	0.213	0.226	8	中国统计
20	人均湿地面积	公顷 / 人	正	0.044	0.001	26	中国统计
21	人均国家级自然保护区面积	公顷 / 人	正	0.165	0.006	18	中国统计
22	建成区绿化覆盖率	%	正	41.436	46.351	2	中国统计
23	森林火灾次数	次	逆	38.367	57.000	24	中国统计
24	突发环境事件次数	次	逆	6.933	5.000	12	中国统计
25	煤炭消费总量	万吨	逆	15408.917	7995.940	10	能源年鉴
26	火电装机容量占比	%	逆	57.365	55.783	12	电力年鉴
27	单位建成区面积二氧化硫排放量	吨 / 平方公里	逆	67.327	60.187	18	中国统计
28	单位建成区面积化学需氧量排放量	吨 / 平方公里	逆	441.368	595.670	25	中国统计
29	单位建成区面积氮氧化物排放量	吨 / 平方公里	逆	234.430	166.276	15	中国统计
30	单位建成区面积氨氮排放量	吨 / 平方公里	逆	16.270	26.950	27	中国统计
31	单位耕地面积化肥施用量	万吨 / 千公顷	逆	0.050	0.040	12	中国统计
32	人均公路交通氮氧化物排放量	吨 / 万人	逆	45.698	43.612	15	环境年鉴

续表

序号	指标名称	单位	指标属性	2020 年测评均值	2020 年江西数值	2020 年江西排名	数据来源
33	工业固体废物综合利用率	%	正	0.626	0.455	24	中国统计
34	工业用水重复利用率	%	正	80.820	68.500	23	能源年鉴
35	单位工业增加值能耗	吨 / 万元	逆	2.327	1.102	5	能源年鉴
36	单位工业增加值水耗	立方米 / 万元	逆	39.667	67.698	27	能源年鉴
37	能源消费弹性系数	NA	逆	0.531	0.510	15	能源年鉴
38	单位地区生产总值能耗	吨 / 万元	逆	0.672	0.390	10	能源年鉴
39	单位地区生产总值电力消费量	千瓦时 / 万元	逆	953.608	633.283	13	中国统计
40	人均居民生活用水量	吨	逆	60.513	63.725	17	中国统计
41	人均居民生活用电量	千瓦时	逆	757.721	673.970	13	电力年鉴
42	单位地区生产总值二氧化硫排放量	吨 / 亿元	逆	5.267	3.991	18	中国统计
43	单位地区生产总值化学需氧量排放量	吨 / 亿元	逆	33.239	39.499	21	中国统计
44	单位地区生产总值氮氧化物排放量	吨 / 亿元	逆	16.703	11.026	15	中国统计
45	单位地区生产总值氨氮排放量	吨 / 亿元	逆	1.099	1.787	27	中国统计
46	碳生产率	百元 / 吨	正	92.190	96.003	15	中国统计
47	工业二氧化硫排放量减少率	%	正	10.709	8.832	17	环境年鉴
48	工业废水化学需氧量排放量减少率	%	正	6.119	8.135	10	环境年鉴
49	工业氮氧化物排放量减少率	%	正	6.864	5.604	15	环境年鉴
50	工业废水氨氮排放量减少率	%	正	12.269	7.429	20	环境年鉴
51	当年造林面积	公顷	正	226974.800	270736.000	12	中国统计
52	工业污染治理完成投资额增加	万元	正	–53700.703	–108233.567	25	中国统计
53	可再生能源发电占比增加	%	正	0.975	–0.779	24	电力年鉴
54	峰值目标先进性	NA	正	1.000	1.000	1	手工整理
55	低碳制度创新	NA	正	0.807	0.800	9	手工整理

续表

序号	指标名称	单位	指标属性	2020 年测评均值	2020 年江西数值	2020 年江西排名	数据来源
56	省会城市空气质量达到及好于二级天数比例	%	正	82.368	91.530	7	中国统计
57	省会城市 PM2.5 年均浓度	微克 / 立方米	逆	37.267	33.000	10	中国统计
58	人均可支配收入	元	正	32431.129	28016.508	14	中国统计
59	万人公共汽电车拥有量	标台	正	12.664	9.734	28	中国统计
60	人均拥有公共图书馆藏量	册	正	0.889	0.632	18	中国统计
61	预期寿命	岁	正	77.463	76.000	23	手工整理
62	居民恩格尔系数	%	逆	30.157	32.194	23	中国统计
63	城镇登记失业率	%	逆	3.302	3.150	12	中国统计

年鉴说明：中国统计——《中国统计年鉴 2021》；工业年鉴——《中国工业统计年鉴 2020》；科技年鉴——《中国科技统计年鉴 2020》；电力年鉴——《中国电力统计年鉴 2021》；能源年鉴——《中国能源统计年鉴 2020》；环境年鉴——《中国环境统计年鉴 2020》；气候公报——《2020 年中国气候公报》；数字经济白皮书——《2021 中国数字经济发展白皮书》；手工整理——手工查阅资料、计算整理。

山东低碳发展“体检”表

序号	指标名称	单位	指标属性	2020 年测评均值	2020 年山东数值	2020 年山东排名	数据来源
1	人均地区生产总值	元 / 人	正	71401.348	72151.350	10	中国统计
2	第一产业劳动生产率	万元 / 人	正	0.096	3.907	21	中国统计
3	第二产业劳动生产率	万元 / 人	正	0.364	15.567	23	中国统计
4	第三产业劳动生产率	万元 / 人	正	0.540	17.030	7	中国统计
5	六大高耗能行业营业收入占比	%	逆	0.413	0.491	21	工业年鉴
6	城镇化率	%	正	0.647	0.631	13	中国统计
7	数字经济占地区增加值比重	%	正	0.355（估测值）	0.425（估测值）	8（估测值）	数字经济白皮书
8	技术市场成交额占地区生产总值比重	%	正	0.025	0.026	8	中国统计
9	高新技术产业营业收入占地区生产总值比重	%	正	0.111	0.081	16	科技年鉴
10	风电、水电、太阳能等可再生能源发电装机总量占比	%	正	0.405	0.268	25	电力年鉴

续表

序号	指标名称	单位	指标属性	2020 年测评均值	2020 年山东数值	2020 年山东排名	数据来源
11	节能环保支出占财政支出比重	%	正	0.029	0.026	19	中国统计
12	对外贸易额占比	%	正	0.232	0.303	8	中国统计
13	每十万人口高等院校平均在校生数	人	正	3108.151	3153.570	13	中国统计
14	省会城市大气自净能力	吨 / 天 / 平方公里	正	3.433（估测值）	3.500（估测值）	8（估测值）	气候公报
15	省会城市日照时长	小时	正	2089.327	2970.200	4	中国统计
16	省会城市月均气温处于 15–25 摄氏度之间的月份数占比	%	正	0.383	0.167	29	中国统计
17	省会城市月总降雨量处于 30–300mm 之间的月份数占比	%	正	0.558	0.667	9	中国统计
18	人均水资源量	立方米 / 人	正	2415.444	370.283	24	中国统计
19	人均森林面积	公顷 / 人	正	0.213	0.026	27	中国统计
20	人均湿地面积	公顷 / 人	正	0.044	0.002	17	中国统计
21	人均国家级自然保护区面积	公顷 / 人	正	0.165	0.002	29	中国统计
22	建成区绿化覆盖率	%	正	41.436	41.650	15	中国统计
23	森林火灾次数	次	逆	38.367	13.000	13	中国统计
24	突发环境事件次数	次	逆	6.933	3.000	9	中国统计
25	煤炭消费总量	万吨	逆	15408.917	43132.990	28	能源年鉴
26	火电装机容量占比	%	逆	57.365	71.562	27	电力年鉴
27	单位建成区面积二氧化硫排放量	吨 / 平方公里	逆	67.327	34.230	9	中国统计
28	单位建成区面积化学需氧量排放量	吨 / 平方公里	逆	441.368	271.830	8	中国统计
29	单位建成区面积氮氧化物排放量	吨 / 平方公里	逆	234.430	110.636	7	中国统计
30	单位建成区面积氨氮排放量	吨 / 平方公里	逆	16.270	9.408	8	中国统计
31	单位耕地面积化肥施用量	万吨 / 千公顷	逆	0.050	0.059	21	中国统计
32	人均公路交通氮氧化物排放量	吨 / 万人	逆	45.698	64.277	28	环境年鉴

续表

序号	指标名称	单位	指标属性	2020 年测评均值	2020 年山东数值	2020 年山东排名	数据来源
33	工业固体废物综合利用率	%	正	0.626	0.785	8	中国统计
34	工业用水重复利用率	%	正	80.820	90.900	10	能源年鉴
35	单位工业增加值能耗	吨 / 万元	逆	2.327	1.819	15	能源年鉴
36	单位工业增加值水耗	立方米 / 万元	逆	39.667	14.019	3	能源年鉴
37	能源消费弹性系数	NA	逆	0.531	0.362	7	能源年鉴
38	单位地区生产总值能耗	吨 / 万元	逆	0.672	0.582	18	能源年鉴
39	单位地区生产总值电力消费量	千瓦时 / 万元	逆	953.608	949.008	22	中国统计
40	人均居民生活用水量	吨	逆	60.513	36.893	2	中国统计
41	人均居民生活用电量	千瓦时	逆	757.721	716.880	16	电力年鉴
42	单位地区生产总值二氧化硫排放量	吨 / 亿元	逆	5.267	2.643	12	中国统计
43	单位地区生产总值化学需氧量排放量	吨 / 亿元	逆	33.239	20.988	10	中国统计
44	单位地区生产总值氮氧化物排放量	吨 / 亿元	逆	16.703	8.542	12	中国统计
45	单位地区生产总值氨氮排放量	吨 / 亿元	逆	1.099	0.726	7	中国统计
46	碳生产率	百元 / 吨	正	92.190	69.104	20	中国统计
47	工业二氧化硫排放量减少率	%	正	10.709	18.475	7	环境年鉴
48	工业废水化学需氧量排放量减少率	%	正	6.119	3.073	19	环境年鉴
49	工业氮氧化物排放量减少率	%	正	6.864	8.659	11	环境年鉴
50	工业废水氨氮排放量减少率	%	正	12.269	4.897	24	环境年鉴
51	当年造林面积	公顷	正	226974.800	141753.000	21	中国统计
52	工业污染治理完成投资额增加	万元	正	–53700.703	–434861.209	30	中国统计
53	可再生能源发电占比增加	%	正	0.975	0.687	18	电力年鉴
54	峰值目标先进性	NA	正	1.000	1.000	1	手工整理
55	低碳制度创新	NA	正	0.807	0.800	9	手工整理

续表

序号	指标名称	单位	指标属性	2020 年测评均值	2020 年山东数值	2020 年山东排名	数据来源
56	省会城市空气质量达到及好于二级天数比例	%	正	82.368	60.929	29	中国统计
57	省会城市 PM2.5 年均浓度	微克 / 立方米	逆	37.267	50.000	26	中国统计
58	人均可支配收入	元	正	32431.129	32885.679	8	中国统计
59	万人公共汽电车拥有量	标台	正	12.664	15.557	4	中国统计
60	人均拥有公共图书馆藏量	册	正	0.889	0.687	16	中国统计
61	预期寿命	岁	正	77.463	79.130	5	手工整理
62	居民恩格尔系数	%	逆	30.157	27.494	4	中国统计
63	城镇登记失业率	%	逆	3.302	3.100	10	中国统计

年鉴说明：中国统计——《中国统计年鉴 2021》；工业年鉴——《中国工业统计年鉴 2020》；科技年鉴——《中国科技统计年鉴 2020》；电力年鉴——《中国电力统计年鉴 2021》；能源年鉴——《中国能源统计年鉴 2020》；环境年鉴——《中国环境统计年鉴 2020》；气候公报——《2020 年中国气候公报》；数字经济白皮书——《2021 中国数字经济发展白皮书》；手工整理——手工查阅资料、计算整理。

河南低碳发展“体检”表

序号	指标名称	单位	指标属性	2020 年测评均值	2020 年河南数值	2020 年河南排名	数据来源
1	人均地区生产总值	元 / 人	正	71401.348	55435.010	18	中国统计
2	第一产业劳动生产率	万元 / 人	正	0.096	4.378	15	中国统计
3	第二产业劳动生产率	万元 / 人	正	0.364	15.853	21	中国统计
4	第三产业劳动生产率	万元 / 人	正	0.540	12.069	17	中国统计
5	六大高耗能行业营业收入占比	%	逆	0.413	0.361	15	工业年鉴
6	城镇化率	%	正	0.647	0.554	26	中国统计
7	数字经济占地区增加值比重	%	正	0.355（估测值）	0.270（估测值）	23（估测值）	数字经济白皮书
8	技术市场成交额占地区生产总值比重	%	正	0.025	0.007	20	中国统计
9	高新技术产业营业收入占地区生产总值比重	%	正	0.111	0.111	12	科技年鉴
10	风电、水电、太阳能等可再生能源发电装机总量占比	%	正	0.405	0.305	21	电力年鉴

续表

序号	指标名称	单位	指标属性	2020年测评均值	2020年河南数值	2020年河南排名	数据来源
11	节能环保支出占财政支出比重	%	正	0.029	0.026	17	中国统计
12	对外贸易额占比	%	正	0.232	0.121	18	中国统计
13	每十万人口高等院校平均在校生数	人	正	3108.151	3223.258	11	中国统计
14	省会城市大气自净能力	吨/天/平方公里	正	3.433（估测值）	3.500（估测值）	8（估测值）	气候公报
15	省会城市日照时长	小时	正	2089.327	1676.900	19	中国统计
16	省会城市月均气温处于15–25摄氏度之间的月份数占比	%	正	0.383	0.333	16	中国统计
17	省会城市月总降雨量处于30–300mm之间的月份数占比	%	正	0.558	0.750	6	中国统计
18	人均水资源量	立方米/人	正	2415.444	411.854	23	中国统计
19	人均森林面积	公顷/人	正	0.213	0.041	25	中国统计
20	人均湿地面积	公顷/人	正	0.044	0.000	28	中国统计
21	人均国家级自然保护区面积	公顷/人	正	0.165	0.004	20	中国统计
22	建成区绿化覆盖率	%	正	41.436	41.916	13	中国统计
23	森林火灾次数	次	逆	38.367	16.000	14	中国统计
24	突发环境事件次数	次	逆	6.933	5.000	12	中国统计
25	煤炭消费总量	万吨	逆	15408.917	20045.450	23	能源年鉴
26	火电装机容量占比	%	逆	57.365	69.505	24	电力年鉴
27	单位建成区面积二氧化硫排放量	吨/平方公里	逆	67.327	21.959	7	中国统计
28	单位建成区面积化学需氧量排放量	吨/平方公里	逆	441.368	475.556	18	中国统计
29	单位建成区面积氮氧化物排放量	吨/平方公里	逆	234.430	179.438	16	中国统计
30	单位建成区面积氨氮排放量	吨/平方公里	逆	16.270	15.245	17	中国统计
31	单位耕地面积化肥施用量	万吨/千公顷	逆	0.050	0.086	27	中国统计
32	人均公路交通氮氧化物排放量	吨/万人	逆	45.698	47.990	18	环境年鉴

续表

序号	指标名称	单位	指标属性	2020 年测评均值	2020 年河南数值	2020 年河南排名	数据来源
33	工业固体废物综合利用率	%	正	0.626	0.747	10	中国统计
34	工业用水重复利用率	%	正	80.820	95.900	2	能源年鉴
35	单位工业增加值能耗	吨 / 万元	逆	2.327	1.243	9	能源年鉴
36	单位工业增加值水耗	立方米 / 万元	逆	39.667	25.198	10	能源年鉴
37	能源消费弹性系数	NA	逆	0.531	−0.226	2	能源年鉴
38	单位地区生产总值能耗	吨 / 万元	逆	0.672	0.411	12	能源年鉴
39	单位地区生产总值电力消费量	千瓦时 / 万元	逆	953.608	616.760	8	中国统计
40	人均居民生活用水量	吨	逆	60.513	43.355	5	中国统计
41	人均居民生活用电量	千瓦时	逆	757.721	653.880	10	电力年鉴
42	单位地区生产总值二氧化硫排放量	吨 / 亿元	逆	5.267	1.214	8	中国统计
43	单位地区生产总值化学需氧量排放量	吨 / 亿元	逆	33.239	26.287	11	中国统计
44	单位地区生产总值氮氧化物排放量	吨 / 亿元	逆	16.703	9.919	13	中国统计
45	单位地区生产总值氨氮排放量	吨 / 亿元	逆	1.099	0.843	12	中国统计
46	碳生产率	百元 / 吨	正	92.190	101.909	13	中国统计
47	工业二氧化硫排放量减少率	%	正	10.709	15.074	10	环境年鉴
48	工业废水化学需氧量排放量减少率	%	正	6.119	14.178	5	环境年鉴
49	工业氮氧化物排放量减少率	%	正	6.864	21.311	2	环境年鉴
50	工业废水氨氮排放量减少率	%	正	12.269	6.798	22	环境年鉴
51	当年造林面积	公顷	正	226974.800	211209.000	15	中国统计
52	工业污染治理完成投资额增加	万元	正	−53700.703	−280213.992	29	中国统计
53	可再生能源发电占比增加	%	正	0.975	2.113	7	电力年鉴
54	峰值目标先进性	NA	正	1.000	1.000	1	手工整理
55	低碳制度创新	NA	正	0.807	0.800	9	手工整理

续表

序号	指标名称	单位	指标属性	2020 年测评均值	2020 年河南数值	2020 年河南排名	数据来源
56	省会城市空气质量达到及好于二级天数比例	%	正	82.368	62.842	27	中国统计
57	省会城市 PM2.5 年均浓度	微克 / 立方米	逆	37.267	51.000	27	中国统计
58	人均可支配收入	元	正	32431.129	24810.101	24	中国统计
59	万人公共汽电车拥有量	标台	正	12.664	12.200	17	中国统计
60	人均拥有公共图书馆藏量	册	正	0.889	0.409	30	中国统计
61	预期寿命	岁	正	77.463	77.700	12	手工整理
62	居民恩格尔系数	%	逆	30.157	27.368	3	中国统计
63	城镇登记失业率	%	逆	3.302	3.240	14	中国统计

年鉴说明：中国统计——《中国统计年鉴 2021》；工业年鉴——《中国工业统计年鉴 2020》；科技年鉴——《中国科技统计年鉴 2020》；电力年鉴——《中国电力统计年鉴 2021》；能源年鉴——《中国能源统计年鉴 2020》；环境年鉴——《中国环境统计年鉴 2020》；气候公报——《2020 年中国气候公报》；数字经济白皮书——《2021 中国数字经济发展白皮书》；手工整理——手工查阅资料、计算整理。

湖北低碳发展“体检”表

序号	指标名称	单位	指标属性	2020 年测评均值	2020 年湖北数值	2020 年湖北排名	数据来源
1	人均地区生产总值	元 / 人	正	71401.348	74440.470	9	中国统计
2	第一产业劳动生产率	万元 / 人	正	0.096	4.606	13	中国统计
3	第二产业劳动生产率	万元 / 人	正	0.364	19.865	11	中国统计
4	第三产业劳动生产率	万元 / 人	正	0.540	14.789	10	中国统计
5	六大高耗能行业营业收入占比	%	逆	0.413	0.285	7	工业年鉴
6	城镇化率	%	正	0.647	0.629	14	中国统计
7	数字经济占地区增加值比重	%	正	0.355（估测值）	0.400（估测值）	9（估测值）	数字经济白皮书
8	技术市场成交额占地区生产总值比重	%	正	0.025	0.038	5	中国统计
9	高新技术产业营业收入占地区生产总值比重	%	正	0.111	0.102	14	科技年鉴
10	风电、水电、太阳能等可再生能源发电装机总量占比	%	正	0.405	0.599	4	电力年鉴

续表

序号	指标名称	单位	指标属性	2020 年测评均值	2020 年湖北数值	2020 年湖北排名	数据来源
11	节能环保支出占财政支出比重	%	正	0.029	0.026	18	中国统计
12	对外贸易额占比	%	正	0.232	0.099	24	中国统计
13	每十万人口高等院校平均在校生数	人	正	3108.151	3598.031	7	中国统计
14	省会城市大气自净能力	吨 / 天 / 平方公里	正	3.433（估测值）	2.500（估测值）	21（估测值）	气候公报
15	省会城市日照时长	小时	正	2089.327	1653.800	22	中国统计
16	省会城市月均气温处于15–25 摄氏度之间的月份数占比	%	正	0.383	0.333	16	中国统计
17	省会城市月总降雨量处于 30–300mm 之间的月份数占比	%	正	0.558	0.750	6	中国统计
18	人均水资源量	立方米 / 人	正	2415.444	3006.683	10	中国统计
19	人均森林面积	公顷 / 人	正	0.213	0.128	17	中国统计
20	人均湿地面积	公顷 / 人	正	0.044	0.001	23	中国统计
21	人均国家级自然保护区面积	公顷 / 人	正	0.165	0.010	13	中国统计
22	建成区绿化覆盖率	%	正	41.436	41.068	18	中国统计
23	森林火灾次数	次	逆	38.367	45.000	19	中国统计
24	突发环境事件次数	次	逆	6.933	9.000	20	中国统计
25	煤炭消费总量	万吨	逆	15408.917	11768.330	15	能源年鉴
26	火电装机容量占比	%	逆	57.365	40.082	4	电力年鉴
27	单位建成区面积二氧化硫排放量	吨 / 平方公里	逆	67.327	35.266	10	中国统计
28	单位建成区面积化学需氧量排放量	吨 / 平方公里	逆	441.368	555.089	22	中国统计
29	单位建成区面积氮氧化物排放量	吨 / 平方公里	逆	234.430	180.643	17	中国统计
30	单位建成区面积氨氮排放量	吨 / 平方公里	逆	16.270	21.127	22	中国统计
31	单位耕地面积化肥施用量	万吨 / 千公顷	逆	0.050	0.056	20	中国统计
32	人均公路交通氮氧化物排放量	吨 / 万人	逆	45.698	34.127	7	环境年鉴

续表

序号	指标名称	单位	指标属性	2020 年测评均值	2020 年湖北数值	2020 年湖北排名	数据来源
33	工业固体废物综合利用率	%	正	0.626	0.687	12	中国统计
34	工业用水重复利用率	%	正	80.820	90.400	11	能源年鉴
35	单位工业增加值能耗	吨 / 万元	逆	2.327	1.102	6	能源年鉴
36	单位工业增加值水耗	立方米 / 万元	逆	39.667	58.125	23	能源年鉴
37	能源消费弹性系数	NA	逆	0.531	0.507	14	能源年鉴
38	单位地区生产总值能耗	吨 / 万元	逆	0.672	0.378	9	能源年鉴
39	单位地区生产总值电力消费量	千瓦时 / 万元	逆	953.608	493.515	5	中国统计
40	人均居民生活用水量	吨	逆	60.513	87.557	29	中国统计
41	人均居民生活用电量	千瓦时	逆	757.721	750.830	20	电力年鉴
42	单位地区生产总值二氧化硫排放量	吨 / 亿元	逆	5.267	2.238	10	中国统计
43	单位地区生产总值化学需氧量排放量	吨 / 亿元	逆	33.239	35.225	19	中国统计
44	单位地区生产总值氮氧化物排放量	吨 / 亿元	逆	16.703	11.463	16	中国统计
45	单位地区生产总值氨氮排放量	吨 / 亿元	逆	1.099	1.341	21	中国统计
46	碳生产率	百元 / 吨	正	92.190	132.313	7	中国统计
47	工业二氧化硫排放量减少率	%	正	10.709	0.750	28	环境年鉴
48	工业废水化学需氧量排放量减少率	%	正	6.119	0.545	25	环境年鉴
49	工业氮氧化物排放量减少率	%	正	6.864	1.882	23	环境年鉴
50	工业废水氨氮排放量减少率	%	正	12.269	13.121	14	环境年鉴
51	当年造林面积	公顷	正	226974.800	258160.000	14	中国统计
52	工业污染治理完成投资额增加	万元	正	–53700.703	64246.970	4	中国统计
53	可再生能源发电占比增加	%	正	0.975	9.021	1	电力年鉴
54	峰值目标先进性	NA	正	1.000	1.000	1	手工整理
55	低碳制度创新	NA	正	0.807	0.800	9	手工整理

续表

序号	指标名称	单位	指标属性	2020 年测评均值	2020 年湖北数值	2020 年湖北排名	数据来源
56	省会城市空气质量达到及好于二级天数比例	%	正	82.368	84.426	14	中国统计
57	省会城市 PM2.5 年均浓度	微克 / 立方米	逆	37.267	37.000	16	中国统计
58	人均可支配收入	元	正	32431.129	27880.596	16	中国统计
59	万人公共汽电车拥有量	标台	正	12.664	11.365	23	中国统计
60	人均拥有公共图书馆藏量	册	正	0.889	0.765	13	中国统计
61	预期寿命	岁	正	77.463	76.950	20	手工整理
62	居民恩格尔系数	%	逆	30.157	30.644	19	中国统计
63	城镇登记失业率	%	逆	3.302	3.350	16	中国统计

年鉴说明：中国统计——《中国统计年鉴 2021》；工业年鉴——《中国工业统计年鉴 2020》；科技年鉴——《中国科技统计年鉴 2020》；电力年鉴——《中国电力统计年鉴 2021》；能源年鉴——《中国能源统计年鉴 2020》；环境年鉴——《中国环境统计年鉴 2020》；气候公报——《2020 年中国气候公报》；数字经济白皮书——《2021 中国数字经济发展白皮书》；手工整理——手工查阅资料、计算整理。

湖南低碳发展“体检”表

序号	指标名称	单位	指标属性	2020 年测评均值	2020 年湖南数值	2020 年湖南排名	数据来源
1	人均地区生产总值	元 / 人	正	71401.348	62900.250	14	中国统计
2	第一产业劳动生产率	万元 / 人	正	0.096	5.072	8	中国统计
3	第二产业劳动生产率	万元 / 人	正	0.364	18.029	15	中国统计
4	第三产业劳动生产率	万元 / 人	正	0.540	13.848	13	中国统计
5	六大高耗能行业营业收入占比	%	逆	0.413	0.306	11	工业年鉴
6	城镇化率	%	正	0.647	0.588	22	中国统计
7	数字经济占地区增加值比重	%	正	0.355（估测值）	0.275（估测值）	22（估测值）	数字经济白皮书
8	技术市场成交额占地区生产总值比重	%	正	0.025	0.018	15	中国统计
9	高新技术产业营业收入占地区生产总值比重	%	正	0.111	0.096	15	科技年鉴
10	风电、水电、太阳能等可再生能源发电装机总量占比	%	正	0.405	0.537	6	电力年鉴

续表

序号	指标名称	单位	指标属性	2020 年测评均值	2020 年湖南数值	2020 年湖南排名	数据来源
11	节能环保支出占财政支出比重	%	正	0.029	0.029	14	中国统计
12	对外贸易额占比	%	正	0.232	0.117	19	中国统计
13	每十万人口高等院校平均在校生数	人	正	3108.151	3148.581	14	中国统计
14	省会城市大气自净能力	吨 / 天 / 平方公里	正	3.433（估测值）	3.500（估测值）	8（估测值）	气候公报
15	省会城市日照时长	小时	正	2089.327	1292.500	27	中国统计
16	省会城市月均气温处于 15–25 摄氏度之间的月份数占比	%	正	0.383	0.333	16	中国统计
17	省会城市月总降雨量处于 30–300mm 之间的月份数占比	%	正	0.558	0.917	1	中国统计
18	人均水资源量	立方米 / 人	正	2415.444	3189.913	8	中国统计
19	人均森林面积	公顷 / 人	正	0.213	0.158	15	中国统计
20	人均湿地面积	公顷 / 人	正	0.044	0.004	12	中国统计
21	人均国家级自然保护区面积	公顷 / 人	正	0.165	0.009	14	中国统计
22	建成区绿化覆盖率	%	正	41.436	41.510	16	中国统计
23	森林火灾次数	次	逆	38.367	59.000	25	中国统计
24	突发环境事件次数	次	逆	6.933	7.000	17	中国统计
25	煤炭消费总量	万吨	逆	15408.917	10664.020	14	能源年鉴
26	火电装机容量占比	%	逆	57.365	46.165	7	电力年鉴
27	单位建成区面积二氧化硫排放量	吨 / 平方公里	逆	67.327	52.258	16	中国统计
28	单位建成区面积化学需氧量排放量	吨 / 平方公里	逆	441.368	753.496	28	中国统计
29	单位建成区面积氮氧化物排放量	吨 / 平方公里	逆	234.430	139.465	12	中国统计
30	单位建成区面积氨氮排放量	吨 / 平方公里	逆	16.270	36.455	29	中国统计
31	单位耕地面积化肥施用量	万吨 / 千公顷	逆	0.050	0.062	22	中国统计
32	人均公路交通氮氧化物排放量	吨 / 万人	逆	45.698	24.678	1	环境年鉴

续表

序号	指标名称	单位	指标属性	2020 年测评均值	2020 年湖南数值	2020 年湖南排名	数据来源
33	工业固体废物综合利用率	%	正	0.626	0.750	9	中国统计
34	工业用水重复利用率	%	正	80.820	65.200	24	能源年鉴
35	单位工业增加值能耗	吨 / 万元	逆	2.327	1.334	10	能源年鉴
36	单位工业增加值水耗	立方米 / 万元	逆	39.667	75.693	28	能源年鉴
37	能源消费弹性系数	NA	逆	0.531	0.387	9	能源年鉴
38	单位地区生产总值能耗	吨 / 万元	逆	0.672	0.403	11	能源年鉴
39	单位地区生产总值电力消费量	千瓦时 / 万元	逆	953.608	461.688	3	中国统计
40	人均居民生活用水量	吨	逆	60.513	66.814	20	中国统计
41	人均居民生活用电量	千瓦时	逆	757.721	801.600	21	电力年鉴
42	单位地区生产总值二氧化硫排放量	吨 / 亿元	逆	5.267	2.451	11	中国统计
43	单位地区生产总值化学需氧量排放量	吨 / 亿元	逆	33.239	35.336	20	中国统计
44	单位地区生产总值氮氧化物排放量	吨 / 亿元	逆	16.703	6.540	7	中国统计
45	单位地区生产总值氨氮排放量	吨 / 亿元	逆	1.099	1.710	25	中国统计
46	碳生产率	百元 / 吨	正	92.190	115.060	11	中国统计
47	工业二氧化硫排放量减少率	%	正	10.709	27.527	3	环境年鉴
48	工业废水化学需氧量排放量减少率	%	正	6.119	–6.678	30	环境年鉴
49	工业氮氧化物排放量减少率	%	正	6.864	17.941	5	环境年鉴
50	工业废水氨氮排放量减少率	%	正	12.269	32.507	2	环境年鉴
51	当年造林面积	公顷	正	226974.800	574010.000	2	中国统计
52	工业污染治理完成投资额增加	万元	正	–53700.703	–21280.088	14	中国统计
53	可再生能源发电占比增加	%	正	0.975	3.710	3	电力年鉴
54	峰值目标先进性	NA	正	1.000	1.000	1	手工整理
55	低碳制度创新	NA	正	0.807	0.800	9	手工整理

续表

序号	指标名称	单位	指标属性	2020 年测评均值	2020 年湖南数值	2020 年湖南排名	数据来源
56	省会城市空气质量达到及好于二级天数比例	%	正	82.368	84.426	14	中国统计
57	省会城市 PM2.5 年均浓度	微克 / 立方米	逆	37.267	41.000	19	中国统计
58	人均可支配收入	元	正	32431.129	29379.860	12	中国统计
59	万人公共汽电车拥有量	标台	正	12.664	17.251	1	中国统计
60	人均拥有公共图书馆藏量	册	正	0.889	0.590	22	中国统计
61	预期寿命	岁	正	77.463	77.100	18	手工整理
62	居民恩格尔系数	%	逆	30.157	29.773	16	中国统计
63	城镇登记失业率	%	逆	3.302	2.740	5	中国统计

年鉴说明：中国统计——《中国统计年鉴 2021》；工业年鉴——《中国工业统计年鉴 2020》；科技年鉴——《中国科技统计年鉴 2020》；电力年鉴——《中国电力统计年鉴 2021》；能源年鉴——《中国能源统计年鉴 2020》；环境年鉴——《中国环境统计年鉴 2020》；气候公报——《2020 年中国气候公报》；数字经济白皮书——《2021 中国数字经济发展白皮书》；手工整理——手工查阅资料、计算整理。

广东低碳发展“体检”表

序号	指标名称	单位	指标属性	2020 年测评均值	2020 年广东数值	2020 年广东排名	数据来源
1	人均地区生产总值	元 / 人	正	71401.348	88210.040	7	中国统计
2	第一产业劳动生产率	万元 / 人	正	0.096	6.219	6	中国统计
3	第二产业劳动生产率	万元 / 人	正	0.364	17.201	17	中国统计
4	第三产业劳动生产率	万元 / 人	正	0.540	16.695	8	中国统计
5	六大高耗能行业营业收入占比	%	逆	0.413	0.196	1	工业年鉴
6	城镇化率	%	正	0.647	0.742	4	中国统计
7	数字经济占地区增加值比重	%	正	0.355（估测值）	0.472（估测值）	4（估测值）	数字经济白皮书
8	技术市场成交额占地区生产总值比重	%	正	0.025	0.029	7	中国统计
9	高新技术产业营业收入占地区生产总值比重	%	正	0.111	0.422	1	科技年鉴
10	风电、水电、太阳能等可再生能源发电装机总量占比	%	正	0.405	0.213	27	电力年鉴

续表

序号	指标名称	单位	指标属性	2020 年测评均值	2020 年广东数值	2020 年广东排名	数据来源
11	节能环保支出占财政支出比重	%	正	0.029	0.030	12	中国统计
12	对外贸易额占比	%	正	0.232	0.640	3	中国统计
13	每十万人口高等院校平均在校生数	人	正	3108.151	3175.131	12	中国统计
14	省会城市大气自净能力	吨 / 天 / 平方公里	正	3.433（估测值）	3.500（估测值）	8（估测值）	气候公报
15	省会城市日照时长	小时	正	2089.327	1641.700	23	中国统计
16	省会城市月均气温处于 15–25 摄氏度之间的月份数占比	%	正	0.383	0.500	3	中国统计
17	省会城市月总降雨量处于 30–300mm 之间的月份数占比	%	正	0.558	0.500	15	中国统计
18	人均水资源量	立方米 / 人	正	2415.444	1294.947	19	中国统计
19	人均森林面积	公顷 / 人	正	0.213	0.075	22	中国统计
20	人均湿地面积	公顷 / 人	正	0.044	0.001	21	中国统计
21	人均国家级自然保护区面积	公顷 / 人	正	0.165	0.003	24	中国统计
22	建成区绿化覆盖率	%	正	41.436	43.492	5	中国统计
23	森林火灾次数	次	逆	38.367	114.000	29	中国统计
24	突发环境事件次数	次	逆	6.933	24.000	30	中国统计
25	煤炭消费总量	万吨	逆	15408.917	16833.870	21	能源年鉴
26	火电装机容量占比	%	逆	57.365	67.365	21	电力年鉴
27	单位建成区面积二氧化硫排放量	吨 / 平方公里	逆	67.327	17.974	6	中国统计
28	单位建成区面积化学需氧量排放量	吨 / 平方公里	逆	441.368	248.114	6	中国统计
29	单位建成区面积氮氧化物排放量	吨 / 平方公里	逆	234.430	93.483	2	中国统计
30	单位建成区面积氨氮排放量	吨 / 平方公里	逆	16.270	14.827	16	中国统计
31	单位耕地面积化肥施用量	万吨 / 千公顷	逆	0.050	0.116	30	中国统计
32	人均公路交通氮氧化物排放量	吨 / 万人	逆	45.698	36.160	9	环境年鉴

续表

序号	指标名称	单位	指标属性	2020年测评均值	2020年广东数值	2020年广东排名	数据来源
33	工业固体废物综合利用率	%	正	0.626	0.811	7	中国统计
34	工业用水重复利用率	%	正	80.820	89.400	13	能源年鉴
35	单位工业增加值能耗	吨/万元	逆	2.327	0.872	1	能源年鉴
36	单位工业增加值水耗	立方米/万元	逆	39.667	24.169	9	能源年鉴
37	能源消费弹性系数	NA	逆	0.531	0.393	10	能源年鉴
38	单位地区生产总值能耗	吨/万元	逆	0.672	0.317	3	能源年鉴
39	单位地区生产总值电力消费量	千瓦时/万元	逆	953.608	625.311	11	中国统计
40	人均居民生活用水量	吨	逆	60.513	85.475	28	中国统计
41	人均居民生活用电量	千瓦时	逆	757.721	940.190	24	电力年鉴
42	单位地区生产总值二氧化硫排放量	吨/亿元	逆	5.267	1.055	5	中国统计
43	单位地区生产总值化学需氧量排放量	吨/亿元	逆	33.239	14.564	8	中国统计
44	单位地区生产总值氮氧化物排放量	吨/亿元	逆	16.703	5.487	4	中国统计
45	单位地区生产总值氨氮排放量	吨/亿元	逆	1.099	0.870	14	中国统计
46	碳生产率	百元/吨	正	92.190	142.487	4	中国统计
47	工业二氧化硫排放量减少率	%	正	10.709	21.042	4	环境年鉴
48	工业废水化学需氧量排放量减少率	%	正	6.119	9.305	8	环境年鉴
49	工业氮氧化物排放量减少率	%	正	6.864	3.343	20	环境年鉴
50	工业废水氨氮排放量减少率	%	正	12.269	12.584	15	环境年鉴
51	当年造林面积	公顷	正	226974.800	264967.000	13	中国统计
52	工业污染治理完成投资额增加	万元	正	–53700.703	–81546.080	21	中国统计
53	可再生能源发电占比增加	%	正	0.975	–1.628	27	电力年鉴
54	峰值目标先进性	NA	正	1.000	1.000	1	手工整理
55	低碳制度创新	NA	正	0.807	0.800	9	手工整理

续表

序号	指标名称	单位	指标属性	2020 年测评均值	2020 年广东数值	2020 年广东排名	数据来源
56	省会城市空气质量达到及好于二级天数比例	%	正	82.368	90.437	9	中国统计
57	省会城市 PM2.5 年均浓度	微克 / 立方米	逆	37.267	23.000	3	中国统计
58	人均可支配收入	元	正	32431.129	41028.634	6	中国统计
59	万人公共汽电车拥有量	标台	正	12.664	11.848	20	中国统计
60	人均拥有公共图书馆藏量	册	正	0.889	0.927	11	中国统计
61	预期寿命	岁	正	77.463	78.400	9	手工整理
62	居民恩格尔系数	%	逆	30.157	33.797	27	中国统计
63	城镇登记失业率	%	逆	3.302	2.530	3	中国统计

年鉴说明：中国统计——《中国统计年鉴 2021》；工业年鉴——《中国工业统计年鉴 2020》；科技年鉴——《中国科技统计年鉴 2020》；电力年鉴——《中国电力统计年鉴 2021》；能源年鉴——《中国能源统计年鉴 2020》；环境年鉴——《中国环境统计年鉴 2020》；气候公报——《2020 年中国气候公报》；数字经济白皮书——《2021 中国数字经济发展白皮书》；手工整理——手工查阅资料、计算整理。

广西低碳发展“体检”表

序号	指标名称	单位	指标属性	2020 年测评均值	2020 年广西数值	2020 年广西排名	数据来源
1	人均地区生产总值	元 / 人	正	71401.348	44308.950	28	中国统计
2	第一产业劳动生产率	万元 / 人	正	0.096	4.106	17	中国统计
3	第二产业劳动生产率	万元 / 人	正	0.364	10.853	30	中国统计
4	第三产业劳动生产率	万元 / 人	正	0.540	11.082	22	中国统计
5	六大高耗能行业营业收入占比	%	逆	0.413	0.445	19	工业年鉴
6	城镇化率	%	正	0.647	0.542	27	中国统计
7	数字经济占地区增加值比重	%	正	0.355（估测值）	0.328（估测值）	17（估测值）	数字经济白皮书
8	技术市场成交额占地区生产总值比重	%	正	0.025	0.004	23	中国统计
9	高新技术产业营业收入占地区生产总值比重	%	正	0.111	0.069	19	科技年鉴
10	风电、水电、太阳能等可再生能源发电装机总量占比	%	正	0.405	0.505	8	电力年鉴

续表

序号	指标名称	单位	指标属性	2020 年测评均值	2020 年广西数值	2020 年广西排名	数据来源
11	节能环保支出占财政支出比重	%	正	0.029	0.016	28	中国统计
12	对外贸易额占比	%	正	0.232	0.220	11	中国统计
13	每十万人口高等院校平均在校生数	人	正	3108.151	3107.260	15	中国统计
14	省会城市大气自净能力	吨 / 天 / 平方公里	正	3.433（估测值）	3.500（估测值）	8（估测值）	气候公报
15	省会城市日照时长	小时	正	2089.327	1492.600	25	中国统计
16	省会城市月均气温处于 15–25 摄氏度之间的月份数占比	%	正	0.383	0.500	3	中国统计
17	省会城市月总降雨量处于 30–300mm 之间的月份数占比	%	正	0.558	0.833	3	中国统计
18	人均水资源量	立方米 / 人	正	2415.444	4229.177	3	中国统计
19	人均森林面积	公顷 / 人	正	0.213	0.285	7	中国统计
20	人均湿地面积	公顷 / 人	正	0.044	0.003	16	中国统计
21	人均国家级自然保护区面积	公顷 / 人	正	0.165	0.007	17	中国统计
22	建成区绿化覆盖率	%	正	41.436	41.303	17	中国统计
23	森林火灾次数	次	逆	38.367	206.000	30	中国统计
24	突发环境事件次数	次	逆	6.933	3.000	9	中国统计
25	煤炭消费总量	万吨	逆	15408.917	8021.910	11	能源年鉴
26	火电装机容量占比	%	逆	57.365	45.268	6	电力年鉴
27	单位建成区面积二氧化硫排放量	吨 / 平方公里	逆	67.327	54.304	17	中国统计
28	单位建成区面积化学需氧量排放量	吨 / 平方公里	逆	441.368	636.960	26	中国统计
29	单位建成区面积氮氧化物排放量	吨 / 平方公里	逆	234.430	181.378	18	中国统计
30	单位建成区面积氨氮排放量	吨 / 平方公里	逆	16.270	44.837	30	中国统计
31	单位耕地面积化肥施用量	万吨 / 千公顷	逆	0.050	0.075	26	中国统计
32	人均公路交通氮氧化物排放量	吨 / 万人	逆	45.698	36.425	10	环境年鉴

续表

序号	指标名称	单位	指标属性	2020 年测评均值	2020 年广西数值	2020 年广西排名	数据来源
33	工业固体废物综合利用率	%	正	0.626	0.486	20	中国统计
34	工业用水重复利用率	%	正	80.820	94.100	7	能源年鉴
35	单位工业增加值能耗	吨 / 万元	逆	2.327	2.148	18	能源年鉴
36	单位工业增加值水耗	立方米 / 万元	逆	39.667	93.394	30	能源年鉴
37	能源消费弹性系数	NA	逆	0.531	0.688	23	能源年鉴
38	单位地区生产总值能耗	吨 / 万元	逆	0.672	0.531	17	能源年鉴
39	单位地区生产总值电力消费量	千瓦时 / 万元	逆	953.608	915.751	21	中国统计
40	人均居民生活用水量	吨	逆	60.513	70.536	22	中国统计
41	人均居民生活用电量	千瓦时	逆	757.721	810.630	22	电力年鉴
42	单位地区生产总值二氧化硫排放量	吨 / 亿元	逆	5.267	3.965	17	中国统计
43	单位地区生产总值化学需氧量排放量	吨 / 亿元	逆	33.239	46.503	24	中国统计
44	单位地区生产总值氮氧化物排放量	吨 / 亿元	逆	16.703	13.242	18	中国统计
45	单位地区生产总值氨氮排放量	吨 / 亿元	逆	1.099	3.273	30	中国统计
46	碳生产率	百元 / 吨	正	92.190	82.103	17	中国统计
47	工业二氧化硫排放量减少率	%	正	10.709	5.135	20	环境年鉴
48	工业废水化学需氧量排放量减少率	%	正	6.119	–1.102	26	环境年鉴
49	工业氮氧化物排放量减少率	%	正	6.864	3.921	17	环境年鉴
50	工业废水氨氮排放量减少率	%	正	12.269	4.587	25	环境年鉴
51	当年造林面积	公顷	正	226974.800	211006.000	16	中国统计
52	工业污染治理完成投资额增加	万元	正	–53700.703	–13086.300	12	中国统计
53	可再生能源发电占比增加	%	正	0.975	1.498	9	电力年鉴
54	峰值目标先进性	NA	正	1.000	1.000	1	手工整理
55	低碳制度创新	NA	正	0.807	0.800	9	手工整理

续表

序号	指标名称	单位	指标属性	2020 年测评均值	2020 年广西数值	2020 年广西排名	数据来源
56	省会城市空气质量达到及好于二级天数比例	%	正	82.368	97.541	5	中国统计
57	省会城市 PM2.5 年均浓度	微克 / 立方米	逆	37.267	26.000	6	中国统计
58	人均可支配收入	元	正	32431.129	24562.349	25	中国统计
59	万人公共汽电车拥有量	标台	正	12.664	9.412	29	中国统计
60	人均拥有公共图书馆藏量	册	正	0.889	0.599	21	中国统计
61	预期寿命	岁	正	77.463	77.520	13	手工整理
62	居民恩格尔系数	%	逆	30.157	34.185	28	中国统计
63	城镇登记失业率	%	逆	3.302	2.770	6	中国统计

年鉴说明：中国统计——《中国统计年鉴 2021》；工业年鉴——《中国工业统计年鉴 2020》；科技年鉴——《中国科技统计年鉴 2020》；电力年鉴——《中国电力统计年鉴 2021》；能源年鉴——《中国能源统计年鉴 2020》；环境年鉴——《中国环境统计年鉴 2020》；气候公报——《2020 年中国气候公报》；数字经济白皮书——《2021 中国数字经济发展白皮书》；手工整理——手工查阅资料、计算整理。

海南低碳发展“体检”表

序号	指标名称	单位	指标属性	2020 年测评均值	2020 年海南数值	2020 年海南排名	数据来源
1	人均地区生产总值	元 / 人	正	71401.348	55130.940	19	中国统计
2	第一产业劳动生产率	万元 / 人	正	0.096	6.643	4	中国统计
3	第二产业劳动生产率	万元 / 人	正	0.364	17.020	18	中国统计
4	第三产业劳动生产率	万元 / 人	正	0.540	10.848	24	中国统计
5	六大高耗能行业营业收入占比	%	逆	0.413	0.614	27	工业年鉴
6	城镇化率	%	正	0.647	0.603	19	中国统计
7	数字经济占地区增加值比重	%	正	0.355（估测值）	0.386（估测值）	11（估测值）	数字经济白皮书
8	技术市场成交额占地区生产总值比重	%	正	0.025	0.004	25	中国统计
9	高新技术产业营业收入占地区生产总值比重	%	正	0.111	0.047	22	科技年鉴
10	风电、水电、太阳能等可再生能源发电装机总量占比	%	正	0.405	0.323	17	电力年鉴

续表

序号	指标名称	单位	指标属性	2020 年测评均值	2020 年海南数值	2020 年海南排名	数据来源
11	节能环保支出占财政支出比重	%	正	0.029	0.029	13	中国统计
12	对外贸易额占比	%	正	0.232	0.169	12	中国统计
13	每十万人口高等院校平均在校生数	人	正	3108.151	2764.233	17	中国统计
14	省会城市大气自净能力	吨 / 天 / 平方公里	正	3.433（估测值）	4.500（估测值）	2（估测值）	气候公报
15	省会城市日照时长	小时	正	2089.327	1742.200	17	中国统计
16	省会城市月均气温处于 15–25 摄氏度之间的月份数占比	%	正	0.383	0.500	3	中国统计
17	省会城市月总降雨量处于 30–300mm 之间的月份数占比	%	正	0.558	0.583	13	中国统计
18	人均水资源量	立方米 / 人	正	2415.444	2626.806	11	中国统计
19	人均森林面积	公顷 / 人	正	0.213	0.192	14	中国统计
20	人均湿地面积	公顷 / 人	正	0.044	0.012	7	中国统计
21	人均国家级自然保护区面积	公顷 / 人	正	0.165	0.016	11	中国统计
22	建成区绿化覆盖率	%	正	41.436	40.620	22	中国统计
23	森林火灾次数	次	逆	38.367	48.000	20	中国统计
24	突发环境事件次数	次	逆	6.933	1.000	4	中国统计
25	煤炭消费总量	万吨	逆	15408.917	1130.390	2	能源年鉴
26	火电装机容量占比	%	逆	57.365	54.655	11	电力年鉴
27	单位建成区面积二氧化硫排放量	吨 / 平方公里	逆	67.327	15.076	4	中国统计
28	单位建成区面积化学需氧量排放量	吨 / 平方公里	逆	441.368	442.283	14	中国统计
29	单位建成区面积氮氧化物排放量	吨 / 平方公里	逆	234.430	104.093	5	中国统计
30	单位建成区面积氨氮排放量	吨 / 平方公里	逆	16.270	20.732	21	中国统计
31	单位耕地面积化肥施用量	万吨 / 千公顷	逆	0.050	0.088	28	中国统计
32	人均公路交通氮氧化物排放量	吨 / 万人	逆	45.698	27.152	2	环境年鉴

续表

序号	指标名称	单位	指标属性	2020 年测评均值	2020 年海南数值	2020 年海南排名	数据来源
33	工业固体废物综合利用率	%	正	0.626	0.678	13	中国统计
34	工业用水重复利用率	%	正	80.820	65.200	24	能源年鉴
35	单位工业增加值能耗	吨 / 万元	逆	2.327	3.787	26	能源年鉴
36	单位工业增加值水耗	立方米 / 万元	逆	39.667	46.831	21	能源年鉴
37	能源消费弹性系数	NA	逆	0.531	0.747	27	能源年鉴
38	单位地区生产总值能耗	吨 / 万元	逆	0.672	0.426	13	能源年鉴
39	单位地区生产总值电力消费量	千瓦时 / 万元	逆	953.608	656.136	15	中国统计
40	人均居民生活用水量	吨	逆	60.513	79.078	26	中国统计
41	人均居民生活用电量	千瓦时	逆	757.721	724.880	17	电力年鉴
42	单位地区生产总值二氧化硫排放量	吨 / 亿元	逆	5.267	1.065	6	中国统计
43	单位地区生产总值化学需氧量排放量	吨 / 亿元	逆	33.239	31.234	16	中国统计
44	单位地区生产总值氮氧化物排放量	吨 / 亿元	逆	16.703	7.351	9	中国统计
45	单位地区生产总值氨氮排放量	吨 / 亿元	逆	1.099	1.464	22	中国统计
46	碳生产率	百元 / 吨	正	92.190	120.537	10	中国统计
47	工业二氧化硫排放量减少率	%	正	10.709	15.063	11	环境年鉴
48	工业废水化学需氧量排放量减少率	%	正	6.119	21.873	1	环境年鉴
49	工业氮氧化物排放量减少率	%	正	6.864	−1.685	26	环境年鉴
50	工业废水氨氮排放量减少率	%	正	12.269	56.609	1	环境年鉴
51	当年造林面积	公顷	正	226974.800	15162.000	28	中国统计
52	工业污染治理完成投资额增加	万元	正	−53700.703	−5782.241	11	中国统计
53	可再生能源发电占比增加	%	正	0.975	0.485	20	电力年鉴
54	峰值目标先进性	NA	正	1.000	1.000	1	手工整理
55	低碳制度创新	NA	正	0.807	1.000	1	手工整理

续表

序号	指标名称	单位	指标属性	2020 年测评均值	2020 年海南数值	2020 年海南排名	数据来源
56	省会城市空气质量达到及好于二级天数比例	%	正	82.368	98.634	4	中国统计
57	省会城市 PM2.5 年均浓度	微克 / 立方米	逆	37.267	14.000	1	中国统计
58	人均可支配收入	元	正	32431.129	27904.077	15	中国统计
59	万人公共汽电车拥有量	标台	正	12.664	12.525	15	中国统计
60	人均拥有公共图书馆藏量	册	正	0.889	0.660	17	中国统计
61	预期寿命	岁	正	77.463	78.800	7	手工整理
62	居民恩格尔系数	%	逆	30.157	39.607	30	中国统计
63	城镇登记失业率	%	逆	3.302	2.780	7	中国统计

年鉴说明：中国统计——《中国统计年鉴 2021》；工业年鉴——《中国工业统计年鉴 2020》；科技年鉴——《中国科技统计年鉴 2020》；电力年鉴——《中国电力统计年鉴 2021》；能源年鉴——《中国能源统计年鉴 2020》；环境年鉴——《中国环境统计年鉴 2020》；气候公报——《2020 年中国气候公报》；数字经济白皮书——《2021 中国数字经济发展白皮书》；手工整理——手工查阅资料、计算整理。

重庆低碳发展“体检”表

序号	指标名称	单位	指标属性	2020 年测评均值	2020 年重庆数值	2020 年重庆排名	数据来源
1	人均地区生产总值	元 / 人	正	71401.348	78170.360	8	中国统计
2	第一产业劳动生产率	万元 / 人	正	0.096	4.771	10	中国统计
3	第二产业劳动生产率	万元 / 人	正	0.364	23.734	6	中国统计
4	第三产业劳动生产率	万元 / 人	正	0.540	15.060	9	中国统计
5	六大高耗能行业营业收入占比	%	逆	0.413	0.210	2	工业年鉴
6	城镇化率	%	正	0.647	0.695	8	中国统计
7	数字经济占地区增加值比重	%	正	0.355（估测值）	0.390（估测值）	10（估测值）	数字经济白皮书
8	技术市场成交额占地区生产总值比重	%	正	0.025	0.005	21	中国统计
9	高新技术产业营业收入占地区生产总值比重	%	正	0.111	0.231	3	科技年鉴
10	风电、水电、太阳能等可再生能源发电装机总量占比	%	正	0.405	0.379	14	电力年鉴

续表

序号	指标名称	单位	指标属性	2020 年测评均值	2020 年重庆数值	2020 年重庆排名	数据来源
11	节能环保支出占财政支出比重	%	正	0.029	0.037	5	中国统计
12	对外贸易额占比	%	正	0.232	0.261	10	中国统计
13	每十万人口高等院校平均在校生数	人	正	3108.151	3438.457	9	中国统计
14	省会城市大气自净能力	吨 / 天 / 平方公里	正	3.433（估测值）	2.500（估测值）	21（估测值）	气候公报
15	省会城市日照时长	小时	正	2089.327	1007.800	29	中国统计
16	省会城市月均气温处于15–25 摄氏度之间的月份数占比	%	正	0.383	0.500	3	中国统计
17	省会城市月总降雨量处于 30–300mm 之间的月份数占比	%	正	0.558	0.500	15	中国统计
18	人均水资源量	立方米 / 人	正	2415.444	2397.686	13	中国统计
19	人均森林面积	公顷 / 人	正	0.213	0.111	18	中国统计
20	人均湿地面积	公顷 / 人	正	0.044	0.000	27	中国统计
21	人均国家级自然保护区面积	公顷 / 人	正	0.165	0.008	15	中国统计
22	建成区绿化覆盖率	%	正	41.436	43.054	7	中国统计
23	森林火灾次数	次	逆	38.367	9.000	8	中国统计
24	突发环境事件次数	次	逆	6.933	8.000	18	中国统计
25	煤炭消费总量	万吨	逆	15408.917	5022.940	6	能源年鉴
26	火电装机容量占比	%	逆	57.365	62.098	16	电力年鉴
27	单位建成区面积二氧化硫排放量	吨 / 平方公里	逆	67.327	43.142	11	中国统计
28	单位建成区面积化学需氧量排放量	吨 / 平方公里	逆	441.368	204.757	5	中国统计
29	单位建成区面积氮氧化物排放量	吨 / 平方公里	逆	234.430	106.691	6	中国统计
30	单位建成区面积氨氮排放量	吨 / 平方公里	逆	16.270	12.839	12	中国统计
31	单位耕地面积化肥施用量	万吨 / 千公顷	逆	0.050	0.048	17	中国统计
32	人均公路交通氮氧化物排放量	吨 / 万人	逆	45.698	34.238	8	环境年鉴

续表

序号	指标名称	单位	指标属性	2020 年测评均值	2020 年重庆数值	2020 年重庆排名	数据来源
33	工业固体废物综合利用率	%	正	0.626	0.840	6	中国统计
34	工业用水重复利用率	%	正	80.820	42.300	29	能源年鉴
35	单位工业增加值能耗	吨 / 万元	逆	2.327	1.357	11	能源年鉴
36	单位工业增加值水耗	立方米 / 万元	逆	39.667	42.889	20	能源年鉴
37	能源消费弹性系数	NA	逆	0.531	0.616	21	能源年鉴
38	单位地区生产总值能耗	吨 / 万元	逆	0.672	0.377	8	能源年鉴
39	单位地区生产总值电力消费量	千瓦时 / 万元	逆	953.608	474.347	4	中国统计
40	人均居民生活用水量	吨	逆	60.513	69.806	21	中国统计
41	人均居民生活用电量	千瓦时	逆	757.721	689.240	15	电力年鉴
42	单位地区生产总值二氧化硫排放量	吨 / 亿元	逆	5.267	2.701	13	中国统计
43	单位地区生产总值化学需氧量排放量	吨 / 亿元	逆	33.239	12.821	6	中国统计
44	单位地区生产总值氮氧化物排放量	吨 / 亿元	逆	16.703	6.681	8	中国统计
45	单位地区生产总值氨氮排放量	吨 / 亿元	逆	1.099	0.804	11	中国统计
46	碳生产率	百元 / 吨	正	92.190	122.231	9	中国统计
47	工业二氧化硫排放量减少率	%	正	10.709	19.732	5	环境年鉴
48	工业废水化学需氧量排放量减少率	%	正	6.119	2.852	21	环境年鉴
49	工业氮氧化物排放量减少率	%	正	6.864	21.239	3	环境年鉴
50	工业废水氨氮排放量减少率	%	正	12.269	9.807	19	环境年鉴
51	当年造林面积	公顷	正	226974.800	303153.000	8	中国统计
52	工业污染治理完成投资额增加	万元	正	–53700.703	2714.610	8	中国统计
53	可再生能源发电占比增加	%	正	0.975	4.073	2	电力年鉴
54	峰值目标先进性	NA	正	1.000	1.000	1	手工整理
55	低碳制度创新	NA	正	0.807	0.600	25	手工整理

续表

序号	指标名称	单位	指标属性	2020 年测评均值	2020 年重庆数值	2020 年重庆排名	数据来源
56	省会城市空气质量达到及好于二级天数比例	%	正	82.368	90.437	9	中国统计
57	省会城市 PM2.5 年均浓度	微克 / 立方米	逆	37.267	33.000	10	中国统计
58	人均可支配收入	元	正	32431.129	30823.934	11	中国统计
59	万人公共汽电车拥有量	标台	正	12.664	10.047	27	中国统计
60	人均拥有公共图书馆藏量	册	正	0.889	0.623	19	中国统计
61	预期寿命	岁	正	77.463	78.150	11	手工整理
62	居民恩格尔系数	%	逆	30.157	33.603	26	中国统计
63	城镇登记失业率	%	逆	3.302	4.490	29	中国统计

年鉴说明：中国统计——《中国统计年鉴 2021》；工业年鉴——《中国工业统计年鉴 2020》；科技年鉴——《中国科技统计年鉴 2020》；电力年鉴——《中国电力统计年鉴 2021》；能源年鉴——《中国能源统计年鉴 2020》；环境年鉴——《中国环境统计年鉴 2020》；气候公报——《2020 年中国气候公报》；数字经济白皮书——《2021 中国数字经济发展白皮书》；手工整理——手工查阅资料、计算整理。

四川低碳发展“体检”表

序号	指标名称	单位	指标属性	2020 年测评均值	2020 年四川数值	2020 年四川排名	数据来源
1	人均地区生产总值	元 / 人	正	71401.348	58125.540	16	中国统计
2	第一产业劳动生产率	万元 / 人	正	0.096	3.603	25	中国统计
3	第二产业劳动生产率	万元 / 人	正	0.364	16.003	20	中国统计
4	第三产业劳动生产率	万元 / 人	正	0.540	12.100	16	中国统计
5	六大高耗能行业营业收入占比	%	逆	0.413	0.297	9	工业年鉴
6	城镇化率	%	正	0.647	0.567	24	中国统计
7	数字经济占地区增加值比重	%	正	0.355（估测值）	0.329（估测值）	16（估测值）	数字经济白皮书
8	技术市场成交额占地区生产总值比重	%	正	0.025	0.026	10	中国统计
9	高新技术产业营业收入占地区生产总值比重	%	正	0.111	0.160	8	科技年鉴
10	风电、水电、太阳能等可再生能源发电装机总量占比	%	正	0.405	0.842	3	电力年鉴

续表

序号	指标名称	单位	指标属性	2020 年测评均值	2020 年四川数值	2020 年四川排名	数据来源
11	节能环保支出占财政支出比重	%	正	0.029	0.024	23	中国统计
12	对外贸易额占比	%	正	0.232	0.166	13	中国统计
13	每十万人口高等院校平均在校生数	人	正	3108.151	2754.239	18	中国统计
14	省会城市大气自净能力	吨 / 天 / 平方公里	正	3.433（估测值）	2.500（估测值）	21（估测值）	气候公报
15	省会城市日照时长	小时	正	2089.327	927.400	30	中国统计
16	省会城市月均气温处于 15–25 摄氏度之间的月份数占比	%	正	0.383	0.583	2	中国统计
17	省会城市月总降雨量处于 30–300mm 之间的月份数占比	%	正	0.558	0.417	21	中国统计
18	人均水资源量	立方米 / 人	正	2415.444	3871.905	4	中国统计
19	人均森林面积	公顷 / 人	正	0.213	0.220	10	中国统计
20	人均湿地面积	公顷 / 人	正	0.044	0.015	6	中国统计
21	人均国家级自然保护区面积	公顷 / 人	正	0.165	0.036	8	中国统计
22	建成区绿化覆盖率	%	正	41.436	42.484	9	中国统计
23	森林火灾次数	次	逆	38.367	111.000	28	中国统计
24	突发环境事件次数	次	逆	6.933	17.000	28	中国统计
25	煤炭消费总量	万吨	逆	15408.917	7713.470	9	能源年鉴
26	火电装机容量占比	%	逆	57.365	15.794	3	电力年鉴
27	单位建成区面积二氧化硫排放量	吨 / 平方公里	逆	67.327	51.135	15	中国统计
28	单位建成区面积化学需氧量排放量	吨 / 平方公里	逆	441.368	408.913	13	中国统计
29	单位建成区面积氮氧化物排放量	吨 / 平方公里	逆	234.430	126.784	9	中国统计
30	单位建成区面积氨氮排放量	吨 / 平方公里	逆	16.270	25.127	25	中国统计
31	单位耕地面积化肥施用量	万吨 / 千公顷	逆	0.050	0.040	13	中国统计
32	人均公路交通氮氧化物排放量	吨 / 万人	逆	45.698	30.170	4	环境年鉴

续表

序号	指标名称	单位	指标属性	2020 年测评均值	2020 年四川数值	2020 年四川排名	数据来源
33	工业固体废物综合利用率	%	正	0.626	0.380	29	中国统计
34	工业用水重复利用率	%	正	80.820	81.100	22	能源年鉴
35	单位工业增加值能耗	吨 / 万元	逆	2.327	1.579	13	能源年鉴
36	单位工业增加值水耗	立方米 / 万元	逆	39.667	28.786	12	能源年鉴
37	能源消费弹性系数	NA	逆	0.531	0.586	18	能源年鉴
38	单位地区生产总值能耗	吨 / 万元	逆	0.672	0.446	14	能源年鉴
39	单位地区生产总值电力消费量	千瓦时 / 万元	逆	953.608	589.521	7	中国统计
40	人均居民生活用水量	吨	逆	60.513	64.033	18	中国统计
41	人均居民生活用电量	千瓦时	逆	757.721	641.180	9	电力年鉴
42	单位地区生产总值二氧化硫排放量	吨 / 亿元	逆	5.267	3.357	15	中国统计
43	单位地区生产总值化学需氧量排放量	吨 / 亿元	逆	33.239	26.845	12	中国统计
44	单位地区生产总值氮氧化物排放量	吨 / 亿元	逆	16.703	8.323	11	中国统计
45	单位地区生产总值氨氮排放量	吨 / 亿元	逆	1.099	1.650	24	中国统计
46	碳生产率	百元 / 吨	正	92.190	149.166	3	中国统计
47	工业二氧化硫排放量减少率	%	正	10.709	1.612	27	环境年鉴
48	工业废水化学需氧量排放量减少率	%	正	6.119	6.348	13	环境年鉴
49	工业氮氧化物排放量减少率	%	正	6.864	1.313	25	环境年鉴
50	工业废水氨氮排放量减少率	%	正	12.269	11.526	16	环境年鉴
51	当年造林面积	公顷	正	226974.800	343922.000	4	中国统计
52	工业污染治理完成投资额增加	万元	正	–53700.703	121153.855	2	中国统计
53	可再生能源发电占比增加	%	正	0.975	0.192	23	电力年鉴
54	峰值目标先进性	NA	正	1.000	1.000	1	手工整理
55	低碳制度创新	NA	正	0.807	1.000	1	手工整理

续表

序号	指标名称	单位	指标属性	2020 年测评均值	2020 年四川数值	2020 年四川排名	数据来源
56	省会城市空气质量达到及好于二级天数比例	%	正	82.368	76.503	22	中国统计
57	省会城市 PM2.5 年均浓度	微克 / 立方米	逆	37.267	41.000	19	中国统计
58	人均可支配收入	元	正	32431.129	26522.062	18	中国统计
59	万人公共汽电车拥有量	标台	正	12.664	12.102	18	中国统计
60	人均拥有公共图书馆藏量	册	正	0.889	0.520	26	中国统计
61	预期寿命	岁	正	77.463	77.100	18	手工整理
62	居民恩格尔系数	%	逆	30.157	35.517	29	中国统计
63	城镇登记失业率	%	逆	3.302	3.630	21	中国统计

年鉴说明：中国统计——《中国统计年鉴 2021》；工业年鉴——《中国工业统计年鉴 2020》；科技年鉴——《中国科技统计年鉴 2020》；电力年鉴——《中国电力统计年鉴 2021》；能源年鉴——《中国能源统计年鉴 2020》；环境年鉴——《中国环境统计年鉴 2020》；气候公报——《2020 年中国气候公报》；数字经济白皮书——《2021 中国数字经济发展白皮书》；手工整理——手工查阅资料、计算整理。

贵州低碳发展“体检”表

序号	指标名称	单位	指标属性	2020 年测评均值	2020 年贵州数值	2020 年贵州排名	数据来源
1	人均地区生产总值	元 / 人	正	71401.348	46266.700	27	中国统计
2	第一产业劳动生产率	万元 / 人	正	0.096	4.006	19	中国统计
3	第二产业劳动生产率	万元 / 人	正	0.364	13.160	27	中国统计
4	第三产业劳动生产率	万元 / 人	正	0.540	11.546	20	中国统计
5	六大高耗能行业营业收入占比	%	逆	0.413	0.420	18	工业年鉴
6	城镇化率	%	正	0.647	0.532	28	中国统计
7	数字经济占地区增加值比重	%	正	0.355（估测值）	0.310（估测值）	19（估测值）	数字经济白皮书
8	技术市场成交额占地区生产总值比重	%	正	0.025	0.014	18	中国统计
9	高新技术产业营业收入占地区生产总值比重	%	正	0.111	0.065	20	科技年鉴
10	风电、水电、太阳能等可再生能源发电装机总量占比	%	正	0.405	0.524	7	电力年鉴

续表

序号	指标名称	单位	指标属性	2020 年测评均值	2020 年贵州数值	2020 年贵州排名	数据来源
11	节能环保支出占财政支出比重	%	正	0.029	0.025	21	中国统计
12	对外贸易额占比	%	正	0.232	0.031	29	中国统计
13	每十万人口高等院校平均在校生数	人	正	3108.151	2654.499	25	中国统计
14	省会城市大气自净能力	吨 / 天 / 平方公里	正	3.433（估测值）	2.500（估测值）	21（估测值）	气候公报
15	省会城市日照时长	小时	正	2089.327	1286.500	28	中国统计
16	省会城市月均气温处于15–25 摄氏度之间的月份数占比	%	正	0.383	0.417	8	中国统计
17	省会城市月总降雨量处于 30–300mm 之间的月份数占比	%	正	0.558	0.750	6	中国统计
18	人均水资源量	立方米 / 人	正	2415.444	3448.222	7	中国统计
19	人均森林面积	公顷 / 人	正	0.213	0.200	12	中国统计
20	人均湿地面积	公顷 / 人	正	0.044	0.000	29	中国统计
21	人均国家级自然保护区面积	公顷 / 人	正	0.165	0.008	16	中国统计
22	建成区绿化覆盖率	%	正	41.436	40.935	19	中国统计
23	森林火灾次数	次	逆	38.367	16.000	14	中国统计
24	突发环境事件次数	次	逆	6.933	11.000	24	中国统计
25	煤炭消费总量	万吨	逆	15408.917	12204.170	16	能源年鉴
26	火电装机容量占比	%	逆	57.365	47.606	8	电力年鉴
27	单位建成区面积二氧化硫排放量	吨 / 平方公里	逆	67.327	158.625	28	中国统计
28	单位建成区面积化学需氧量排放量	吨 / 平方公里	逆	441.368	1044.236	30	中国统计
29	单位建成区面积氮氧化物排放量	吨 / 平方公里	逆	234.430	1694.307	30	中国统计
30	单位建成区面积氨氮排放量	吨 / 平方公里	逆	16.270	25.831	26	中国统计
31	单位耕地面积化肥施用量	万吨 / 千公顷	逆	0.050	0.023	5	中国统计
32	人均公路交通氮氧化物排放量	吨 / 万人	逆	45.698	27.311	3	环境年鉴

续表

序号	指标名称	单位	指标属性	2020 年测评均值	2020 年贵州数值	2020 年贵州排名	数据来源
33	工业固体废物综合利用率	%	正	0.626	0.695	11	中国统计
34	工业用水重复利用率	%	正	80.820	84.000	19	能源年鉴
35	单位工业增加值能耗	吨 / 万元	逆	2.327	2.338	20	能源年鉴
36	单位工业增加值水耗	立方米 / 万元	逆	39.667	56.963	22	能源年鉴
37	能源消费弹性系数	NA	逆	0.531	0.465	12	能源年鉴
38	单位地区生产总值能耗	吨 / 万元	逆	0.672	0.622	21	能源年鉴
39	单位地区生产总值电力消费量	千瓦时 / 万元	逆	953.608	889.684	20	中国统计
40	人均居民生活用水量	吨	逆	60.513	46.658	6	中国统计
41	人均居民生活用电量	千瓦时	逆	757.721	941.490	25	电力年鉴
42	单位地区生产总值二氧化硫排放量	吨 / 亿元	逆	5.267	9.952	25	中国统计
43	单位地区生产总值化学需氧量排放量	吨 / 亿元	逆	33.239	65.511	28	中国统计
44	单位地区生产总值氮氧化物排放量	吨 / 亿元	逆	16.703	106.294	30	中国统计
45	单位地区生产总值氨氮排放量	吨 / 亿元	逆	1.099	1.621	23	中国统计
46	碳生产率	百元 / 吨	正	92.190	73.989	19	中国统计
47	工业二氧化硫排放量减少率	%	正	10.709	32.676	2	环境年鉴
48	工业废水化学需氧量排放量减少率	%	正	6.119	18.598	3	环境年鉴
49	工业氮氧化物排放量减少率	%	正	6.864	18.921	4	环境年鉴
50	工业废水氨氮排放量减少率	%	正	12.269	-8.319	29	环境年鉴
51	当年造林面积	公顷	正	226974.800	280039.000	10	中国统计
52	工业污染治理完成投资额增加	万元	正	-53700.703	65338.964	3	中国统计
53	可再生能源发电占比增加	%	正	0.975	3.400	4	电力年鉴
54	峰值目标先进性	NA	正	1.000	1.000	1	手工整理
55	低碳制度创新	NA	正	0.807	0.800	9	手工整理

续表

序号	指标名称	单位	指标属性	2020年测评均值	2020年贵州数值	2020年贵州排名	数据来源
56	省会城市空气质量达到及好于二级天数比例	%	正	82.368	98.907	3	中国统计
57	省会城市PM2.5年均浓度	微克/立方米	逆	37.267	23.000	3	中国统计
58	人均可支配收入	元	正	32431.129	21795.405	29	中国统计
59	万人公共汽电车拥有量	标台	正	12.664	11.292	24	中国统计
60	人均拥有公共图书馆藏量	册	正	0.889	0.434	29	中国统计
61	预期寿命	岁	正	77.463	74.190	28	手工整理
62	居民恩格尔系数	%	逆	30.157	30.973	20	中国统计
63	城镇登记失业率	%	逆	3.302	3.750	24	中国统计

年鉴说明：中国统计——《中国统计年鉴2021》；工业年鉴——《中国工业统计年鉴2020》；科技年鉴——《中国科技统计年鉴2020》；电力年鉴——《中国电力统计年鉴2021》；能源年鉴——《中国能源统计年鉴2020》；环境年鉴——《中国环境统计年鉴2020》；气候公报——《2020年中国气候公报》；数字经济白皮书——《2021中国数字经济发展白皮书》；手工整理——手工查阅资料、计算整理。

云南低碳发展“体检”表

序号	指标名称	单位	指标属性	2020年测评均值	2020年云南数值	2020年云南排名	数据来源
1	人均地区生产总值	元/人	正	71401.348	51975.200	22	中国统计
2	第一产业劳动生产率	万元/人	正	0.096	2.935	28	中国统计
3	第二产业劳动生产率	万元/人	正	0.364	16.675	19	中国统计
4	第三产业劳动生产率	万元/人	正	0.540	11.667	19	中国统计
5	六大高耗能行业营业收入占比	%	逆	0.413	0.544	23	工业年鉴
6	城镇化率	%	正	0.647	0.501	30	中国统计
7	数字经济占地区增加值比重	%	正	0.355（估测值）	0.240（估测值）	29（估测值）	数字经济白皮书
8	技术市场成交额占地区生产总值比重	%	正	0.025	0.002	29	中国统计
9	高新技术产业营业收入占地区生产总值比重	%	正	0.111	0.035	26	科技年鉴
10	风电、水电、太阳能等可再生能源发电装机总量占比	%	正	0.405	0.852	2	电力年鉴

续表

序号	指标名称	单位	指标属性	2020 年测评均值	2020 年云南数值	2020 年云南排名	数据来源
11	节能环保支出占财政支出比重	%	正	0.029	0.024	24	中国统计
12	对外贸易额占比	%	正	0.232	0.110	21	中国统计
13	每十万人口高等院校平均在校生数	人	正	3108.151	2648.464	26	中国统计
14	省会城市大气自净能力	吨 / 天 / 平方公里	正	3.433（估测值）	4.500（估测值）	2（估测值）	气候公报
15	省会城市日照时长	小时	正	2089.327	3281.300	2	中国统计
16	省会城市月均气温处于 15–25 摄氏度之间的月份数占比	%	正	0.383	0.667	1	中国统计
17	省会城市月总降雨量处于 30–300mm 之间的月份数占比	%	正	0.558	0.417	21	中国统计
18	人均水资源量	立方米 / 人	正	2415.444	3813.480	5	中国统计
19	人均森林面积	公顷 / 人	正	0.213	0.446	4	中国统计
20	人均湿地面积	公顷 / 人	正	0.044	0.001	24	中国统计
21	人均国家级自然保护区面积	公顷 / 人	正	0.165	0.032	9	中国统计
22	建成区绿化覆盖率	%	正	41.436	40.460	23	中国统计
23	森林火灾次数	次	逆	38.367	53.000	22	中国统计
24	突发环境事件次数	次	逆	6.933	3.000	9	中国统计
25	煤炭消费总量	万吨	逆	15408.917	7532.730	8	能源年鉴
26	火电装机容量占比	%	逆	57.365	14.777	2	电力年鉴
27	单位建成区面积二氧化硫排放量	吨 / 平方公里	逆	67.327	139.470	26	中国统计
28	单位建成区面积化学需氧量排放量	吨 / 平方公里	逆	441.368	541.732	21	中国统计
29	单位建成区面积氮氧化物排放量	吨 / 平方公里	逆	234.430	271.981	25	中国统计
30	单位建成区面积氨氮排放量	吨 / 平方公里	逆	16.270	22.021	23	中国统计
31	单位耕地面积化肥施用量	万吨 / 千公顷	逆	0.050	0.036	11	中国统计
32	人均公路交通氮氧化物排放量	吨 / 万人	逆	45.698	30.958	5	环境年鉴

续表

序号	指标名称	单位	指标属性	2020年测评均值	2020年云南数值	2020年云南排名	数据来源
33	工业固体废物综合利用率	%	正	0.626	0.519	16	中国统计
34	工业用水重复利用率	%	正	80.820	89.100	14	能源年鉴
35	单位工业增加值能耗	吨/万元	逆	2.327	2.251	19	能源年鉴
36	单位工业增加值水耗	立方米/万元	逆	39.667	38.515	18	能源年鉴
37	能源消费弹性系数	NA	逆	0.531	0.605	20	能源年鉴
38	单位地区生产总值能耗	吨/万元	逆	0.672	0.524	16	能源年鉴
39	单位地区生产总值电力消费量	千瓦时/万元	逆	953.608	825.792	19	中国统计
40	人均居民生活用水量	吨	逆	60.513	53.153	13	中国统计
41	人均居民生活用电量	千瓦时	逆	757.721	563.510	4	电力年鉴
42	单位地区生产总值二氧化硫排放量	吨/亿元	逆	5.267	7.202	21	中国统计
43	单位地区生产总值化学需氧量排放量	吨/亿元	逆	33.239	27.973	13	中国统计
44	单位地区生产总值氮氧化物排放量	吨/亿元	逆	16.703	14.044	19	中国统计
45	单位地区生产总值氨氮排放量	吨/亿元	逆	1.099	1.137	19	中国统计
46	碳生产率	百元/吨	正	92.190	135.591	6	中国统计
47	工业二氧化硫排放量减少率	%	正	10.709	4.576	22	环境年鉴
48	工业废水化学需氧量排放量减少率	%	正	6.119	3.073	20	环境年鉴
49	工业氮氧化物排放量减少率	%	正	6.864	1.800	24	环境年鉴
50	工业废水氨氮排放量减少率	%	正	12.269	−1.797	27	环境年鉴
51	当年造林面积	公顷	正	226974.800	334084.000	6	中国统计
52	工业污染治理完成投资额增加	万元	正	−53700.703	23008.183	6	中国统计
53	可再生能源发电占比增加	%	正	0.975	−2.083	29	电力年鉴
54	峰值目标先进性	NA	正	1.000	1.000	1	手工整理
55	低碳制度创新	NA	正	0.807	0.600	25	手工整理

续表

序号	指标名称	单位	指标属性	2020 年测评均值	2020 年云南数值	2020 年云南排名	数据来源
56	省会城市空气质量达到及好于二级天数比例	%	正	82.368	100.000	1	中国统计
57	省会城市 PM2.5 年均浓度	微克 / 立方米	逆	37.267	24.000	5	中国统计
58	人均可支配收入	元	正	32431.129	23294.888	28	中国统计
59	万人公共汽电车拥有量	标台	正	12.664	12.900	14	中国统计
60	人均拥有公共图书馆藏量	册	正	0.889	0.497	27	中国统计
61	预期寿命	岁	正	77.463	75.260	25	手工整理
62	居民恩格尔系数	%	逆	30.157	30.324	18	中国统计
63	城镇登记失业率	%	逆	3.302	3.920	27	中国统计

年鉴说明：中国统计——《中国统计年鉴 2021》；工业年鉴——《中国工业统计年鉴 2020》；科技年鉴——《中国科技统计年鉴 2020》；电力年鉴——《中国电力统计年鉴 2021》；能源年鉴——《中国能源统计年鉴 2020》；环境年鉴——《中国环境统计年鉴 2020》；气候公报——《2020 年中国气候公报》；数字经济白皮书——《2021 中国数字经济发展白皮书》；手工整理——手工查阅资料、计算整理。

陕西低碳发展“体检”表

序号	指标名称	单位	指标属性	2020 年测评均值	2020 年陕西数值	2020 年陕西排名	数据来源
1	人均地区生产总值	元 / 人	正	71401.348	66291.580	12	中国统计
2	第一产业劳动生产率	万元 / 人	正	0.096	3.588	26	中国统计
3	第二产业劳动生产率	万元 / 人	正	0.364	25.649	4	中国统计
4	第三产业劳动生产率	万元 / 人	正	0.540	12.186	14	中国统计
5	六大高耗能行业营业收入占比	%	逆	0.413	0.341	12	工业年鉴
6	城镇化率	%	正	0.647	0.627	15	中国统计
7	数字经济占地区增加值比重	%	正	0.355（估测值）	0.306（估测值）	20（估测值）	数字经济白皮书
8	技术市场成交额占地区生产总值比重	%	正	0.025	0.067	3	中国统计
9	高新技术产业营业收入占地区生产总值比重	%	正	0.111	0.123	11	科技年鉴
10	风电、水电、太阳能等可再生能源发电装机总量占比	%	正	0.405	0.322	18	电力年鉴

续表

序号	指标名称	单位	指标属性	2020 年测评均值	2020 年陕西数值	2020 年陕西排名	数据来源
11	节能环保支出占财政支出比重	%	正	0.029	0.032	9	中国统计
12	对外贸易额占比	%	正	0.232	0.144	15	中国统计
13	每十万人口高等院校平均在校生数	人	正	3108.151	4132.216	3	中国统计
14	省会城市大气自净能力	吨 / 天 / 平方公里	正	3.433（估测值）	2.500（估测值）	21（估测值）	气候公报
15	省会城市日照时长	小时	正	2089.327	1675.600	20	中国统计
16	省会城市月均气温处于 15–25 摄氏度之间的月份数占比	%	正	0.383	0.333	16	中国统计
17	省会城市月总降雨量处于 30–300mm 之间的月份数占比	%	正	0.558	0.583	13	中国统计
18	人均水资源量	立方米 / 人	正	2415.444	1062.413	20	中国统计
19	人均森林面积	公顷 / 人	正	0.213	0.224	9	中国统计
20	人均湿地面积	公顷 / 人	正	0.044	0.001	22	中国统计
21	人均国家级自然保护区面积	公顷 / 人	正	0.165	0.016	12	中国统计
22	建成区绿化覆盖率	%	正	41.436	40.801	21	中国统计
23	森林火灾次数	次	逆	38.367	77.000	26	中国统计
24	突发环境事件次数	次	逆	6.933	10.000	21	中国统计
25	煤炭消费总量	万吨	逆	15408.917	21548.810	24	能源年鉴
26	火电装机容量占比	%	逆	57.365	67.784	22	电力年鉴
27	单位建成区面积二氧化硫排放量	吨 / 平方公里	逆	67.327	68.274	19	中国统计
28	单位建成区面积化学需氧量排放量	吨 / 平方公里	逆	441.368	356.194	9	中国统计
29	单位建成区面积氮氧化物排放量	吨 / 平方公里	逆	234.430	193.966	21	中国统计
30	单位建成区面积氨氮排放量	吨 / 平方公里	逆	16.270	18.407	20	中国统计
31	单位耕地面积化肥施用量	万吨 / 千公顷	逆	0.050	0.069	25	中国统计
32	人均公路交通氮氧化物排放量	吨 / 万人	逆	45.698	42.881	14	环境年鉴

续表

序号	指标名称	单位	指标属性	2020 年测评均值	2020 年陕西数值	2020 年陕西排名	数据来源
33	工业固体废物综合利用率	%	正	0.626	0.518	17	中国统计
34	工业用水重复利用率	%	正	80.820	58.400	27	能源年鉴
35	单位工业增加值能耗	吨 / 万元	逆	2.327	1.425	12	能源年鉴
36	单位工业增加值水耗	立方米 / 万元	逆	39.667	15.645	4	能源年鉴
37	能源消费弹性系数	NA	逆	0.531	0.747	26	能源年鉴
38	单位地区生产总值能耗	吨 / 万元	逆	0.672	0.523	15	能源年鉴
39	单位地区生产总值电力消费量	千瓦时 / 万元	逆	953.608	664.964	16	中国统计
40	人均居民生活用水量	吨	逆	60.513	47.791	9	中国统计
41	人均居民生活用电量	千瓦时	逆	757.721	677.430	14	电力年鉴
42	单位地区生产总值二氧化硫排放量	吨 / 亿元	逆	5.267	3.578	16	中国统计
43	单位地区生产总值化学需氧量排放量	吨 / 亿元	逆	33.239	18.668	9	中国统计
44	单位地区生产总值氮氧化物排放量	吨 / 亿元	逆	16.703	10.166	14	中国统计
45	单位地区生产总值氨氮排放量	吨 / 亿元	逆	1.099	0.965	17	中国统计
46	碳生产率	百元 / 吨	正	92.190	89.102	16	中国统计
47	工业二氧化硫排放量减少率	%	正	10.709	2.072	25	环境年鉴
48	工业废水化学需氧量排放量减少率	%	正	6.119	5.847	15	环境年鉴
49	工业氮氧化物排放量减少率	%	正	6.864	4.941	16	环境年鉴
50	工业废水氨氮排放量减少率	%	正	12.269	17.496	10	环境年鉴
51	当年造林面积	公顷	正	226974.800	324453.000	7	中国统计
52	工业污染治理完成投资额增加	万元	正	−53700.703	−99652.640	23	中国统计
53	可再生能源发电占比增加	%	正	0.975	0.332	22	电力年鉴
54	峰值目标先进性	NA	正	1.000	1.000	1	手工整理
55	低碳制度创新	NA	正	0.807	0.800	9	手工整理

续表

序号	指标名称	单位	指标属性	2020 年测评均值	2020 年陕西数值	2020 年陕西排名	数据来源
56	省会城市空气质量达到及好于二级天数比例	%	正	82.368	68.306	25	中国统计
57	省会城市 PM2.5 年均浓度	微克 / 立方米	逆	37.267	51.000	27	中国统计
58	人均可支配收入	元	正	32431.129	26226.029	19	中国统计
59	万人公共汽电车拥有量	标台	正	12.664	14.066	7	中国统计
60	人均拥有公共图书馆藏量	册	正	0.889	0.545	25	中国统计
61	预期寿命	岁	正	77.463	77.370	15	手工整理
62	居民恩格尔系数	%	逆	30.157	27.670	6	中国统计
63	城镇登记失业率	%	逆	3.302	3.630	21	中国统计

年鉴说明：中国统计——《中国统计年鉴 2021》；工业年鉴——《中国工业统计年鉴 2020》；科技年鉴——《中国科技统计年鉴 2020》；电力年鉴——《中国电力统计年鉴 2021》；能源年鉴——《中国能源统计年鉴 2020》；环境年鉴——《中国环境统计年鉴 2020》；气候公报——《2020 年中国气候公报》；数字经济白皮书——《2021 中国数字经济发展白皮书》；手工整理——手工查阅资料、计算整理。

甘肃低碳发展“体检”表

序号	指标名称	单位	指标属性	2020 年测评均值	2020 年甘肃数值	2020 年甘肃排名	数据来源
1	人均地区生产总值	元 / 人	正	71401.348	35994.810	30	中国统计
2	第一产业劳动生产率	万元 / 人	正	0.096	2.007	30	中国统计
3	第二产业劳动生产率	万元 / 人	正	0.364	12.034	28	中国统计
4	第三产业劳动生产率	万元 / 人	正	0.540	9.993	29	中国统计
5	六大高耗能行业营业收入占比	%	逆	0.413	0.740	29	工业年鉴
6	城镇化率	%	正	0.647	0.522	29	中国统计
7	数字经济占地区增加值比重	%	正	0.355（估测值）	0.220（估测值）	30（估测值）	数字经济白皮书
8	技术市场成交额占地区生产总值比重	%	正	0.025	0.026	9	中国统计
9	高新技术产业营业收入占地区生产总值比重	%	正	0.111	0.031	27	科技年鉴
10	风电、水电、太阳能等可再生能源发电装机总量占比	%	正	0.405	0.589	5	电力年鉴

续表

序号	指标名称	单位	指标属性	2020 年测评均值	2020 年甘肃数值	2020 年甘肃排名	数据来源
11	节能环保支出占财政支出比重	%	正	0.029	0.027	16	中国统计
12	对外贸易额占比	%	正	0.232	0.042	27	中国统计
13	每十万人口高等院校平均在校生数	人	正	3108.151	2626.849	27	中国统计
14	省会城市大气自净能力	吨 / 天 / 平方公里	正	3.433（估测值）	3.500（估测值）	8（估测值）	气候公报
15	省会城市日照时长	小时	正	2089.327	2405.000	12	中国统计
16	省会城市月均气温处于 15–25 摄氏度之间的月份数占比	%	正	0.383	0.333	16	中国统计
17	省会城市月总降雨量处于 30–300mm 之间的月份数占比	%	正	0.558	0.333	26	中国统计
18	人均水资源量	立方米 / 人	正	2415.444	1628.743	17	中国统计
19	人均森林面积	公顷 / 人	正	0.213	0.204	11	中国统计
20	人均湿地面积	公顷 / 人	正	0.044	0.047	5	中国统计
21	人均国家级自然保护区面积	公顷 / 人	正	0.165	0.269	3	中国统计
22	建成区绿化覆盖率	%	正	41.436	36.278	29	中国统计
23	森林火灾次数	次	逆	38.367	11.000	10	中国统计
24	突发环境事件次数	次	逆	6.933	5.000	12	中国统计
25	煤炭消费总量	万吨	逆	15408.917	6810.160	7	能源年鉴
26	火电装机容量占比	%	逆	57.365	41.068	5	电力年鉴
27	单位建成区面积二氧化硫排放量	吨 / 平方公里	逆	67.327	95.141	23	中国统计
28	单位建成区面积化学需氧量排放量	吨 / 平方公里	逆	441.368	660.475	27	中国统计
29	单位建成区面积氮氧化物排放量	吨 / 平方公里	逆	234.430	217.894	23	中国统计
30	单位建成区面积氨氮排放量	吨 / 平方公里	逆	16.270	7.255	7	中国统计
31	单位耕地面积化肥施用量	万吨 / 千公顷	逆	0.050	0.015	3	中国统计
32	人均公路交通氮氧化物排放量	吨 / 万人	逆	45.698	37.757	11	环境年鉴

续表

序号	指标名称	单位	指标属性	2020 年测评均值	2020 年甘肃数值	2020 年甘肃排名	数据来源
33	工业固体废物综合利用率	%	正	0.626	0.514	19	中国统计
34	工业用水重复利用率	%	正	80.820	93.400	8	能源年鉴
35	单位工业增加值能耗	吨 / 万元	逆	2.327	3.370	24	能源年鉴
36	单位工业增加值水耗	立方米 / 万元	逆	39.667	37.503	17	能源年鉴
37	能源消费弹性系数	NA	逆	0.531	–0.010	3	能源年鉴
38	单位地区生产总值能耗	吨 / 万元	逆	0.672	0.897	23	能源年鉴
39	单位地区生产总值电力消费量	千瓦时 / 万元	逆	953.608	1526.057	26	中国统计
40	人均居民生活用水量	吨	逆	60.513	37.192	3	中国统计
41	人均居民生活用电量	千瓦时	逆	757.721	461.110	1	电力年鉴
42	单位地区生产总值二氧化硫排放量	吨 / 亿元	逆	5.267	9.512	24	中国统计
43	单位地区生产总值化学需氧量排放量	吨 / 亿元	逆	33.239	66.030	29	中国统计
44	单位地区生产总值氮氧化物排放量	吨 / 亿元	逆	16.703	21.784	24	中国统计
45	单位地区生产总值氨氮排放量	吨 / 亿元	逆	1.099	0.725	6	中国统计
46	碳生产率	百元 / 吨	正	92.190	50.694	23	中国统计
47	工业二氧化硫排放量减少率	%	正	10.709	11.570	14	环境年鉴
48	工业废水化学需氧量排放量减少率	%	正	6.119	12.777	6	环境年鉴
49	工业氮氧化物排放量减少率	%	正	6.864	2.925	21	环境年鉴
50	工业废水氨氮排放量减少率	%	正	12.269	21.414	6	环境年鉴
51	当年造林面积	公顷	正	226974.800	341959.000	5	中国统计
52	工业污染治理完成投资额增加	万元	正	–53700.703	–14920.904	13	中国统计
53	可再生能源发电占比增加	%	正	0.975	–1.173	26	电力年鉴
54	峰值目标先进性	NA	正	1.000	1.000	1	手工整理
55	低碳制度创新	NA	正	0.807	0.400	30	手工整理

续表

序号	指标名称	单位	指标属性	2020 年测评均值	2020 年甘肃数值	2020 年甘肃排名	数据来源
56	省会城市空气质量达到及好于二级天数比例	%	正	82.368	85.246	12	中国统计
57	省会城市 PM2.5 年均浓度	微克 / 立方米	逆	37.267	34.000	12	中国统计
58	人均可支配收入	元	正	32431.129	20335.109	30	中国统计
59	万人公共汽电车拥有量	标台	正	12.664	13.332	10	中国统计
60	人均拥有公共图书馆藏量	册	正	0.889	0.725	15	中国统计
61	预期寿命	岁	正	77.463	73.920	29	手工整理
62	居民恩格尔系数	%	逆	30.157	29.483	14	中国统计
63	城镇登记失业率	%	逆	3.302	3.270	15	中国统计

年鉴说明：中国统计——《中国统计年鉴 2021》；工业年鉴——《中国工业统计年鉴 2020》；科技年鉴——《中国科技统计年鉴 2020》；电力年鉴——《中国电力统计年鉴 2021》；能源年鉴——《中国能源统计年鉴 2020》；环境年鉴——《中国环境统计年鉴 2020》；气候公报——《2020 年中国气候公报》；数字经济白皮书——《2021 中国数字经济发展白皮书》；手工整理——手工查阅资料、计算整理。

青海低碳发展“体检”表

序号	指标名称	单位	指标属性	2020 年测评均值	2020 年青海数值	2020 年青海排名	数据来源
1	人均地区生产总值	元 / 人	正	71401.348	50818.600	23	中国统计
2	第一产业劳动生产率	万元 / 人	正	0.096	4.708	12	中国统计
3	第二产业劳动生产率	万元 / 人	正	0.364	18.444	14	中国统计
4	第三产业劳动生产率	万元 / 人	正	0.540	10.466	26	中国统计
5	六大高耗能行业营业收入占比	%	逆	0.413	0.748	30	工业年鉴
6	城镇化率	%	正	0.647	0.601	20	中国统计
7	数字经济占地区增加值比重	%	正	0.355（估测值）	0.246（估测值）	28（估测值）	数字经济白皮书
8	技术市场成交额占地区生产总值比重	%	正	0.025	0.004	26	中国统计
9	高新技术产业营业收入占地区生产总值比重	%	正	0.111	0.044	24	科技年鉴
10	风电、水电、太阳能等可再生能源发电装机总量占比	%	正	0.405	0.902	1	电力年鉴

续表

序号	指标名称	单位	指标属性	2020 年测评均值	2020 年青海数值	2020 年青海排名	数据来源
11	节能环保支出占财政支出比重	%	正	0.029	0.038	4	中国统计
12	对外贸易额占比	%	正	0.232	0.008	30	中国统计
13	每十万人口高等院校平均在校生数	人	正	3108.151	1499.408	30	中国统计
14	省会城市大气自净能力	吨 / 天 / 平方公里	正	3.433（估测值）	3.500（估测值）	8（估测值）	气候公报
15	省会城市日照时长	小时	正	2089.327	2346.100	13	中国统计
16	省会城市月均气温处于 15–25 摄氏度之间的月份数占比	%	正	0.383	0.167	29	中国统计
17	省会城市月总降雨量处于 30–300mm 之间的月份数占比	%	正	0.558	0.417	21	中国统计
18	人均水资源量	立方米 / 人	正	2415.444	17107.354	1	中国统计
19	人均森林面积	公顷 / 人	正	0.213	0.708	2	中国统计
20	人均湿地面积	公顷 / 人	正	0.044	0.861	1	中国统计
21	人均国家级自然保护区面积	公顷 / 人	正	0.165	3.570	1	中国统计
22	建成区绿化覆盖率	%	正	41.436	35.901	30	中国统计
23	森林火灾次数	次	逆	38.367	7.000	4	中国统计
24	突发环境事件次数	次	逆	6.933	0.000	1	中国统计
25	煤炭消费总量	万吨	逆	15408.917	1541.920	3	能源年鉴
26	火电装机容量占比	%	逆	57.365	9.752	1	电力年鉴
27	单位建成区面积二氧化硫排放量	吨 / 平方公里	逆	67.327	170.511	29	中国统计
28	单位建成区面积化学需氧量排放量	吨 / 平方公里	逆	441.368	364.548	11	中国统计
29	单位建成区面积氮氧化物排放量	吨 / 平方公里	逆	234.430	301.748	26	中国统计
30	单位建成区面积氨氮排放量	吨 / 平方公里	逆	16.270	22.913	24	中国统计
31	单位耕地面积化肥施用量	万吨 / 千公顷	逆	0.050	0.010	1	中国统计
32	人均公路交通氮氧化物排放量	吨 / 万人	逆	45.698	51.538	22	环境年鉴

续表

序号	指标名称	单位	指标属性	2020 年测评均值	2020 年青海数值	2020 年青海排名	数据来源
33	工业固体废物综合利用率	%	正	0.626	0.438	26	中国统计
34	工业用水重复利用率	%	正	80.820	58.400	27	能源年鉴
35	单位工业增加值能耗	吨 / 万元	逆	2.327	5.153	29	能源年鉴
36	单位工业增加值水耗	立方米 / 万元	逆	39.667	34.067	14	能源年鉴
37	能源消费弹性系数	NA	逆	0.531	–0.469	1	能源年鉴
38	单位地区生产总值能耗	吨 / 万元	逆	0.672	1.428	28	能源年鉴
39	单位地区生产总值电力消费量	千瓦时 / 万元	逆	953.608	2468.462	29	中国统计
40	人均居民生活用水量	吨	逆	60.513	50.608	11	中国统计
41	人均居民生活用电量	千瓦时	逆	757.721	618.040	7	电力年鉴
42	单位地区生产总值二氧化硫排放量	吨 / 亿元	逆	5.267	13.342	28	中国统计
43	单位地区生产总值化学需氧量排放量	吨 / 亿元	逆	33.239	28.524	14	中国统计
44	单位地区生产总值氮氧化物排放量	吨 / 亿元	逆	16.703	23.610	26	中国统计
45	单位地区生产总值氨氮排放量	吨 / 亿元	逆	1.099	1.793	28	中国统计
46	碳生产率	百元 / 吨	正	92.190	51.856	22	中国统计
47	工业二氧化硫排放量减少率	%	正	10.709	5.531	19	环境年鉴
48	工业废水化学需氧量排放量减少率	%	正	6.119	–2.101	28	环境年鉴
49	工业氮氧化物排放量减少率	%	正	6.864	10.228	9	环境年鉴
50	工业废水氨氮排放量减少率	%	正	12.269	–3.557	28	环境年鉴
51	当年造林面积	公顷	正	226974.800	294308.000	9	中国统计
52	工业污染治理完成投资额增加	万元	正	–53700.703	–36006.500	17	中国统计
53	可再生能源发电占比增加	%	正	0.975	1.343	10	电力年鉴
54	峰值目标先进性	NA	正	1.000	1.000	1	手工整理
55	低碳制度创新	NA	正	0.807	1.000	1	手工整理

续表

序号	指标名称	单位	指标属性	2020 年测评均值	2020 年青海数值	2020 年青海排名	数据来源
56	省会城市空气质量达到及好于二级天数比例	%	正	82.368	92.077	6	中国统计
57	省会城市 PM2.5 年均浓度	微克 / 立方米	逆	37.267	35.000	13	中国统计
58	人均可支配收入	元	正	32431.129	24037.358	26	中国统计
59	万人公共汽电车拥有量	标台	正	12.664	13.872	9	中国统计
60	人均拥有公共图书馆藏量	册	正	0.889	0.982	9	中国统计
61	预期寿命	岁	正	77.463	73.700	30	手工整理
62	居民恩格尔系数	%	逆	30.157	28.574	11	中国统计
63	城镇登记失业率	%	逆	3.302	2.130	1	中国统计

年鉴说明：中国统计——《中国统计年鉴 2021》；工业年鉴——《中国工业统计年鉴 2020》；科技年鉴——《中国科技统计年鉴 2020》；电力年鉴——《中国电力统计年鉴 2021》；能源年鉴——《中国能源统计年鉴 2020》；环境年鉴——《中国环境统计年鉴 2020》；气候公报——《2020 年中国气候公报》；数字经济白皮书——《2021 中国数字经济发展白皮书》；手工整理——手工查阅资料、计算整理。

宁夏低碳发展“体检”表

序号	指标名称	单位	指标属性	2020 年测评均值	2020 年宁夏数值	2020 年宁夏排名	数据来源
1	人均地区生产总值	元 / 人	正	71401.348	54527.820	20	中国统计
2	第一产业劳动生产率	万元 / 人	正	0.096	4.072	18	中国统计
3	第二产业劳动生产率	万元 / 人	正	0.364	19.621	12	中国统计
4	第三产业劳动生产率	万元 / 人	正	0.540	11.026	23	中国统计
5	六大高耗能行业营业收入占比	%	逆	0.413	0.682	28	工业年鉴
6	城镇化率	%	正	0.647	0.650	12	中国统计
7	数字经济占地区增加值比重	%	正	0.355（估测值）	0.258（估测值）	25（估测值）	数字经济白皮书
8	技术市场成交额占地区生产总值比重	%	正	0.025	0.004	22	中国统计
9	高新技术产业营业收入占地区生产总值比重	%	正	0.111	0.046	23	科技年鉴
10	风电、水电、太阳能等可再生能源发电装机总量占比	%	正	0.405	0.440	11	电力年鉴

续表

序号	指标名称	单位	指标属性	2020 年测评均值	2020 年宁夏数值	2020 年宁夏排名	数据来源
11	节能环保支出占财政支出比重	%	正	0.029	0.033	6	中国统计
12	对外贸易额占比	%	正	0.232	0.031	28	中国统计
13	每十万人口高等院校平均在校生数	人	正	3108.151	2691.381	23	中国统计
14	省会城市大气自净能力	吨 / 天 / 平方公里	正	3.433（估测值）	3.500（估测值）	8（估测值）	气候公报
15	省会城市日照时长	小时	正	2089.327	2610.800	8	中国统计
16	省会城市月均气温处于 15–25 摄氏度之间的月份数占比	%	正	0.383	0.333	16	中国统计
17	省会城市月总降雨量处于 30–300mm 之间的月份数占比	%	正	0.558	0.167	29	中国统计
18	人均水资源量	立方米 / 人	正	2415.444	152.990	28	中国统计
19	人均森林面积	公顷 / 人	正	0.213	0.091	21	中国统计
20	人均湿地面积	公顷 / 人	正	0.044	0.003	13	中国统计
21	人均国家级自然保护区面积	公顷 / 人	正	0.165	0.065	6	中国统计
22	建成区绿化覆盖率	%	正	41.436	41.952	12	中国统计
23	森林火灾次数	次	逆	38.367	8.000	6	中国统计
24	突发环境事件次数	次	逆	6.933	12.000	26	中国统计
25	煤炭消费总量	万吨	逆	15408.917	13724.010	18	能源年鉴
26	火电装机容量占比	%	逆	57.365	55.965	13	电力年鉴
27	单位建成区面积二氧化硫排放量	吨 / 平方公里	逆	67.327	144.817	27	中国统计
28	单位建成区面积化学需氧量排放量	吨 / 平方公里	逆	441.368	445.728	15	中国统计
29	单位建成区面积氮氧化物排放量	吨 / 平方公里	逆	234.430	243.901	24	中国统计
30	单位建成区面积氨氮排放量	吨 / 平方公里	逆	16.270	6.853	6	中国统计
31	单位耕地面积化肥施用量	万吨 / 千公顷	逆	0.050	0.032	9	中国统计
32	人均公路交通氮氧化物排放量	吨 / 万人	逆	45.698	82.878	30	环境年鉴

续表

序号	指标名称	单位	指标属性	2020 年测评均值	2020 年宁夏数值	2020 年宁夏排名	数据来源
33	工业固体废物综合利用率	%	正	0.626	0.463	23	中国统计
34	工业用水重复利用率	%	正	80.820	96.100	1	能源年鉴
35	单位工业增加值能耗	吨 / 万元	逆	2.327	6.010	30	能源年鉴
36	单位工业增加值水耗	立方米 / 万元	逆	39.667	34.578	15	能源年鉴
37	能源消费弹性系数	NA	逆	0.531	1.187	29	能源年鉴
38	单位地区生产总值能耗	吨 / 万元	逆	0.672	2.040	30	能源年鉴
39	单位地区生产总值电力消费量	千瓦时 / 万元	逆	953.608	2647.588	30	中国统计
40	人均居民生活用水量	吨	逆	60.513	51.322	12	中国统计
41	人均居民生活用电量	千瓦时	逆	757.721	466.240	2	电力年鉴
42	单位地区生产总值二氧化硫排放量	吨 / 亿元	逆	5.267	18.257	30	中国统计
43	单位地区生产总值化学需氧量排放量	吨 / 亿元	逆	33.239	56.192	27	中国统计
44	单位地区生产总值氮氧化物排放量	吨 / 亿元	逆	16.703	30.748	28	中国统计
45	单位地区生产总值氨氮排放量	吨 / 亿元	逆	1.099	0.864	13	中国统计
46	碳生产率	百元 / 吨	正	92.190	21.388	30	中国统计
47	工业二氧化硫排放量减少率	%	正	10.709	4.155	23	环境年鉴
48	工业废水化学需氧量排放量减少率	%	正	6.119	18.937	2	环境年鉴
49	工业氮氧化物排放量减少率	%	正	6.864	12.754	7	环境年鉴
50	工业废水氨氮排放量减少率	%	正	12.269	23.266	4	环境年鉴
51	当年造林面积	公顷	正	226974.800	87032.000	25	中国统计
52	工业污染治理完成投资额增加	万元	正	−53700.703	−1876.540	9	中国统计
53	可再生能源发电占比增加	%	正	0.975	0.943	15	电力年鉴
54	峰值目标先进性	NA	正	1.000	1.000	1	手工整理
55	低碳制度创新	NA	正	0.807	0.600	25	手工整理

续表

序号	指标名称	单位	指标属性	2020 年测评均值	2020 年宁夏数值	2020 年宁夏排名	数据来源
56	省会城市空气质量达到及好于二级天数比例	%	正	82.368	82.240	19	中国统计
57	省会城市 PM2.5 年均浓度	微克 / 立方米	逆	37.267	36.000	14	中国统计
58	人均可支配收入	元	正	32431.129	25734.945	21	中国统计
59	万人公共汽电车拥有量	标台	正	12.664	11.854	19	中国统计
60	人均拥有公共图书馆藏量	册	正	0.889	1.114	6	中国统计
61	预期寿命	岁	正	77.463	75.330	24	手工整理
62	居民恩格尔系数	%	逆	30.157	27.513	5	中国统计
63	城镇登记失业率	%	逆	3.302	3.920	27	中国统计

年鉴说明：中国统计——《中国统计年鉴 2021》；工业年鉴——《中国工业统计年鉴 2020》；科技年鉴——《中国科技统计年鉴 2020》；电力年鉴——《中国电力统计年鉴 2021》；能源年鉴——《中国能源统计年鉴 2020》；环境年鉴——《中国环境统计年鉴 2020》；气候公报——《2020 年中国气候公报》；数字经济白皮书——《2021 中国数字经济发展白皮书》；手工整理——手工查阅资料、计算整理。

新疆低碳发展“体检”表

序号	指标名称	单位	指标属性	2020 年测评均值	2020 年新疆数值	2020 年新疆排名	数据来源
1	人均地区生产总值	元 / 人	正	71401.348	53593.240	21	中国统计
2	第一产业劳动生产率	万元 / 人	正	0.096	4.307	16	中国统计
3	第二产业劳动生产率	万元 / 人	正	0.364	24.840	5	中国统计
4	第三产业劳动生产率	万元 / 人	正	0.540	10.031	28	中国统计
5	六大高耗能行业营业收入占比	%	逆	0.413	0.571	25	工业年鉴
6	城镇化率	%	正	0.647	0.565	25	中国统计
7	数字经济占地区增加值比重	%	正	0.355（估测值）	0.260（估测值）	24（估测值）	数字经济白皮书
8	技术市场成交额占地区生产总值比重	%	正	0.025	0.001	30	中国统计
9	高新技术产业营业收入占地区生产总值比重	%	正	0.111	0.008	30	科技年鉴
10	风电、水电、太阳能等可再生能源发电装机总量占比	%	正	0.405	0.411	13	电力年鉴

续表

序号	指标名称	单位	指标属性	2020年测评均值	2020年新疆数值	2020年新疆排名	数据来源
11	节能环保支出占财政支出比重	%	正	0.029	0.015	30	中国统计
12	对外贸易额占比	%	正	0.232	0.108	22	中国统计
13	每十万人口高等院校平均在校生数	人	正	3108.151	2330.920	28	中国统计
14	省会城市大气自净能力	吨/天/平方公里	正	3.433（估测值）	2.500（估测值）	21（估测值）	气候公报
15	省会城市日照时长	小时	正	2089.327	2719.400	6	中国统计
16	省会城市月均气温处于15–25摄氏度之间的月份数占比	%	正	0.383	0.500	3	中国统计
17	省会城市月总降雨量处于30–300mm之间的月份数占比	%	正	0.558	0.083	30	中国统计
18	人均水资源量	立方米/人	正	2415.444	3111.284	9	中国统计
19	人均森林面积	公顷/人	正	0.213	0.310	6	中国统计
20	人均湿地面积	公顷/人	正	0.044	0.059	4	中国统计
21	人均国家级自然保护区面积	公顷/人	正	0.165	0.476	2	中国统计
22	建成区绿化覆盖率	%	正	41.436	40.855	20	中国统计
23	森林火灾次数	次	逆	38.367	7.000	4	中国统计
24	突发环境事件次数	次	逆	6.933	11.000	24	中国统计
25	煤炭消费总量	万吨	逆	15408.917	23702.130	25	能源年鉴
26	火电装机容量占比	%	逆	57.365	58.878	15	电力年鉴
27	单位建成区面积二氧化硫排放量	吨/平方公里	逆	67.327	96.615	24	中国统计
28	单位建成区面积化学需氧量排放量	吨/平方公里	逆	441.368	462.539	17	中国统计
29	单位建成区面积氮氧化物排放量	吨/平方公里	逆	234.430	190.715	19	中国统计
30	单位建成区面积氨氮排放量	吨/平方公里	逆	16.270	17.202	18	中国统计
31	单位耕地面积化肥施用量	万吨/千公顷	逆	0.050	0.035	10	中国统计
32	人均公路交通氮氧化物排放量	吨/万人	逆	45.698	55.603	24	环境年鉴

续表

序号	指标名称	单位	指标属性	2020 年测评均值	2020 年新疆数值	2020 年新疆排名	数据来源
33	工业固体废物综合利用率	%	正	0.626	0.433	27	中国统计
34	工业用水重复利用率	%	正	80.820	85.300	18	能源年鉴
35	单位工业增加值能耗	吨 / 万元	逆	2.327	4.826	28	能源年鉴
36	单位工业增加值水耗	立方米 / 万元	逆	39.667	30.018	13	能源年鉴
37	能源消费弹性系数	NA	逆	0.531	0.726	25	能源年鉴
38	单位地区生产总值能耗	吨 / 万元	逆	0.672	1.360	27	能源年鉴
39	单位地区生产总值电力消费量	千瓦时 / 万元	逆	953.608	2246.046	27	中国统计
40	人均居民生活用水量	吨	逆	60.513	66.783	19	中国统计
41	人均居民生活用电量	千瓦时	逆	757.721	518.800	3	电力年鉴
42	单位地区生产总值二氧化硫排放量	吨 / 亿元	逆	5.267	10.497	27	中国统计
43	单位地区生产总值化学需氧量排放量	吨 / 亿元	逆	33.239	50.252	26	中国统计
44	单位地区生产总值氮氧化物排放量	吨 / 亿元	逆	16.703	20.720	21	中国统计
45	单位地区生产总值氨氮排放量	吨 / 亿元	逆	1.099	1.869	29	中国统计
46	碳生产率	百元 / 吨	正	92.190	32.838	28	中国统计
47	工业二氧化硫排放量减少率	%	正	10.709	14.343	12	环境年鉴
48	工业废水化学需氧量排放量减少率	%	正	6.119	1.731	23	环境年鉴
49	工业氮氧化物排放量减少率	%	正	6.864	11.973	8	环境年鉴
50	工业废水氨氮排放量减少率	%	正	12.269	17.451	11	环境年鉴
51	当年造林面积	公顷	正	226974.800	204196.000	18	中国统计
52	工业污染治理完成投资额增加	万元	正	–53700.703	–84838.390	22	中国统计
53	可再生能源发电占比增加	%	正	0.975	–1.790	28	电力年鉴
54	峰值目标先进性	NA	正	1.000	1.000	1	手工整理
55	低碳制度创新	NA	正	0.807	0.600	25	手工整理

续表

序号	指标名称	单位	指标属性	2020 年测评均值	2020 年新疆数值	2020 年新疆排名	数据来源
56	省会城市空气质量达到及好于二级天数比例	%	正	82.368	76.230	23	中国统计
57	省会城市 PM2.5 年均浓度	微克 / 立方米	逆	37.267	47.000	23	中国统计
58	人均可支配收入	元	正	32431.129	23844.728	27	中国统计
59	万人公共汽电车拥有量	标台	正	12.664	13.063	12	中国统计
60	人均拥有公共图书馆藏量	册	正	0.889	0.585	23	中国统计
61	预期寿命	岁	正	77.463	74.420	27	手工整理
62	居民恩格尔系数	%	逆	30.157	31.649	22	中国统计
63	城镇登记失业率	%	逆	3.302	2.390	2	中国统计

年鉴说明：中国统计——《中国统计年鉴 2021》；工业年鉴——《中国工业统计年鉴 2020》；科技年鉴——《中国科技统计年鉴 2020》；电力年鉴——《中国电力统计年鉴 2021》；能源年鉴——《中国能源统计年鉴 2020》；环境年鉴——《中国环境统计年鉴 2020》；气候公报——《2020 年中国气候公报》；数字经济白皮书——《2021 中国数字经济发展白皮书》；手工整理——手工查阅资料、计算整理。

参考文献

[1] Charnes, W. W. Cooper, Q. L. Wei. Cone Ratio Data Envelopment Analysis and Multi–objective Programming. International Journal of Systems Science, 1989.

[2] ADB & IGES. Towards Resource–Efficient Economies in Asia and the Pacific. Asian Development Bank & Institute for Global Environmental Strategies, 2008.

[3] Dasgupta P. Economics: A Very Short Introduction.London: Oxford University Press, 2007.

[4] H.Fukuyama, W. L. Weber. A Directional Slacks–based Measure of Technical Inefficiency . Socio–Economic Planning Sciences, 2009.

[5] Hsu, A. et al. 2016 Environmental Performance Index. New Haven, CT: Yale University, 2016. Available: www.epi.yale.edu.

[6] International Resource Panel. Decoupling natural resources use and environmental impacts from economic growth. 2011.

[7] J. X. Zhang, N. Cai. Study on the Green Transformation of China' s Industry Contemporary Asian Economy Research, 2014.

[8] K.Tone. A Slacks Based Measure of Efficiency in Data Envelopment Analysis European Journal of Operational Research, 2001.

[9] OECD. Extended Producer Responsibility – A Guidance Manual for Governments, OECD, Paris, 2001.

[10] R. D. Banker, A. Charnes, W. W. Cooper. Some Models for Estimating Technical and Scale Inefficiencies in Data Envelopment Analysis Management Science, 1984.

[11] R.Fare, S.Grosskopf, C. A. Knox Lovell, S. Yaisawarng. Derivation of Shadow Prices for Undesirable Outputs: A Distance Function Approach. The Review of Economics and Statistics, 1993.

[12] The World Bank Group. World Development Indicators.World Bank, 2012.

[13] UNDESA. National sustainable development strategies – the global picture, unpublished briefing note, United Nations Department of Economic and Social Affairs, 2012.

[14] UNEP. Planning For Change – Guidelines for National Programmes on Sustainable Consumption and Production, 2008.

[15] UNIDO & UNEP. Enterprise–Level Indicators for Resource Productivity and Pollution Intensity: A Primer for Small and Medium–Sized Enterprises. 2011.

[16] UNIDO & UNEP. Good Organization, Management and Governance Practices: A Primer for Providers of Services in Resource Efficient and Cleaner Production (RECP). 2010.

[17] UNIDO & UNEP. Taking Stock and Moving Forward: The UNIDO–UNEP National Cleaner Production Centres. Austria, 2010.

[18] UNIDO. A Greener Footprint for Industry: Opportunities and Challenges of Sustainable Industrial

Development. Vienna, 2010.
[19] UNIDO. Energy and Climate Change: Greening the Industrial Agenda. Vienna, 2009.
[20] UNIDO. Enterprise Benefits from Resource Efficient and Cleaner Production: Successes from Kenya/ Peru/ Sri Lanka. 2011.
[21] UNIDO. Industrial Policy for Prosperity: UNIDO' s Strategic Support, 2011.
[22] UNIDO. Joint UNIDO-UNEP Programme on Resource Efficient and Cleaner Production in Developing and Transition Countries. 2010.
[23] UNIDO. Policy Framework for Supporting the Greening of Industries.2011.
[24] UNIDO. UNIDO Green Industry: Policies for Supporting Green Industry. Vienna, May 2011.
[25] World Bank. Cost of Pollution in China: Economic Estimates of Physical Damages. Conference edition. Washington DC, 2007.
[26] Y. H.Chung, R. Färe, S. Grosskopf. Productivity and Undesirable Outputs: A Directional Distance Function Approach. Journal of Environmental Management, 1997, .
[27] 北京师范大学经济与资源管理研究院，西南财经大学发展研究院.2014 人类绿色发展报告 [M]. 北京：北京师范大学出版社，2014.
[28] 北京师范大学科学发展观与经济可持续发展研究基地等.2010 中国绿色发展指数年度报告——省际比较 [M]. 北京：北京师范大学出版社，2010.
[29] 北京师范大学科学发展观与经济可持续发展研究基地等.2011 中国绿色发展指数报告——区域比较 [M]. 北京：北京师范大学出版社，2011.
[30] 北京师范大学科学发展观与经济可持续发展研究基地等.2012 中国绿色发展指数报告——区域比较 [M]. 北京：北京师范大学出版社，2012.
[31] 北京师范大学科学发展观与经济可持续发展研究基地等.2013 中国绿色发展指数报告——区域比较 [M]. 北京：北京师范大学出版社，2013.
[32] 北京师范大学科学发展观与经济可持续发展研究基地等.2014 中国绿色发展指数报告——区域比较 [M]. 北京：北京师范大学出版社，2014.
[33] 北京师范大学科学发展观与经济可持续发展研究基地等.2015 中国绿色发展指数报告——区域比较 [M]. 北京：北京师范大学出版社，2015.
[34] 北京师范大学科学发展观与经济可持续发展研究基地等.2016 中国绿色发展指数报告——区域比较 [M]. 北京：北京师范大学出版社，2016.
[35] 关成华，韩晶.2017/2018 中国绿色发展指数报告——区域比较 [M]. 北京：经济日报出版社，2018.
[36] 吴正. 中国沙漠及其治理 [M]. 北京：科学出版社，2009.
[37] 蔡昉，都阳. 经济发展方式转变与节能减排内在动力 [J]，经济研究，2008.
[38] 曹东，赵学涛. 中国绿色经济发展和机制政策创新研究 [J]. 中国人口、资源与环境，2012.
[39] 曹荣湘. 全球大变暖：气候经济、政治与伦理 [M]. 北京：社会科学文献出版社，2010.
[40] 城市绿色发展科技战略研究北京市重点实验室.2015—2016 城市绿色发展科技战略研究报告 [M]. 北京：北京师范大学出版社，2017.
[41] 迟全华. 从政治高度深刻认识绿色发展理念重大意义——学习习近平总书记关于绿色发展新理念新思想 [N]. 光明日报，2016-4-10.
[42] 国合会. 中国绿色经济的发展机制与政策创新 [R]. 北京：国合会，2011.

[43] 国家统计局，生态环境部. 中国环境统计年鉴 2020［M］. 北京：中国统计出版社，2020.
[44] 国家统计局. 中国统计年鉴 2021［M］. 北京：中国统计出版社，2021.
[45] 国家统计局工业统计司. 中国工业统计年鉴 2020［M］. 北京：中国统计出版社，2020.
[46] 国家统计局能源统计司. 中国能源统计年鉴 2020［M］. 北京：中国统计出版社，2020.
[47] 国家统计局国民经济综合统计司. 新中国六十年统计资料汇编［M］. 北京：中国统计出版社，2009.
[48] 国家统计局社会科技和文化产业统计司. 科学技术部创新发展司. 中国科技统计年鉴 2020［M］. 北京：中国统计出版社，2020.
[49] 国务院. 2030 年前碳达峰行动方案，http：//www.gov.cn/zhengce/content/2021-10/26/content_5644984.htm，2021 年 10 月 26 日。
[50] 韩晶. "减碳"须遵循绿色转型规律［N］. 经济日报，https：//baijiahao.baidu.com/s?id=1710203110850181040&wfr=spider&for=pc，2021-9-7.
[51] 韩晶. 明确路线图让"减碳"更有序［N］. 经济日报，https：//baijiahao.baidu.com/s?id=1715447908685447769&wfr=spider&for=pc，2021-11-4.
[52] 韩晶. 以绿色发展理念引领经济高质量发展［N］. 经济日报，https：//baijiahao.baidu.com/s?id=1666374615603155104&wfr=spider&for=pc，2020-5-11.
[53] 韩晶，陈曦. 长江经济带沿线城市绿色发展水平时空演变特征［J］. 华东经济管理，2021.
[54] 韩晶，陈超凡. 中国制造业环境效率、行业异质性与最优规制强度［J］. 统计研究，2014.
[55] 韩晶. 中国工业绿色转型的障碍与发展战略研究［J］. 福建论坛，2011.
[56] 韩晶，蓝庆新. 中国工业绿化度测算及影响因素研究［J］. 中国人口. 资源与环境，2012.
[57] 韩晶，王赟，陈超凡. 中国工业碳排放绩效的区域差异及影响因素研究——基于省域数据的空间计量分析［J］. 经济社会体制比较，2015.
[58] 韩晶，张新闻. 绿色增长是影响官员晋升的主要因素吗？［J］. 经济社会体制比较，2016（5）.
[59] 韩晶，孙雅雯，陈超凡. 产业升级推动了中国城市绿色增长吗？［J］. 北京师范大学学报（社会科学版），2019.
[60] 关成华，韩晶. 城市绿色发展战略研究［J］. 中国国情国力，2018.
[61] 韩晶. 我国经济绿色发展的桎梏与路径［J］. 中国国情国力，2016
[62] 胡鞍钢，周绍杰. 绿色发展：功能界定、机制分析与发展战略［J］. 中国人口. 资源与环境，2014.
[63] 胡鞍钢. 中国创新绿色发展［M］. 北京：中国人民大学出版社，2012.
[64] 环保部，国土资源部. 全国土壤污染状况调查公报［R］.2014 年 4 月 17 日.
[65] 环境保护部.2015 中国环境统计年报［M］. 北京：中国环境科学出版社，2015.
[66] 环境保护部.2017 中国环境状况公报［R］. 北京，2017.
[67] 蒋南平，向仁康. 中国经济绿色发展的若干问题［J］. 当代经济研究，2013.
[68] 李虹，熊振兴. 生态占用、绿色发展与环境税改革［J］. 经济研究，2017.
[69] 李建平，李闽榕. 中国省域经济综合竞争力发展报告 2018［M］. 北京：社会科学文献出版社，2018.
[70] 李伟. 新与绿色如何引领新常态［J］. 新经济导刊，2016.
[71] 李晓西.《中国绿色发展指数报告》发布六周年小记［J］. 中国环境管理，2016.
[72] 李晓西，刘一萌. 人类绿色发展指数的测算［J］. 中国社会科学，2014.

[73] 李晓西. 绿色经济与绿色发展测度 [J]. 全球化，2016.
[74] 李晓西. “绿色化”突出了绿色发展的三个新特征 [N]. 光明日报，2015.
[75] 李雪娇，何爱平. 绿色发展的制约因素及其路径拿捏 [J]. 改革，2016.
[76] 黄群慧，余泳泽. 互联网发展与制造业生产率提升：内在机制与中国经验 [J]. 中国工业经济，2019 (8).
[77] 马骏. 绿色金融体系已经成为国家战略 [J]. 中国人民银行，2015-11-29.
[78] 马胜杰，姚晓艳. 中国循环经济综合评价研究 [M]. 北京：中国经济出版社，2009.
[79] 努尔·白克力. 走中国特色能源发展道路 [J]. 求是，2016.
[80] 邱寿丰. 探索循环经济规划之道：循环经济规划的生态效率方法及应用 [M]. 上海：同济大学出版社，2009.
[81] 人民日报. 坚持绿色发展——“五大发展理念”解读之三 [N].2015-12-22.
[82] 人民网. 水利部：全国近 2/3 城市不同程度缺水，水资源承载力预警机制将建.http：//legal.people.com.cn/n/2015/1109/c188502-27795031.html.2015-11-09.
[83] 人民日报. 决胜全面建成小康社会 夺取新时代中国特色社会主义伟大胜利——在中国共产党第十九次代表大会上的报告 [N].2017-10-28.
[84] 人民日报. 中共中央关于坚持和完善中国特色社会主义制度 推进国家治理体系和治理能力现代化若干重大问题的决定 [N].2019-11-6.
[85] 人民网. 聚焦十九届四中全会.http：//cpc.people.com.cn/GB/67481/430519/index.html.2019-10-28.
[86] 人民网. 绿色发展点亮中国经济 http：//theory.people.com.cn/n1/2019/0514/c40531-31082942.html.2019-5-14.
[87] 唐宇红. 联合国环境规划署：UNEP 的角色演进 [J]. 环境科学与管理，2008.
[88] 田红娜. 中国资源型城市创新体系营建 [M]. 北京：经济科学出版社，2009.
[89] 王兵，黄人杰. 中国区域绿色发展效率与绿色全要素生产率：2000—2010——基于参数共同边界的实证研究 [J]. 产经评论，2014.
[90] 王金南等. 绿色国民经济核算 [M]. 北京：中国环境科学出版社，2009.
[91] 王庆华，王忱. 我国节能环保产业的特征、现状及发展趋势 [J]. 国家信息中心，2016-03-09.
[92] 王秋艳. 中国绿色发展报告 [M]. 北京：中国时代经济出版社，2009.
[93] 新华网. 习近平在气候变化巴黎大会开幕式上的讲话（全文），http：//news.xinhuanet.com/world/2015-12/01/c_1117309642.htm，2015 年 12 月 1 日.
[94] 新华网. 习近平在第七十五届联合国大会一般性辩论上的讲话（全文），https：//baijiahao.baidu.com/s?id=1678546728556033497&wfr=spider&for=pc，2020 年 9 月 22 日。
[95] 新华网. 习近平在气候雄心峰会上的讲话（全文），https：//baijiahao.baidu.com/s?id=1685886202481384721&wfr=spider&for=pc，2020 年 12 月 12 日。
[96] 新华网. 中华人民共和国国民经济和社会发展第十四个五年规划和 2035 年远景目标纲要，http：//www.gov.cn/xinwen/2021-03/13/content_5592681.htm，2021 年 3 月 13 日。
[97] 张勋，万广华，张佳佳，何宗樾. 数字经济、普惠金融与包容性增长 [J]. 经济研究，2019，(08).
[98] 许宪春，任雪，常子豪. 大数据与绿色发展 [J]. 中国工业经济，2019 (4).
[99] 杨莉莎，朱俊鹏，贾智杰. 中国碳减排实现的影响因素和当前挑战——基于技术进步的视角 [J]. 经济研究，2019 (11).

[100] 刘志彪，凌永辉. 结构转换、全要素生产率与高质量发展 [J]. 管理世界，2020 (7).

[101] 解学梅，朱琪玮. 企业绿色创新实践如何破解“和谐共生”难题 [J]. 管理世界，2021 (1).

[102] 姚伊乐，李军. 提高森林生态补偿标准 [N]. 中国环境报，2014-3-11.

[103] 赵若玺，赵建军. 绿色发展：实践指向与价值追寻 [J]. 人民论坛 · 学术前沿，2019.

[104] 曾少军. 碳减排 中国经验：基于清洁发展机制的考察 [M]. 北京：社会科学文献出版社，2010.

[105] 齐绍洲，林屾，崔静波. 环境权益交易市场能否诱发绿色创新？——基于我国上市公司绿色专利数据的证据 [J]，经济研究，2018 (12).

[106] 林伯强，谭睿鹏. 中国经济集聚与绿色经济效率 [J]. 经济研究，2019 (2).

[107] 张庆丰，罗伯特 · 克鲁克斯. 迈向环境可持续的未来：中华人民共和国国家环境分析 [J]. 北京：中国财政经济出版社，2012.

[108] 中国产业信息网.2017 年中国新能源发电行业发展概况及市场发展前景分析，http：//www.chyxx.com/industry/201710/573104.html.2017 年 10 月 17 日 .

[109] 中国产业信息网.2017–2022 中国煤炭工业节能减排现状分析及行业未来发展前景预测报告，http：//www.chyxx.com/research/201704/512562.html2017 年 5 月 1 日 .

[110] 中国电力企业联合会. 中国电力统计年鉴 2021 [M]. 北京：中国统计出版社，2021.

[111] 中国科学院可持续发展战略研究组.2012 中国可持续发展战略报告——全球视野下的中国可持续发展 [J]. 北京：科学出版社，2012.

[112] 中国科学院可持续发展战略研究组.2013 中国可持续发展战略报告——未来 10 年的生态文明之路 [J]. 北京：科学出版社，2013.

[113] 中国气象局. 2020 年中国气候公报 [R].http：//zwgk.cma.gov.cn/zfxxgk/gknr/qxbg/202104/t20210406_3051288.html. 2021–4–6.

[114] 中国信息通信研究院.2021 中国数字经济发展白皮书 [R].http：//www.caict.ac.cn/kxyj/qwfb/bps/202104/t20210423_374626.htm. 2021 年 4 月 .

[115] 中华人民共和国环境保护部、中华人民共和国国土资源部. 全国土壤污染状况调查公报 [R]. http：//www.mee.gov.cn/gkml/sthjbgw/qt/.html.2014 年 4 月 17 日 .

[116] 中国人民银行. 中国货币政策执行报告（2017 年第一季度）[R].http：//www.pbc.gov.cn/zhengcehuobisi/125207/125227/125957/3537682/3661118/index.htm，2017–5–12.

[117] 中国社会科学院《城镇化质量评估与提升路径研究》创新项目组. 中国城镇化质量综合评价报告 [R].2013.

[118] 中华人民共和国国土资源部. 第二次全国土地调查：人多地少基本国情不变 [R]..http：//www.mlr.gov.cn/xwdt/mtsy/people/201312/t20131231_1298980.htm，2013–12–31.

[119] 中华人民共和国生态环境部：2018 年中国环境生态环境状况公报 [R].http：//www.mee.gov.cn/m，2019–5–22.

各章主要执笔人

部分	撰稿人
总论	韩晶、孙雅雯
第一章	田易凡、陈曦、冯娅
第二章	吕宁、孙雅雯、姜如玥
第三章	周一鸣、裴文、田易凡
第四章	姜如玥、高铭、周一鸣
第五章	韩晶、孙雅雯
附录	冯娅、吕宁
数据搜集及整理	姜如玥、冯娅、吕宁 周一鸣、裴文、高铭
总测算	陈曦、裴文